Er

LA AVENTURA AFRICANA
DE FIDEL CASTRO

EDICIONES UNIVERSAL

Primera edición, 1999

EDICIONES UNIVERSAL
P.O. Box 450353 (Shenandoah Station)
Miami, FL 33245-0353. USA
Tel: (305) 642-3234   Fax: (305) 642-7978
e-mail: ediciones@kampung.net
http://www.ediciones.com

Library of Congress Catalog Card No.: 99-65287
I.S.B.N.: 0-89729-908-6

Composición de textos: María Cristina Zarraluqui
Diseño de la cubierta: Eduardo Fiol

ÍNDICE

no Neto /86. Sectores populares se rebelan contra Neto /88. Cubanos reprimen la rebelión /89. Mueren militares y dirigentes /91. Cubanos protegen instalaciones "imperialistas" /95. Normalizar relaciones con Cuba /100. Otra traición de Castro /104. Cubanos anticastristas junto a Holden Roberto y Jonás Savimbi /107. Tropas cubanas en nueva invasión a Zayre /108.

6

PRÓLOGO

La futura República de Cuba, libre y democrática, que nazca de las cenizas del castrismo, purificado por el sufrimiento y vencedor del "socialismo o muerte" tendrá una enorme deuda de gratitud con este cubano singular, autor de este libro, que se llama Enrique Ros. Ésta, su última aportación: "La Aventura Africana de Fidel Castro", completa con los cuatro libros anteriores, lo que en mi opinión es el más minucioso y documentado estudio sobre la condenable actividad, destructiva y esclavizante, del régimen totalitario y stalinista de Fidel Castro. También resalta los generosos esfuerzos de los cubanos, que en Cuba y en el exilio, han luchado por rescatar su patria de las hordas comunistas.

El autor nos narra, exhaustiva y detalladamente, en prosa limpia y clara y sin artilugios literarios, todas las actividades de la aventura castrista en el continente africano. Con alto sentido pedagógico, comienza por explicar la compleja situación histórico-política de la antigua colonia portuguesa de Angola, que será el centro de la actividad militar cubana. Ros nos aclara la complicada situación creada en la Angola que se emancipa de la colonización lusitana, al existir tres facciones antagónicas que habrán de luchar para conquistar el poder creando de esta manera el marco para la intromisión de los soviéticos y de la Cuba castrista en apoyo de la facción marxista dirigida por Agostino Neto.

Ya impuesto el lector del origen del conflicto y de los intereses geopolíticos en juego, el autor prosigue describiendo cronológicamente todas las participaciones y actividades de los numerosos países que intervinieron en el conflicto: la Unión Soviética, Cuba, los países africanos vecinos, África del Sur, los Estados Unidos, y hasta China y Portugal. El estudio es abarcador y documentado, tanto en lo que se refiere a los fines perseguidos por cada parte, como a la ayuda material y militar donadas por los participantes; las tácticas militares, los combates, las débiles y zigzagueantes reacciones del gobierno norteamerica-

9

no; la importancia de los pozos petroleros de las compañías estadounidenses, la actuación de las facciones nacionalistas de Holden Roberto y Jonás Savimbi; las derrotas que la propaganda castrista elevaron a memorables victorias; el sacrificio inicial de los cubanos que encontraron su tumba en ese distante y sufrido país, sin ningún lazo histórico con nuestra patria y todo para terminar en un epílogo sin gloria que dejó al país en la misma situación en que estaba al inicio del conflicto.

Aunque indirectamente relacionado con África, Ros aprovecha la ocasión para presentarnos también la invasión de Granada y el plan subversivo de Castro de utilizar la isla como base de operaciones para sus objetivos africanos y para la subversión latinoamericana. Un último capítulo es dedicado al conflicto Ochoa-Castro, su juicio y su posterior fusilamiento, y sobre el cual, el autor nos ofrece una interpretación verosímil fundada en los antecedentes y móviles que dieron lugar a ese crimen.

Yo me he leído con creciente interés la totalidad de este valioso libro. Su lectura estimula la reflexión e invita a concluir lecciones que deben interesar a todos los cubanos y que trataré de presentárselas a ustedes.

Una primera lección es descubrir la hipocresía de Fidel Castro cuando habla de respeto a la soberanía nacional y de la no intervención en los asuntos de otros países. Castro justificó su presencia militar en Angola como respuesta a una petición de gobierno legal de ese país que se veía amenazado por fuerzas hostiles, y más tarde utilizó el argumento de que su aventura militar había sido la consecuencia de la presencia de tropas del África del Sur en Angola. Ros demuestra en este libro la falsedad de ambas declaraciones.

En enero de 1975, se firmó en el pequeño puerto de Alvor, en Portugal, el acuerdo que concedía la independencia de Angola. Por ese acuerdo, se disponía la creación de un gobierno tripartito de transición integrado por los líderes de las tres facciones rebeldes que luchaban por la independencia de Angola. Una, la más antigua, era el F.N.L.A. (Frente Nacional de la Liberación de Angola) la cual era lildereada por Holden Roberto, al parecer políticamente oportunista, que transitoriamente recibió ayuda de la China de Mao Tse-Tung y a quien el C.I.A. le asignaba la irrisoria cantidad de 100,000 pesos anuales para solamente comprar alimentos en vez de armas. Una segunda fuerza era el M.P.L.A. (Movimiento Popular de Liberación de Angola), definitivamente marxista y era presidida por Agostino Neto quien tenía el respaldo incondicional de Moscú, y quien comenzó a recibir ayuda masiva de la U.R.S.S. señalando el inicio de la intervención extranjera en ese país. La tercera facción era U.N.I.T.A. (Unidad Nacional para la Independencia Total de Angola), de naturaleza nacionalista y comandada por Jonás Savimbi, quien también recibió transitoriamente ayuda inicial de China, como consecuencia del antagonismo entre este país y la U.R.S.S.

Por el Acuerdo de Alvor se había fijado el 11 de noviembre de 1975 la fecha para concederle su independencia a la colonia portuguesa. La intervención cubana, sin que se la hubiera pedido la U.R.S.S. comenzó desde el mes de mayo y rápidamente llegaron a Angola miles de combatientes procedentes del MINFAR y MININT. Es decir, Castro no intervino en Angola a petición de un gobierno legalmente constituido, sino como decisión de intervenir a favor de una facción marxista, a la que también auxiliaba la Unión Soviética. Ese mismo desconocimiento de la soberanía nacional ya lo había manifestado Castro en sus aventuras en Venezuela, Colombia, Bolivia, y otros países del África. Su segunda justificación fue culpar al África del Sur por enviar tropas a Angola como la causa de su intervención. Esto es también falso puesto que las tropas surafricanas entraron en ese país muy posterior a la llegada de los cubanos.

Una segunda y lamentable lección se desprende del relato de la política timorata y zigzagueante de los gobiernos norteamericanos de entonces. Mientras la U.R.S.S. y Cuba volcaban enormes recursos, en hombres y equipos militares, a las fuerzas marxistas, el gobierno estadounidense, el presidente Ford y su secretario de estado, Henry Kissinger sólo habían logrado una modestísima ayuda encubierta a las fuerzas de U.N.I.T.A. El ambiente político de Washington, después de Vietnam, no era el más apropiado para obtener el apoyo del Congreso a una nueva actividad militar en el extranjero. Ford y Kissinger batallaron por convencer a los congresistas norteamericanos e iniciaron una actividad diplomática intensa tratando de lograr la ayuda, principalmente de Francia y de los países africanos que habían sido colonias francesas. Parecía que el esfuerzo iba a ser coronado por el éxito. El gobierno francés de Giscard d'Estaing estaba presto a aportar tropas y equipo militar pero el senado norteamericano le dió el tiro de gracia a esos esfuerzos del ejecutivo. Los senadores liberales, con sólo una tímida oposición de los conservadores, aprobaron la Enmienda Tunney en diciembre 19 de 1975 prohibiendo toda ayuda encubierta para, más tarde, en junio de 1976, condenarla definitivamente al aprobarse la Enmienda Clark, sellando con ella el destino de Angola en las manos del M.P.L.A., soviéticos y cubanos. Sólo 15 años después, ya Ronald Reagan en la presidencia, se revocarían ambas enmiendas. En el libro de Kissinger "Years of Renewal" aparecen las declaraciones del Presidente Ford al conocer el acuerdo del senado:

> *"Esta abdicación de responsabilidad por una mayoría del Senado tiene las más graves consecuencias para los planes futuros de los Estados Unidos y para el orden internacional en general. Una gran nación no puede escapar a sus responsabilidades. Las responsabilidades abandonadas hoy retornarán mañana como crisis más agudas."*

La Enmienda Clark le dió luz verde a la U.R.S.S. y a Cuba, lo que dió lugar a que por Angola desfilaran entre 200,000 y 300,000 cubanos castristas.

Una tercera lección que hemos aprendido es saber que todas las administraciones norteamericanas, tanto demócratas como republicanas, han tendido puentes de negociación hacia el gobierno cubano a fin de normalizar las relaciones. Todo ese esfuerzo negociador, concebido por Kissinger en las postrimerías del gobierno de Nixon, fueron llevadas a cabo durante el período de Ford y renovadas con mayor intensidad, más tarde, durante la presidencia de Carter y resucitados por todas las posteriores administraciones.

Lo relatado por Ros se confirma en el capítulo "Cuban Interlude", el último libro de Henry Kissinger, donde narra toda la actividad diplomática desarrollada por él durante el mandato de Ford, y en donde, por vez primera, se propuso la diplomacia del béisbol como señal simbólica de apertura hacia el régimen cubano. Es muy significativo ver como todos los intentos de negociación para resolver el diferéndum entre Estados Unidos y Cuba quedaban bloqueados desde el mismo inicio al reclamar Castro, como condición inicial, la supresión total del embargo, cerrando con ello las puertas para posteriores conversaciones. Cuando todavía se abrigaban esperanzas que Castro aceptara la oferta, su rechazo le llegó a los norteamericanos por la sorpresiva introducción de un ejército cubano en Angola.

Es interesante leer las explicaciones que Kissinger ofrece en su libro sobre los posibles móviles de la actuación de Castro al rechazar una seria oportunidad de lograr un cambio fundamental en sus relaciones con los Estados Unidos. Entre otras consideraciones dice el antiguo secretario de estado:

> *"Castro necesitaba a los Estados Unidos como un enemigo para justificar su garra totalitaria sobre el país y para mantener el apoyo militar de la Unión Soviética. En tanto, él podía reclamar que Cuba estaba amenazada, él podía insistir que la isla no podía darse el lujo de un sistema más abierto, política o económicamente. La normalización de relaciones con los Estados Unidos hubiera sido difícil de reconciliar con la continuación del régimen comunista".*

Otra vergonzosa lección se revela en la cínica deslealtad mostrada por Fidel Castro con sus aliados, y su total desprecio por las vidas ajenas, que siempre supeditó a la obtención de sus fines políticos. Así vemos su tortuosa actuación en la República Popular del Congo. Alfonse Massemba-Debat era un protegido de Castro. En 1966, fue derrocado y más tarde restablecido por las tropas cubanas. Tres años después fue nuevamente depuesto por Marien Ngouabi a quien Castro, traicionando a su amigo anterior, lo reconoció como gobierno en Congo-Brazzaville. Este último había visitado Cuba y gozaba de la confianza del gobierno cubano. Poco después es asesinado por Alfonse Massemba-Debat, el antiguo protegido de Fidel.

Más ruin y traicionera fue la conducta de Castro en el conflicto de Somalia, Etiopía, y Eritrea en el Cuerno de África. Cuando el General Muhamad Ziyad Barre dió un golpe de estado tomando el poder en Somalia, proclamó la República Democrática somalíe, declarando que "Somalia estaría dedicada al socialismo científico" comenzando rápidamente a recibir ayuda de la U.R.S.S. y el total respaldo del gobierno cubano. Etiopía estaba gobernada por el Emperador Haile Selassie. Desde hacía tiempo, la región de Ogadén, a pesar de que era desde el punto de vista histórico, étnico y cultural esencialmente somalíe, le fue dada como provincia a Etiopía, por Inglaterra, al fin de la Segunda Guerra Mundial. El nuevo gobierno revolucionario socialista de Ziyad Barre consideraba a Ogadén como parte de Somalia que le había sido arrebatada. Castro le reconoció ese derecho, estableciendo relaciones diplomáticas y expresando el "respaldo de su gobierno al deseo de emancipación del pueblo somalíe y el legítimo derecho del pueblo de ese país a su autodeterminación e independencia", y enviando como apoyo a centenares de cubanos.

Pero cuando Haile Selassie, en Etiopía, es depuesto por un golpe militar que es seguido por la toma del poder por el Coronel Mengistu Haile Mariam quien instala un régimen totalitario marxista al estilo del de Castro y recibe masiva ayuda económica y militar de la unión Soviética, Castro traiciona a sus aliados somalíes y se une a Etiopía para expulsarlos de Ogadén. Lo mismo habrá de suceder después con Eritrea con la que tenía excelentes relaciones y a la que apoyaba en su intento de independizarse de Etiopía, considerándola como una colonia forzada arbitrariamente por la fuerza del emperador. Ahora la traiciona y se une a las fuerzas etíopes de conquista invadiéndola mientras trataba de ocultárselo al pueblo de Cuba.

Es vergonzoso contemplar durante esta situación la política negativa del trío Carter-Vance-Young en contraste con las correctas pero ignoradas medidas aconsejadas por el asesor de seguridad Zbigniew Brzezinsky.

Otra lección dolorosa se desprende de como los intereses económicos de corporaciones transnacionales pesaron más que toda consideración política y ética. Al reconocer el papel de las fuerzas invasoras castristas protegiendo los pozos petroleros de Angola llevó a Andrew Young a declarar que "la presencia militar cubana en la región constituía una fuerza estabilizadora". Más tarde, en Etiopía, habría de declarar que "si los asesores militares cubanos pueden poner fin al derramamiento de sangre en Etiopía, no sería malo que se encuentren en ese país".

14

Otras dos observaciones que merecen ser mencionadas son el carácter mercenario de las tropas cubanas y la falsa propaganda del régimen castrista acerca de su aventura militar en Cuito Cuanavale.

La principal fuente de ingresos de Angola, y por lo tanto del gobierno marxista de Agostino Neto (MPLA), era el petróleo de la región de Cabinda, siendo la Gulf Oil Company la más grande corporación norteamericana que operaba en Angola. El presidente de esta compañía, el señor Melvin J. Hill, apoyado por congresistas norteamericanos, cabildeaba a favor de reconocer al gobierno revolucionario de Angola y establecer una embajada norteamericana en Luanda, su capital. Como dice Ros en su libro: "los intereses mercantiles por encima de los intereses nacionales". Eran los soldados cubanos los encargados de cuidar esos intereses "imperialistas" que a su vez daban la principal ayuda económica al MPLA. Ros nos informa que el 90% del presupuesto del gobierno angolano se cubría con ingresos procedentes del petróleo. El gobierno cubano recibía en "moneda dura" el pago de su personal además de un subsidio de la U.R.S.S. para solventar sus costos de transporte y otros gastos.

El gobierno de Angola pagaba al de Cuba $700 millones de dólares por año, como contribución a los servicios militares que la isla del Caribe le prestaba, y en adición, Castro obtenía beneficios económicos por parte de los grandes intereses petroleros de capitales extranjeros (norteamericanos en especial) por la garantía, respeto y protección que las tropas cubanas les ofrecen... y parte del producto de ciertas ventas de petróleo de las compañías que allá lo explotan se traduce también en aporte económico para el gobierno cubano. 35,000 soldados cubanos mercenarios eran pagados por la Gulf Oil, a través de sus concesionarios en Cabinda, para mantener en el poder al régimen marxista-leninista del MPLA respaldado por los soviéticos y los cubanos.

La propaganda castrista ha hecho ver en Cuba que las batallas de Cuito Cuanavale constituyeron un sonado triunfo militar de los cubanos. Ros aclara que nada está más lejos de la verdad y describe con pormenores todos los encuentros que se produjeron, durante varios meses, alrededor de ese enclave africano. Es interesante conocer las diferencias, que desde entonces se iniciaron cntre el general Arnaldo Ochoa, que comandaba todas las fuerzas de esa zona, y el propio Castro, que con su megalomaníaca naturaleza, pretendía dirigir las actividades militares desde La Habana. Ros describe los cables que Fidel enviaba a Ochoa pretendiendo dirigir, a distancia, la estrategia militar y hasta presumir después que él fue el verdadero comandante de las campañas. En ese primer conflicto Ochoa-Castro, Ros ve el inicio de la confrontación que terminaría con el juicio y fusilamiento del general cubano. Per aún más doloroso es ver como, cuando llevaba a las tropas cubanas a combatir en esa época, ya sabía que la guerra tocaba a su fin yque secretamente negociaba con las otras partes involucradas en el conflicto. No le importaba la muerte de más soldados cubanos!. Su objetivo era presionar para que se le admitiese en las negociaciones que ya se venían celebrando sin su presencia.

La paz al fin se obtuvo después del acuerdo bipartito (Angola-Cuba) y el tripartito (Angola-Cuba-África del Sur) y que humilló a Cuba al tener que aceptar Castro la total retirada de todas sus tropas (pretendía dejar 15,000) y en un tiempo mucho menor del que él había demandado.

Ha sido un acierto de Enrique Ros llamar a éste, por ahora, su último libro: "La Aventura Africana de Fidel Castro". Su aventura militar en ese lejano continente, ajeno totalmente a todo interés nacional, político o estratégico, decidiendo por él solo, sin que mediara presión alguna de la U.R.S.S., en donde perdieron la vida centenares de víctimas inocentes cubanas y extranjeras, en donde se gastaron enormes recursos, tan necesarios para mejorar el nivel de vida del pueblo cubano, nos lleva a concluir la trágica realidad que, esta página negra, sólo pudo ser escrita por la vesania de un tirano enloquecido y soberbio.

Enrique Ros merece ser premiado por esta nueva aportación. Él se ha convertido en un gran cruzado en la lucha porque impere la verdad sobre la tragedia de Cuba. Nadie como Ros ha urgado tanto en las fuentes históricas y en los archivos nacionales para brindarnos ese fruto enjundioso producto de sus desvelos porla redención de la patria oprimida.

Virgilio I. Beato

16

INTRODUCCIÓN

África: fracaso ignominioso de Castro

La consolidación en el poder de la Unión Soviética de Leonid Brezhnev estimuló la ambición expansionista de Fidel Castro.

Durante la década de los 60 el dirigente cubano había mostrado su poder promoviendo la subversión en el continente. Había convertido la Cordillera de Los Andes en una Sierra Maestra, creando, como arengaba Ernesto (Ché) Guevara, "Uno, Dos, Tres Vietnams" en la América Hispana. Luego, alentado por la Doctrina Brezhnev que pretendía reconocer a los gobiernos comunistas el derecho a intervenir en otros países socialistas cuando sus intereses se encontraban amenazados, Castro miró con avidez hacia el continente africano donde algunos incipientes y débiles regímenes marxistas daban sus primeros e inseguros pasos.

Durante los dieciocho largos años en que aquel dictador soviético ocupó el poder, Castro se sintió amparado en sus sangrientas incursiones más allá de sus naturales fronteras. En el Congo, en Angola, Etiopía o Somalia, el dictador cubano mantenía sus tropas de ocupación como Brezhnev las suyas en Checoeslovaquia o Afganistán. Las dos vergonzosas invasiones que recibieron el repudio del mundo occidental y el aplauso de Castro.

El breve intervalo de Yuri Andropov y Konstantin Chervenko (1982–1985) representó para Castro la etapa final del respaldo económico y militar que siempre había recibido de las viejas figuras del Kremlin.

Con la ascensión al poder en la Unión Soviética de Michael Gorbachev y la firme posición contra "el Imperio del Mal" del

Presidente Ronald Reagan (Iniciativa Estratégica de Defensa; Respaldo a los Contras en Nicaragua; Granada; apoyo a Jonás Savimbi), cambiaba para el dictador cubano, y para el mundo, el panorama mundial.

Las frecuentes reuniones cumbres de los dos mandatarios (Ginebra 1985; Reykjavik 1986; Washington 1987; Moscú 1988) aceleraron el desplome del imperio soviético bajo cuyos escombros terminarían las aventuras militares de Castro en el escenario internacional.

La última cumbre (Moscú, mayo 1988) coincide con la plena participación de los delegados cubanos en las negociaciones de paz en Angola. Gorbachev ha retirado las tropas de Afganistán y reducido las fuerzas militares soviéticas. Le ha negado a Castro, también, la asistencia militar con la que había podido mantenerse en el país africano, al precio de miles de vidas de jóvenes militares cubanos.

Sus exégetas han exaltado sus acciones en África: "La movilización de recursos humanos y materiales en Angola fue toda una epopeya de temeridad" (Gabriel García Márquez, "Operación Carlota"), y sus nobles propósitos: "En Etiopía respaldaba un régimen que realizaba transformaciones sociales dentro del principio del bienestar común" (David González López, "Etiopía: La Oposición Contrarrevolucionaria").

La movilización era cierta. La intención era falsa.

Castro malgastó en Etiopía, en Angola, y en otros frentes, la inmensa asistencia recibida de la Unión Soviética. Traicionó a Somalia y Eritrea, cuyas aspiraciones se había comprometido a respaldar, y fue derrotado militarmente en Angola. No obstante, a Castro se le ha considerado como un general victorioso en esas aventuras africanas.

Este libro pretende mostrar todo lo contrario.

CAPÍTULO I

Intervención cubana en África

Los primeros pasos

La intervención militar del régimen de Castro en África comenzó temprano, en 1960, cuando le ofrece asistencia militar y médica al Frente de Liberación Argelino (FLA) en su lucha por liberarse de la metrópoli francesa.

Sabemos que en diciembre de 1961 zarpa de la bahía de la Habana el carguero Bahía de Nipe con 5,000 toneladas de armamento destinado a las guerrillas argelinas. Respaldo que Cuba vuelve a ofrecerle a Ben Bella cuando, lograda la independencia de Argelia, se ve ésta envuelta en una guerra fronteriza con Marruecos. En octubre de 1963 llegan al puerto de Orán los barcos mercantes Sierra Maestra, Aracelio Iglesias y Playa Girón con armamentos y hombres que permiten formar tres batallones al frente de los cuales se encontrará el Comandante Efigenio Amejeiras[1].

Fueron, esos, en Argelia, los primeros pasos del régimen de Castro en los conflictos africanos.

Ya antes, se había establecido en Ghana, en 1961, la primera misión militar cubana en África que se mantuvo allí hasta la deposición de Kwane Nkrumah en 1966[2].

---

[1] Enrique Ros. "Cubanos Combatientes: peleando en distintos frentes".

[2] El 24 de febrero de 1966 el régimen de Nkrumah fue derrocado por un golpe militar dirigido por el General J. A. Ankarah, quien meses después pudo, a su vez, enfrentar con éxito el intento golpista del jefe del ejército Gral. E. K. Koto-

Si importante fue la intervención de las misiones cubanas en Congo Brazzaville y Tanzania a mediados de los 60, mayor, en número, era la presencia de las tropas castristas en Guinea, cuyo presidente, Sekou Touré, que en octubre de 1960 se había convertido en el primer mandatario africano que visita Cuba[3], solicitó y obtuvo de Castro una guardia presidencial e instructores militares para sus milicias.

Venía Touré de su comparecencia ante las Naciones Unidas donde había coincidido con Castro en su denuncia del "abandono de África" que, según ambos, distinguía la política republicana del Presidente Eisenhower y del entonces candidato Richard Nixon.

Pero pronto, a medida que se estrechaban las relaciones de Cuba con la Unión Soviética, se fue produciendo un distanciamiento entre la Cuba de Castro y la Guinea de Touré[4], originado por la pública condenación de Touré a la instalación en Cuba de bases de proyectiles en octubre de 1962. Aún reconciliado con la Unión Soviética poco después de la Crisis de los Cohetes, las relaciones de Castro con Guinea, su primer contacto con el África negra, se continuaron enfriando. Volverán a fortalecerse dentro de pocos años con la visita de Castro en mayo de 1972 a Conakry, la capital de aquella nación.

A fines de 1962 alrededor de 30 zanzibareños son trasladados desde Zanzíbar a Cuba en barcos soviéticos para recibir instrucción militar[5].

En 1963 se abre la misión diplomática de Cuba en Tanganika con el objetivo, afirma Benemelis, de otear el horizonte del este africano. Para diciembre de aquel año los 30 zanzibareños

---

ka quien fue inmediatamente ejecutado. El Gral. Kotoka era uno de los dirigentes del golpe militar que había depuesto al gobierno de Nkrumah. En 1972 muere Nkrumah exiliado en Guinea donde Touré le había conferido el título de co-presidente.

[3] Dos meses después de la visita de Touré, Castro designa a Salvador García Aguero, viejo dirigente negro del antiguo Partido Socialista Popular, como embajador de Cuba en Guinea.

[4] Carlos Moore. Obra citada.

[5] Juan Benemelis, "Castro, Subversión y Terrorismo en África".

entrenados militarmente en Cuba y militantes del UMMA, organización castro-maoísta, están listos para desencadenar la insurrección. El UMMA llegará, en pocos meses, a tomar el poder en Zanzíbar.

Castro es –apunta el encargado de abrir la primera misión diplomática en lo que sería Tanzania[6]– quien aporta todos los componentes (entrenamiento, dinero y asesoría) de esta exitosa operación insurgente en el África oriental. Al frente de la operación se encuentra John Okello, ex-guerrillero Mau-Mau, que había recibido entrenamiento militar en La Habana y quien, tras la victoria, al pretender asumir el mando unipersonal del movimiento, es depuesto por otros dirigentes comunistas y desterrado a Uganda.

La Organización de la Unidad Africana (OAU)

En mayo de 1963 treinta y un estados africanos independientes se reunieron en Addis Abeba, Etiopía, para constituir la Organización de la Unidad Africana (OAU)[7].

La emergencia de la OAU significó la terminación de la influencia de dos antiguos grupos poderosos: El bloque Casablanca y el bloque Monrovia; el primero de los cuales estuvo integrado por los gobiernos más radicales (Ghana, Guinea, Egipto, Congo-Brazzaville, Argelia, Tanzania y Mali).

En la histórica reunión se tomaron varios acuerdos, la mayor parte de los cuales serían pronto ignorados o violados. El comité organizado por la OAU para investigar las reclamaciones de dos organizaciones rivales en Angola declaró su respaldo a grupos

---

[6] Las recién constituidas repúblicas de Tanganika (presidida por Julius Nyerere) y Zanzíbar (presidida por Abud Karuna) se unieron el 29 de octubre (1964) para formar una sola nación bajo el nombre de Tanzania. Nyerere asumió la presidencia y Karuna la vicepresidencia.

[7] A la reunión, celebrada del 22 al 25 de mayo, sólo dejaron de atender tres estados independientes: Togo, cuyo presidente había sido asesinado; Marruecos, que consideraba la presencia de Mauritania en la conferencia como una afrenta a sus reclamaciones, y África del Sur, considerada por los pan africanos como una colonia.

dirigidos por Holden Roberto, y varios de los gobiernos allí representados le ofrecieron en los próximos meses su reconocimiento como gobierno angolano en el exilio al Frente de Liberación Nacional presidido por Roberto, quien antes encabezaba también el Partido de la Unión de los Pueblos Angoleños (UPA). Es interesante destacar que la mayor parte de la ayuda africana a la organización más extremista, el Movimiento Popular de Liberación de Angola (MPLA), fue suspendida. Pronto cambiará.

La débil unidad africana comenzó a deteriorarse en pocos meses cuando al celebrarse la segunda reunión de jefes de estado de la OAU en el Cairo varias naciones amenazaron con retirarse si se invitaba al Primer Ministro del Congo Leopoldville, Moisé Tshombe, a quien consideraban un títere del Occidente; meses después, en una reunión de Naciones No Alineadas celebrada también en el Cairo, Tshombe fue detenido durante varios días por las autoridades egipcias.

Primeros contactos en Angola

La identificación cubana con el Movimiento Popular de Liberación de Angola (MPLA) comienza un poco más tarde. Data de mediados de la década del 60 cuando miembros de la organización angoleña reciben entrenamiento guerrillero en La Habana[8].

Al año de reunirse Guevara en Congo Brazzaville, en 1964, con líderes de los principales movimientos nacionalistas de las colonias portuguesas, Cuba comenzó a ofrecerles armas e instrucciones al Movimiento Popular de Liberación de Angola (MPLA), al Partido Africano de Independencia de Guinea y Cabo Verde (PAIGC)[9] y al Frente de Liberación de Mozambique (FRELIMO).

La presencia militar cubana en Angola se materializa en 1965 con el respaldo al MPLA en su lucha contra el FNLA de Holden Roberto. Coincide con la presencia en El Congo de Er-

---

[8] Pamela F. Falk, "Cuban Foreign Policies".

[9] El PAIGC representaba a la colonia portuguesa Guinea-Bissan.

nesto Guevara en su, por tantos años silenciada, fracasada campaña en el Congo Leopoldville que termina con su aparatosa derrota en Fizi Baraka.

Luego del descalabro militar cubano-soviético sufrido en 1965 en el Congo Leopoldville –cuando el gobierno de Joseph Mobutu aplastó los brotes insurgentes y Ernesto Guevara se retiró derrotado[10]– la estrategia soviética en aquel continente se fue distanciando de la cubana.

Los soviéticos veían ahora pocas posibilidades de producir reales transformaciones revolucionarias en África y su política se fue basando más en consideraciones geopolíticas que ideológicas[11]. Buscaban para la Unión Soviética más beneficios económicos que influencia política. Precisamente lo que Ernesto Guevara había denunciado en su discurso en la Conferencia de Países Africanos en Argelia en 1965.

Los contactos de Castro con el Movimiento Popular de Liberación de Angola (MPLA), que era el producto de la unión del Partido Comunista Angoleño con grupos nacionalistas radicales, se iniciaron, como hemos dicho, en los primeros años de la década del 60, aunque la asistencia militar cubana al MPLA comienza en 1965, luego de la entrevista en Congo Brazzaville de Ernesto Guevara con Agostino Neto, Presidente del MPLA[12]. Al retirarse Guevara del Congo "en las peores condiciones... sólo contábamos con tres lanchas ligeras en las que ni siquiera cabíamos todos los cubanos"[13], a fines de aquel año, parte de sus tropas se quedan en Congo Brazzaville con el propósito de establecer campos de entrenamiento para el MPLA.

Es, en esas circunstancias, que la Delegación de Angola participa en la Conferencia Tricontinental celebrada en La Habana en enero de 1966 que es atendida por 513 delegados de 83

---

[10] Ver "Cubanos Combatientes", del autor.

[11] William M. Leo Grande. La política de Cuba en África, 1959-1980.

[12] Ibid.

[13] Gral. Harry Villegas, "Secretos de Generales".

grupos provenientes de Asia, África y América Latina[14]. Pero su presencia no se destaca[15]. Ni siquiera es mencionada por Castro en su discurso de clausura. La delegación de las colonias portuguesas en África –Angola, Mozambique, Guinea y Cabo Verde– apunta el Granma, la preside Amílcar Cabral, "Secretario General del Partido Africano de la Independencia de Guinea y Cabo Verde (PAIGC) que lleva a cabo la guerra de guerrillas en la Guinea bajo dominación portuguesa". El Presidente Neto y el Comandante Militar del MPLA Endo estarán en Cuba aquel año, cuando estudiantes congoleños y futuros guerrilleros comienzan a arribar a Cuba para recibir entrenamiento militar.

No era el MPLA el único ni, siquiera, el más antiguo movimiento en la región. Otras dos organizaciones existían en aquel país: El Frente Nacional de Liberación de Angola (FNLA) encabezado por Holden Roberto[16], y la Unidad Nacional para la Independencia Total de Angola (UNITA) dirigida por Jonás Savimbi.

En 1965, poco antes de que Ernesto Ché Guevara iniciara su mal llevada campaña en el Congo, distintos grupos, predominantemente marxistas, se enfrentaban a más de 50,000 tropas portuguesas que se mantenían en Angola. En pocos meses ascenderán a más de 100,000. Portugal se resistía a la presión internacional que lo instaban a que modificase su política sobre

---

[14] El Granma en su edición de enero 8, 1966 informa que asistieron 743 delegados, observadores e invitados extranjeros y que 79 países enviaron delegaciones.

[15] La ignoran en la relación de delegaciones publicada por el Granma en la edición de enero 8. Al día siguiente hacen una breve aclaración por la "involuntaria omisión".

[16] El verdadero nombre de Holden Roberto era José Guilmore, nacido en Sao Salvador, región norte de Angola, en la tribu Bakongo. En 1957 creó la Unión Popular del Norte de Angola (UPNA) que pronto –con la intención de crear una más amplia base– llamó Unión Popular de Angola (UPA). Gozando del favor de Sekou Touré, presidente de Guinea, formó parte en 1959 de la misión diplomática de ese país en las Naciones Unidas. En la Segunda Conferencia de Países Africanos celebrada en Túnez, en enero de 1960 fue presentado José Guilmore por primera vez como Holden Roberto. Así fue ya conocido. Fuente: Oleg Ignavyet. "Arma Secreta en África".

Angola y Mozambique, que la nación europea consideraba como provincias y no como colonias[17].

La Unión del Pueblo de Angola (UPA)[18], que luego derivó en el FNLA, dirigida por Holden Roberto, estaba recibiendo asistencia financiera de la CIA desde principios de 1961[19]. Era un apoyo modesto porque esos "pagos a Roberto deben ser intermitentes... y bajo ninguna circunstancia en cantidades que permitan la compra de armas...". Memorándum del Subsecretario de Estado (Johnson) de Julio 17, 1961.

A fines de ese año Roberto volvió a Túnez donde, con la participación de un activista sindical cubano anticomunista, Carlos Kassel, creó la Liga Central de Trabajadores Angolanos respaldada por la AFL-CIO. Eran, para entonces, muy estrechas las relaciones de Roberto con la Agencia Central de Inteligencia.

Sin embargo, los portugueses querían presentar a Holden Roberto como un extremista identificando como terrorismo la insurrección en el norte de Angola dirigida por él[20].

Desconociendo estas parcializadas calificaciones, para noviembre de 1963 la Organización de Unidad Africana (OAU) había seleccionado al Gobierno de la República de Angola en el

---

[17] Portugal consideraba sus territorios africanos de Angola, Mozambique y Guinea Portuguesa como "territorios de ultramar" que tenían los mismos derechos que sus provincias. Para controlar los tres "territorios", Portugal tenía más de cien mil soldados en el continente africano.

[18] La Unión Popular de Angola (UPA), el más antiguo de los grupos angoleños, se formó en 1954 y para 1962 se había unido con el Partido Democrático Angoleño para formar el Gobierno Revolucionario de Angola en el Exilio (GRAE), presidido por Holden Roberto. El Movimiento Popular de Liberación de Angola (MPLA) fue establecido en 1957; su líder, Agostino Neto. La Unión Nacional para la Independencia Total de Angola (UNITA) liderado por Jonás Savimbi se formó en 1964 como un desprendimiento de la UPA.

[19] Carta del Director del Buró de Inteligencia (Hilsman) a McGeorge Bundy, Asistente Especial del Presidente para el Consejo Nacional de Seguridad. Documentos 349, Mayo 23 de 1961, Volumen XXI, África, Departamento de Relaciones Exteriores de los Estados Unidos.

[20] Memorándum del Subsecretario de Estado para África (Williams) al secretario de Estado Dean Rusk, octubre 23, 1962. Documento 360, del Volumen XXI de África del Departamento de Estado.

Exilio (GRAE), de Holden Roberto, como la única agencia nacionalista legítima[21].

Holden Roberto gira hacia la izquierda

Desde el Congo Leopoldville, Roberto, al frente de este gobierno angolés en el exilio, dirigía la lucha contra la metrópoli, pero, rompiendo la posición equidistante en que se había mantenido, anunció en 1964 su aceptación a la ayuda militar y económica de China y de otras naciones del bloque comunista. Sorpresivamente, en abril de aquel año, el partido de Roberto, el Frente Nacional (FLNA), anunció que permitiría a la rama comunista del Movimiento Popular de la Liberación de Angola (MPLA) incorporarse a su gobierno en el exilio.

Fue una invitación de muy corta vida. Meses después Roberto rechazaba cooperar con el MPLA en el Frente Unido al que antes lo había invitado.

No fue esto un serio obstáculo para el MPLA, la organización presidida por Agostino Neto, que ya había obtenido de la Organización de Unidad Africana en ese mismo año (1964) el reconocimiento de su movimiento.

Recibió mucho más. El MPLA impugnó con éxito ante la OAU el reconocimiento de ésta a la GRAE-FNLA como única representación del gobierno angolés en el exilio. En dos reuniones (el Cairo y Nairobi)[22] la Organización de la Unidad Africana aceptó ofrecerle también su ayuda al MPLA de Neto.

A la Conferencia de El Cairo en julio, Jonás Savimbi concurrió como "Ministro de Relaciones Exteriores" del GRAE, gobierno presidido por Holden Roberto. En medio de la conferencia Savimbi renunció a esa posición denunciando la ineficiencia del Gobierno Angolano en el Exilio (GRAE). Sentaba Savimbi

---

[21] Memorándum del Director del Buró de Inteligencia e investigación al Secretario de Estado Dean Rusk, noviembre 5, 1963, Volumen XXI, África, el Departamento de Estado de los Estados Unidos.

[22] La Conferencia de el Cairo se celebró en julio 1964 y la de Nairobi en febrero de 1965.

las bases para la creación de su Unión Nacional para la Independencia Total de Angola (UNITA), que se daría a conocer en marzo de 1966[23].

De inmediato la Unión Soviética brindó su asistencia militar al MPLA. Holden Roberto había perdido el respaldo de los grupos de la izquierda moscovita. Comenzó aquí la vertical caída de Holden Roberto y su FNLA. Su presencia en la Segunda Conferencia de Países No Alineados celebrada en el Cairo (octubre, 1964), fue su última en eventos africanos. A la Cuarta Conferencia de Solidaridad de los Pueblos Afro-Asiáticos que se celebraría en Ghana en mayo de 1965 Roberto no fue invitado. Pagaba caro su aceptación a la ayuda militar ofrecida por la China de Mao. Su ocaso quedaría patentado, aún más, en la Primera Conferencia Tricontinental que se celebraría en La Habana en enero de 1966 donde fue el MPLA el único grupo angolano invitado.

Cubanos hacia El Congo y Angola

El luego General de Brigada Rolando Kindelán había sido designado como jefe militar de la misión que partía para el Congo Brazzaville. Era su primera "misión internacionalista". Se encontraban allí, en aquella capital, Jorge Risquet como responsable de la Dirección Política y otros 250 cubanos que tenían dos responsabilidades: la primera, incorporarse a las columnas que, comandadas por Ernesto Ché Guevara, pretendían avanzar en el Congo Leopoldville (Kinshasa) y, la segunda, organizar y entrenar a los batallones de milicias y a los combatientes del Movimiento para la Liberación de Angola (MPLA).

Una de las columnas entrenadas por los cubanos que se quedaron en Brazzaville entró en Angola a través del Congo Leopoldville, bajo el nombre de "Columna Camilo Cienfuegos". Otra se infiltró en Cabinda[24], la región petrolera de Angola, donde habrán de combatir, y morir, miles de cubanos en la próxima década.

---

[23] UNITA mantendría su base de operaciones en la región de Moxico en el sur de Angola. No gozaría en momento alguno del respaldo de la OAU.

[24] Gabriel García Márquez. "Operación Carlota".

JONÁS SAVIMBI

Jonás Savimbi, líder natural de la Unidad Nacional para la Independencia Total de Angola (UNITA), dirigiéndose a sus seguidores.

UNITA AÚN CONTROLA GRAN PARTE DE ANGOLA

Luego de 20 años de lucha, UNITA controla cerca del 80 por ciento del territorio de Angola a pesar de la "victoria" alcanzada por Castro.

Se encontraba también en Brazzaville el hoy General de Brigada Rafael Moracén Limonta[25] que, como Kindelán, participaba en su primera actividad militar en el exterior. En el verano de 1966, encontrándose en Kimongo conoció de labios de Risquet y del Comandante Kindelán que se había producido un intento de golpe de estado contra el Presidente Alphonse Massemba Debat, cuando éste viajaba por Madagascar. Los cubanos recibieron instrucciones de La Habana de defender al amenazado régimen del gobierno congolés. Tomaron la entrada del aeropuerto, la principal emisora, los cruces de caminos y los puntos neurálgicos de la ciudad. La situación pudo ser controlada y los gobernantes congoleses que se encontraban refugiados en el campamento de las tropas cubanas volvieron a sus posiciones.

En la acción antigolpista, recuerda Kindelán, participaron también el Capitán Jorge Risquet, los médicos Rodrigo Ávarez Cambra (que luego sería Director del Hospital Ortopédico Frank País) y Rodolfo Fuentes Ferro (funcionario del Comité Central del Partido) y Julián Alvarez Blanco (luego Director del Centro Internacional para la Restauración Neurológica). Por las calificaciones profesionales de los "combatientes" que menciona el entonces Comandante Kindelán se desprende que no representó una verdadera amenaza militar el frustrado golpe de estado.

Fue ésta, la primera de dos intentonas golpistas en que se vieron envueltas las tropas cubanas estacionadas en Angola y regiones vecinas. A la segunda que se produjo la década siguiente, en mayo de 1977, nos referiremos más adelante.

El MPLA de Neto operaba desde Brazzaville, y el FNLA de Roberto, desde Leopoldville (Kinshasa). Se convertirían en los polos opuestos[26].

---

[25] Rafael Moracén había partido desde La Habana en la motonave Uvero. Los seis que componían el grupo zarparon simulando ser estudiantes que participarían en un festival en Argelia. Desembarcarían, luego de diecisiete días, en Guinea Conakry, siguiendo luego a Accra y de allí a Congo Brazzaville.

[26] Carlos Moore ("Castro, the blacks and Africa") afirma, sin mencionar la fuente, que en diciembre 13 de 1972 se logró en Kinshasha (Leopoldville) un acuerdo entre el MPLA (respaldado por los soviéticos) y el FNLA, de Roberto, (apoyado por los Estados Unidos).

Castro respaldaba al MPLA, que recibía también el apoyo del Grupo Casa Blanca (Ghana, Guinea, Argelia, Egipto, Congo Brazzaville, Mali y Tanzania) de la Organización de la Unidad Africana.

La ayuda soviética al MPLA había comenzado al iniciarse la década de los 60 pero fue interrumpida en 1963 cuando, en octubre de aquel año, el Comité de Liberación Africana de la OAU reconoció al gobierno revolucionario de Angola controlado por el FNLA de Holden Roberto. Al año siguiente, al producirse la unidad del FNLA y el MPLA, los soviéticos reanudaron su ayuda a Neto, que volvió a interrumpirse en 1972 cuando el ejército portugués derrotó repetidamente a esas fuerzas.

Angola era, entonces, –junto a Mozambique y Guinea– la única colonia que se mantenía en África. Las tres, bajo dominación portuguesa. Aunque Portugal eufemísticamente consideraba sus posesiones africanas como "territorios de ultramar" que tenían el mismo status que el territorio nacional, se veía obligada a mantener más de 100 mil soldados en el continente africano.

Para octubre y noviembre de 1966 había aumentado la actividad guerrillera en Angola al negarse Portugal a considerar la Resolución del Consejo de Seguridad de las Naciones Unidas que exigía independencia a sus territorios africanos.

En 1978 la Resolución 435 de las Naciones Unidas, –a la que nos referiremos en próximas páginas– habrá de demandar la independencia de Namibia elaborando un complicado proceso de transición para conseguirla[27]. Namibia había sido la antigua colonia alemana del suroeste de África.

En 1965 Ian Smith declaró unilateralmente la independencia de Rhodesia de Inglaterra y, al siguiente año, comenzó la insurgencia de SWAPO en la Namibia controlada por África del Sur.

---

[27] Las Naciones Unidas crearían condiciones aceptables para celebrar y supervisar elecciones libres y justas; impedir la promulgación de leyes discriminatorias, liberar los presos políticos; garantizar el regreso de los refugiados, monitorear la frontera entre Namibia y Angola para evitar infiltraciones; eran, éstas, algunas de las tareas impuestas para implementar la Resolución 435.

GENERAL DE BRIGADA
ROLANDO KINDELÁN BLES

GENERAL DE BRIGADA ROLANDO KINDELÁN BLES
El entonces capitán Rolando Kindelán cumple su primera "misión internacionalista" en el Congo Brazzaville para asistir a Ernesto Guevara que intentaba sostenerse en el Congo Leopoldville. Es, también, su primer fracaso.

GENERAL DE BRIGADA
RAFAEL MORACÉN LIMONTA

GENERAL DE BRIGADA RAFAEL MORACÉN LIMONTA
En 1965, Moracén y "varios compañeros, nunca había visto tantos negros juntos" partieron hacia el Congo Brazzaville. Luego pasó a Angola y se convirtió en hombre de confianza de Agostino Neto.

Los cubanos que, con armamentos soviéticos, sostenían al régimen marxista de Angola, mantenían estrecho contacto con las guerrillas de la SWAPO que combatían al régimen de África del Sur[28].

En 1967 cobró una nueva dimensión la lucha en Angola. Se había descubierto petróleo en la costa del enclave occidental de Cabinda y la compañía GULF Oil de Cabinda, subsidiaria de la American GULF Oil Company, fue la encargada de desarrollarlo. Se consideró que la producción de 1.5 millones de toneladas al año calculada para 1968 se elevaría a 7.5 milones de toneladas para el año 1971 y que en 1970 el enclave de Cabinda podría estar produciendo 150 mil barriles de petróleo por día. Prometedora fuente de abastecimiento para Castro.

Para entonces tropas cubanas se encontraban en otras tierras africanas. En 1971, en la Guinea Portuguesa[29]. En 1972, en Sierra Leone. Al año siguiente en la Guinea Ecuatorial. Ya pronto estarán, masivamente, en Angola.

Castro en el África negra. Comienza su década africana

A Guinea llegaría personalmente Fidel Castro en mayo de 1972, su primera visita al África negra. Un viaje tan publicitado por la prensa cubana que las fotografías mostrando a la jerarquía cubana aparecían profusamente en las páginas de la prensa oficial. Veamos algunos de los nombres que se reunían en el aeropuerto José Martí para despedir al "compañero Fidel":

---

[28] Los movimientos guerrilleros de la Organización del Sur Oeste del Pueblo Africano (SWAPO) mantenían sus bases en Angola y Zambia, países limítrofes con Namibia.

[29] Asesores militares cubanos entrenaron a una unidad interna de 500 hombres para el Presidente de Sierra Leone Siaka Stevens, en 1972 (William J. Durch. Obra citada). Un grupo similar de asesores militares fue enviado a la Guinea Ecuatorial en 1973. Tres años antes llegaba a Somalia una misión militar cubana y para 1974 arribaban allí los primeros asesores militares.

"El Comandante Juan Almeida; el Comandante Raúl Castro, Segundo Secretario del Comité Central del Partido; el Doctor Osvaldo Dorticós.... otros miembros del Comité Central y representaciones de nuestras organizaciones de masas". *(Granma, mayo 3, 1972).*

Sin embargo, a la prensa extranjera se le negó acceso al aeropuerto de Guinea. ¿Por qué? La razón se conocería tiempo después. Junto a Castro llegaban los más altos oficiales de la inteligencia cubana de las Fuerzas Armadas Revolucionarias: el Comandante Manuel Piñeiro Losada, entonces director de la DGI y el Capitán Osmany Cienfuegos que dirigía el "Comité de Liberación", el organismo a cargo de servicios secretos que atendía los movimientos guerrilleros de África y que ocupaba, en aquel momento, la Secretaría General de la OSPAAL[30].

Otros que formaban parte de la delegación castrista eran cinco de los que pronto serían generales en las guerras de Angola y Etiopía: el Comandante Senén Casas Regueiro, Primer Subsecretario de las Fuerzas Armadas Revolucionarias; el Comandante Rigoberto García Fernández, Subsecretario de la FAR; el Comandante Julio Casas Regueiro, Secretario de la FAR; el Comandante Arnaldo Ochoa Sánchez, Jefe del Ejército de La Habana y el Comandante Raúl Menéndez Tomassevich, Jefe del Departamento de Operaciones de la FAR. Todos ellos permanecían discretamente en la sombra.

Ocupaba la embajada cubana en Guinea Oscar Oramas, otro de los diplomáticos negros que ostentaban las más altas posiciones diplomáticas en aquel continente, y que respondía al Jefe de Inteligencia Cubana Manuel Piñeiro. Oramas sería luego embajador en Angola cuando la intervención militar cubana en aquel país y, más tarde, Director del Departamento de Asuntos Africanos del Ministerio de Relaciones Exteriores en La Habana. Y, luego, embajador en las Naciones Unidas.

Hasta ese momento la jerarquía cubana, con excepción del Comandante Juan Almeida —expresaba el sociólogo suizo-marxista Jean Ziegler— estaba compuesta sólo de blancos pequeños burgueses. 1972 marcó el comienzo de la "década afri-

---

[30] Carlos Moore. Obra citada.

cana" con una continua presencia en La Habana de dirigentes africanos, caribeños y negros norteamericanos.

Ya, Castro mantiene estrechas relaciones con los grupos nacionalistas y de extrema izquierda del continente africano.

Su gira por los países africanos culmina en Moscú donde solicita y obtiene de Brezhnev mayor asistencia económica y financiera.

Castro pagaría con la sangre de los jóvenes soldados cubanos su deuda con la Unión Soviética. En diciembre de 1972 los acuerdos económicos con aquella nación incluían estas cláusulas:

1) Prórroga en pago de la deuda: Los pagos de todas las deudas incurridas por Cuba con la Unión Soviética hasta 1972 eran diferidos hasta 1986 sin cargos de intereses.

2) Los créditos comerciales para 1973 a 1975 cuyo pago debía comenzar en 1986 quedarían extendidos por 25 años sin pago de intereses.

3) La Unión Soviética ofrecía un préstamo de $330 millones de dólares para distintos proyectos de inversión que sería pagado con productos cubanos a un bajo interés[31].

Golpe en Portugal de militares izquierdistas

En abril de 1974, en Portugal, militares dieron un golpe de estado al gobierno de Marcelo Caetano que había reemplazado al de Antonio de Oliveira Salazar[32].

El derrocamiento del gobierno de Marcelo Caetano terminó con un gobierno dictatotial que databa de 1926. El nuevo gobierno no mejoró en nada la situación del país y pronto anuncia su decisión de concederle independencia a las antiguas colonias africanas: Guinea Bissau, Cabo Verde, Mozambique y Angola.

---

[31] Sergio Roca. Aspectos económicos de la participación de Cuba en África.

[32] Antonio de Oliveira Salazar murió el 27 de julio de 1970. Incapacitado en 1968 por un infarto cardíaco fue sustituido como premier por Marcelo Caetano.

Esta situación se produce en el momento en que la China Comunista ofrece su respaldo al FNLA (Junio de 1974).

En octubre de 1974 los portugueses firmaron un acuerdo del cese al fuego con el MPLA lo que representaba de hecho un reconocimiento a Agostino Neto quien, meses antes, en agosto, había reorganizado su grupo armado que sería conocido como las Fuerzas Armadas del Pueblo para la Liberación de Angola (FAPLA).

En ese momento, de agosto a octubre de 1974, China estaba idenficada con las fuerzas del FNLA, de Holmes Roberto que, a su vez, tenía conexiones con grupos pro-occidentales. Para contrarrestar al FNLA y vencerlo, la Unión Soviética implementó el envío de suministros militares a Neto a través del Congo Brazzaville.

Roberto había viajado a Pekín en 1973 donde firmó un acuerdo de asistencia militar por medio del cual el FNLA recibiría armas y entrenamiento en Zaire. Para junio 15, mil miembros del FNLA eran entrenados por especialistas militares chinos en anticipación al esperado próximo fin de la dominación portuguesa en Angola.

Años antes Jonás Savimbi había recibido igual invitación de Mao Tse-Tung para viajar a Pekín donde se le ofreció asistencia económica y entrenamiento militar a la entonces recién creada UNITA. Los estrechos contactos de Savimbi y Roberto con el gobierno de Mao hicieron a Agostino Neto y a su MPLA más atractivos a los ojos de Moscú. Estos previos contactos de Savimbi y Roberto con la dirigencia china contribuirán a que los soviéticos busquen un mayor acercamiento con la facción de Neto a la que respaldarán hasta convertirla en la mayor de los tres grupos.

Los militares izquierdistas designaron al Vicealmirante Antonio Rosa Coutinho como Jefe del Consejo Militar nombrado para gobernar Angola hasta que se declarase su independencia. Fue Coutinho quien facilitó el ingreso en aquel país de las tropas cubanas y el equipo soviético en los primeros meses de 1975. Para mayo, 230 "asesores militares cubanos" habían sido enviados al país africano para organizar los primeros cuatro centros de entrenamiento para el MPLA.

Afirma Robert M. Gates, Miembro del Consejo Nacional de Seguridad y Director de la Agencia Central de Inteligencia, que durante algún tiempo, antes y después del golpe militar en Portugal de 1974, elementos del ejército portugués habían estado proveyendo armas al MPLA en áreas establecidas en Congo Brazzaville.

Esto coincide con la decisión de los Estados Unidos (en julio de aquel año) de comenzar embarques de armas al FNLA a través del entonces Zayre (hoy, nuevamente, Congo Leopoldville). De inmediato, en noviembre, los soviéticos, previendo la lucha que allí surgiría por el control del gobierno, reiniciaron sus suministros de armas al MPLA[33].

Es cuando Gerald Ford, el primer vicepresidente designado, convertido el 9 de agosto de 1974 en presidente, se encontraba políticamente muy debilitado por su perdón a Richard Nixon.

El descubrimiento de petróleo en la región de Cabinda alentó un movimiento separatista en aquel territorio. En junio de 1974, en medio de una intensa actividad política, se convocó a un congreso de mineros por varias facciones secesionistas que constituyeron el Frente de Liberación de Cabinda (FLC)[34].

El movimiento gozó de la simpatía de dirigentes portugueses, entre ellos del líder socialista Mario Soares y el Almirante Rosa Coutinho, en ese momento Alto Comisionado de las colonias portuguesas; pero enfrentó la seria oposición de las organizaciones angoleñas, en particular del MPLA, y de la FAPLA su brazo armado que avanzó hacia la ciudad de Cabinda ocupándola militarmente ante la pasividad del ejército portugués. Agostino Neto encabezaba la oposición al separatismo de Cabinda. Pocos meses después, luego de la primera reunión del FLC en Pointe Noire en enero de 1975, terminaba el intento separatista de aquella región.

---

[33] Robert M. Gates. "Desde las Sombras".

[34] El congreso se celebró en Pointe Noire en junio 30 de 1974.

El Acuerdo de Alvor

Meses después, en enero de 1975, bajo los auspicios de la Organización de Unidad Africana (OAU), el nuevo gobierno portugués reunió en la población de Alvor a los dirigentes de la tres organizaciones que por cerca de 15 años se enfrentaron sangrientamente en Angola: el MPLA, UNITA y el FNLA.

Días antes bajo la presión de la OAU y de Jomo Kenyatta, Presidente de Kenya, se habían reunido Agostino Neto, Holden Roberto y Jonás Savimbi en la pequeña población de Monbasa en aquel país para firmar un acuerdo trilateral comprometiéndose a una cooperación pacífica de las tres organizaciones que garantizase la "integridad territorial y la reconstrucción nacional" de Angola.

A los pocos días todos viajaban a Portugal.

El Acuerdo de Alvor fue firmado el 15 de enero y fijó noviembre 11 como la fecha para concederle a la colonia portuguesa su independencia y exigía de las tres fuerzas el inmediato cese al fuego.

El Acuerdo establecía un gobierno tripartito de transición que debía funcionar junto con el Alto Comisionado Portugués e instituía que los líderes de las tres facciones guerrilleras debían constituir un Consejo Presidencial encabezado, en forma rotativa, por cada uno de los tres dirigentes[35].

Como el Acuerdo de Alvor se había firmado en el pequeño pueblo portugués en enero, las tres facciones se esforzaron en ocupar antes del 11 de noviembre la mayor parte posible del territorio angolano.

Pronto comenzaron los enfrentamientos de las fuerzas del FLNA y MPLA.

Ya el movimiento de Neto había recibido armas para equipar de 5 mil a 7 mil hombres del MPLA.

---

[35] Para una información detallada leer "Cuban Foreign Policy: Tempestad Caribeña" de Pamela S. Falk.

DÍAS ANTES DEL ACUERDO DE ALVOR
Daniel Chipende, Jonás Savimbi y Holden Roberto, en representación de las tres grandes organizaciones angolanas se reúnen en Luanda días antes de la firma del Acuerdo de Alvor que señalaba el 11 de noviembre de 1975 como la fecha de la independencia. El acuerdo no fue cumplido.

HOLDEN ROBERTO (FNLA) Y JONÁS SAVIMBI (UNITA)
Otra de las frecuentes e infructuosas reuniones entre ambos dirigentes que se enfrentaban a las fuerzas comunistas del MPLA.

Para ese momento el MPLA había constituido un Comité Central de 34 miembros dirigido por un Buró Político de 10 dirigentes, presidido, por supuesto, por el propio Agostino Neto y contaba, entre otros, con José Eduardo Dos Santos quien, años después, lo sustituía en la presidencia.

En marzo de 1975 el FNLA asume el control de la capital, Luanda, y del norte del país.

La ostensible presencia soviética en Angola al firmarse el Acuerdo de Alvor contribuyó a que Gerald Ford no reconociese al nuevo gobierno del MPLA, situación que se mantuvo durante los años siguientes. En aquel enero no era apreciable la presencia de tropas cubanas en Angola. Lo fue desde julio y agosto, luego que el Comandante Flavio Bravo conviniese con Neto el envío de instructores militares.

En mayo (1975) el Comandante Flavio Bravo y Neto discutieron el envío desde Cuba de cientos de "instructores", y pronto arriban a Angola 230 "asesores militares" cubanos con el propósito de organizar cuatro centros de entrenamientos en Cabinda para las fuerzas del Movimiento Popular para la Liberación de Angola (MPLA)[36]. Su efectividad pronto se demuestra. En junio el MPLA desplazó a las otras organizaciones y asumió el control de Luanda, capital de Angola.

Facilitó esta pronta victoria el masivo suministro militar soviético que llegaba a la región por distintos puertos angolanos. Cargueros húngaros, yugoeslavos, de la Alemania Oriental y soviéticos arribaban a Angola.

El Almirante Rosa Coutinho fue la persona encargada de organizar los campos de entrenamientos desde donde los cubanos prepararían a los hombres del MPLA. A ese efecto, viajó a La Habana con la finalidad de coordinar la cooperación militar cubano-MPLA. Su presencia no fue divulgada. Quien apareció prominentemente durante varios días en la primera plana del periódico Granma era el Gral. Otelo Saraiva de Carvalho, Miembro del Consejo de la Revolución de Portugal y Jefe del Comando Operacional del continente, quien jugó un papel des-

---

[36] La información fue dada a conocer por Carlos Rafael Rodríguez en una conferencia de prensa celebrada en La Habana en enero 11 de 1976.

tacado en el movimiento que el 25 de abril de 1974 derrocó al gobierno portugués. El Gral Saraiva Carvalho llegó a La Habana el 21 de julio. Hablaría en el acto conmemorativo del XXII Aniversario del Asalto al Cuartel Moncada.

En junio (1975) llegan los primeros asesores militares cubanos para establecer cuatro campos de entrenamiento en las zonas controladas por el MPLA cerca de Cabinda. En pocos meses serán miles los cubanos que están en aquella zona.

Para esta tarea utiliza Castro personal del MINFAR y del MININT, indistintamente y, en algún momento, de los dos simultáneamente dependiendo del nivel de asesoramiento que se requiere. Comienzan, así, las fricciones entre estos dos organismos que, en pocos años, enfrentarán a Raúl Castro, jefe de las Fuerzas Armadas Revolucionarias (FAR) con José Abrantes que está al frente del Ministerio del Interior (MININT).

Para respaldar a Agostino Neto, que estaba sitiado por fuerzas de UNITA y la FNLA partieron de La Habana dos IL62M que transportaban 300 hombres cada uno. Hicieron escala en Argelia para continuar hasta Luanda. Al frente de las tropas cubanas iban doce oficiales; uno de ellos Dariel Alarcón. Es, poco después, cuando llegan Arnaldo Ochoa, Abelardo Colomé Ibarra y otros futuros generales cubanos[37].

Un mes después de la llegada de aquellos "asesores" se ganaba la primera gran batalla cerca de Luanda y en menos de tres semanas arribarían a Angola cientos y, luego, miles de cubanos.

Ante la ostensible intervención cubano-soviética, el 18 de julio, presionado por Zayre y Zambia, los Estados Unidos aprobaron un programa de $14 millones de dólares en equipos militares para respaldar a las otras dos organizaciones, FNLA y UNITA.

Cumpliendo con la petición de la Agencia Central de Inteligencia el "Comité 40" y el Presidente Ford autorizaron en julio un modesto programa de $14 a $17 millones de dólares en asistencia militar para esas organizaciones, cuantía que fue

---

[37] Entrevista de Dariel Alarcón (Benigno) con el autor.

aumentada en $10 millones en agosto de aquel año. El primer envío de armas salió de los Estados Unidos el 29 de julio[38].

Enfrentándose a la adversa opinión de los especialistas de la Casa Blanca sobre la política norteamericana en África, el presidente Ford había aprobado este programa de acción encubierta forzando la renuncia del Subsecretario de Estado Nathaniel Davis[39] que consideraba que una Angola dominada por el MPLA no representaba una amenaza para los Estados Unidos. Igual opinión había sostenido el anterior subsecretario (Donald Easm) y el próximo (Ed Mulcahy) que temían la negativa repercusión diplomática que ocasionaría el público conocimiento de estas acciones encubiertas y la cooperación militar norteamericana con el gobierno de África del Sur.

Aquellos fondos para asistir a las fuerzas anticomunistas en Angola que, en comparación con la masiva ayuda soviética parecían mendrugos, resultaban más que elevados, onerosos, para algunas figuras políticas norteamericanas. Así, el Senador Dick Clark presentó una enmienda para eliminar toda asistencia a las acciones encubiertas de las distintas facciones en Angola. La enmienda de Clark fue aprobada por el senado en diciembre 19. De ello hablaremos más adelante.

Para ese momento la Unión Soviética y otros países de la Europa Oriental habían reanudado los embarques de equipos militares al MPLA y a los cubanos que se encontraban en Angola.

Asistencia militar cubana

En agosto, tres meses antes de la "independencia de Angola", fuerzas del MPLA controlaban ya la región de Calueque, cerca de la frontera de Namibia y Angola, donde se encontraba el importante proyecto hidroeléctrico operado por Sur África[40].

---

[38] Schareider. United States Foreign Policy Toward Africa.

[39] Ibid.

[40] En Calueque se produjo, en junio de 1988, el último enfrentamiento entre tropas cubanas y del África del Sur.

41

GENERAL DE BRIGADA
Víctor Schueg Colás

GENERAL DE BRIGADA VÍCTOR SCHUEG COLÁS
En noviembre de 1965 sufrió, junto al Ché Guevara, la derrota en el Congo que los forzó a una precipitada retirada por el Lago Tanganika. Diez años después lo envían a Cabinda junto a Raúl Díaz Arguelles y Carlos Fernández Gondín.

GENERAL DE DIVISIÓN
Leopoldo Cintra Frías

GENERAL DE DIVISIÓN LEOPOLDO CINTRAS FRÍAS
Jefe del Frente Sur en Angola en 1975, participa luego en la agresión etíope a Somalia. Una década después sustituye al 'Gral. Arnaldo Ochoa como Jefe del Ejército de Occidente.

Gabriel García Márquez, en su "Operación Carlota" se hace eco de la reunión de Flavio Bravo con Agostino Neto en Brazzaville, en la que éste le solicitó ayuda para "transportar" un cargamento de armas y, además, le consultó la posibilidad "de una asistencia más amplia y específica".

Hay que ayudar militarmente al MPLA. El MINFAR –por su estructura militar basada en el molde soviético que responde al concepto de una guerra convencional –no puede movilizar de inmediato al personal necesario. Quien puede hacerlo, y lo ofrece, con la prontitud requerida es José Abrantes con las Tropas Especiales del MININT.

Las Tropas Especiales como tales no eran una estructura cerrada. Se nutrían de personal de otras esferas del ministerio: Inteligencia, Contraingeligencia, Seguridad[41].

Como consecuencia de este pedido, el Comandante Raúl Díaz Argüelles viaja tres meses después a Luanda al frente de "una delegación civil de cubanos" de la que formaban parte los entonces comandantes Víctor Schueg Colás[42] y Carlos Fernández Gondín[43].

Son trasladados en los viejos aviones Británica a los que hay que hacerle adaptaciones de tanques de combustible para el largo viaje hasta Luanda.

Se producen las primeras batallas y al lograr las tropas del MININT rechazar los ataques de las fuerzas sudafricanas, ganan prestigio ante Castro. Cuando llegan, luego, por barco, las fuerzas de las FAR pretenden éstas que sean las Tropas Especiales las que realicen las riesgosas operaciones de exploración, lo que produjo una formal protesta ante Castro de Patricio

---

[41] Declaraciones al autor de un antiguo miembro del MININT.

[42] El General de Brigada Víctor Schueg, participó junto a Ernesto Guevara en las operaciones del Congo en 1965. Pasó a Angola en julio de 1975 cuando el MPLA con la asistencia militar cubana, trataba de ocupar Luanda y la mayor parte del territorio angolano. Posteriormente sirvió en el sector norte de aquel país.

[43] Carlos Fernández Gondín, fue el segundo militar, al mando de aquella delegación "civil". Comandó las baterías de cohetes BM-21 en la defensa de Luanda. Con el grado de General de División, fue luego Vice-ministro del Interior.

de la Guardia. El enfrentamiento, humillante para Raúl, jamás será olvidado por éste.

Sabemos que Neto pidió un poco más: "El envío de un grupo de instructores para fundar y dirigir cuatro centros de entrenamiento militar". Su pedido fue cumplido a plenitud. Tres barcos llevaron toneladas de armamentos. El "Vietnam heroico" llevó 200 toneladas de combustible; "La Plata", transportó tanques de gasolina en cubierta; el "Coral Island" también partía con hombres, baterías de mortero, ametralladoras antiaéreas y suficiente armamento para organizar 16 batallones de infantería. Era, apunta García Márquez, el primer contingente enviado por Castro[44].

Tan evidente era la presencia militar cubana en Angola que el Secretario de Estado Kissinger se vió obligado a admitirla ante el Comité de Relaciones Internacionales del Congreso de los Estados Unidos el 6 de noviembre (1975).

Se ha repetido, siempre incorrectamente, que los cubanos fueron a Angola a petición del gobierno de aquel país. La afirmación es falsa. En aquel momento no existía un "gobierno angolano"; luchaban, como vemos, dos grupos antagónicos: el MPLA, dirigido por Agostino Neto, y UNITA encabezado por Jonás Savimbi y el FNLA de Holden Roberto. Ninguna de las tres organizaciones constituía un gobierno.

Para la fecha del Día de la Independencia (noviembre 11, 1975) cerca de 1,200 soldados cubanos habían desembarcado en Luanda, cuando las fuerzas de UNITA y de África del Sur seguían avanzando. Pero en ese momento, el 19 de diciembre (1975), el senado norteamericano aprobó la Enmienda Tunney[45] que prohibía toda ayuda encubierta al FNLA y a UNITA lo que les dió seguridades a los dirigentes soviéticos de que el presidente norteamericano tendría atadas sus manos para reaccionar ante la presencia soviética en Angola.

---

[44] El "Vietnam heroico" llegó a puerto Amboim el 4 de octubre; el "Coral Island" llegó el día 7 y "La Plata" llegó el 11 a Punta Negra. El propio Castro los había despedido en las costas cubanas.

[45] Presentada por John V. Tunney, Senador Demócrata por California la enmienda fue aprobada por votación de 54 a 22.

44

En diciembre las negociaciones del Presidente Ford con Moscú para llegar a un nuevo tratado SALT se vieron interrumpidas por la deteriorante situación en Angola[46].

A mediados de diciembre se había hecho evidente que la ayuda norteamericana a Savimbi y Roberto era insuficiente. Ford estaba dispuesto a ofrecer asistencia adicional pero con su votación el Senado bloqueó su propósito de continuar ayudando a combatientes anticomunistas en Angola.

En pocos días la voluntad de Ford de asistir a aquellas fuerzas estaría aún más en precario.

La Organización de la Unidad Africana (OAU) en su conferencia de enero de 1976 se abstuvo de condenar la intervención cubano-soviética en Angola[47]. Para entonces los líderes soviéticos y los africanos, habían comprendido que ni el público, ni el pueblo norteamericano, ni el congreso, ni, mucho menos su gobierno –luego del desastre de Vietnam– aceptaría una participación militar que se desarrollara en un lejano país. No estaban equivocados en su apreciación.

Aunque en la reunión de la Organización de la Unidad Africana (OAU)

la mayoría de las naciones allí representadas expresaba extraoficialmente su rechazo a la intervención soviético-cubana en Angola y urgía a los Estados Unidos a respaldar a los nacionalistas angolanos, la Cámara de Representantes de los Estados Unidos se negó a ofrecer la ayuda necesaria. Así describe el propio Presidente Ford aquella situación:

"Los Demócratas liberales estaban tan preocupados de que nos viésemos envueltos en "otro Vietnam" que derrotaron la enmienda presentada al Presupuesto de Defensa que facilitaría aquella ayuda, y la enmienda fue derrotada. Yo estaba absolutamente convencido que un voto favorable nos hubiera ofrecido las herramientas necesarias para ponerle fin a la aventura de Castro en aquel continente. Pe-

---

[46] Henry Kissinger debió cancelar en los últimos días su vuelo a Moscú.

[47] Reunión de la OAU, enero 10 a enero 12, 1976.

ro el Congreso se atemorizó y, por ello, nos vimos forzados a observar una mayor participación cubana en África"[48].

Forzado por la aprobación, el 27 de enero de 1976, en la Cámara de Representantes de la Enmienda Tunney[49], el gobierno suspendió toda ayuda militar al FLNA y UNITA.

Luego de la aprobación de la Enmienda Tunney los soviéticos con gran prontitud intensificaron el suministro, por mar y aire, de equipo militar al MPLA.

El respaldo militar recibido de la Unión Soviética y Cuba por el MPLA de Neto fue muy superior al obtenido de otras fuentes por el FNLA de Roberto.

Con la impunidad que les ofrecía la aplicación de la enmienda Tunney –y luego la enmienda Clark– más de doscientas mil tropas cubanas fueron rotadas en Angola durante la primera década (1976 a 1986) y Castro se comprometía a enviar otros doscientos mil cubanos si fuese necesario.

En la Cumbre de Países no Alineados celebrada en Harare, Zimbabwe, en septiembre de 1986 Castro mencionaba los 200 mil cubanos que habían servido en África y los otros 200 mil que estaban preparados para marchar.

Las mismas cifras que había mencionado en su discurso del 29 de marzo de 1985 en la Isla de la Juventud (Isla de Pinos) con motivo de la visita de Javier Pérez de Cuéllar: "Por Angola han pasado 200,000 cubanos, pero si tienen que pasar otros 200,000, pasan otros 200,000 cubanos más por Angola". Fuente: Verde Olivo, mayo 1985.

Esta masiva participación cubana será libremente admitida, años después, por las más altas figuras militares. El General de División Leopoldo Cintra Frías[50] en entrevista con Luis Báez

---

[48] Gerald Ford. "Un tiempo para sanar. Autobiografía".

[49] La enmienda fue aprobada en la Cámara por votación de 323 a 99.

[50] Leopoldo (Polo) Cintra, designado jefe del Frente Sur de Angola en diciembre de 1975, ostentó la representación del MPLA en los acuerdos firmados el 27 de marzo de 1976 en la frontera de Namibia. En 1978 participó en la guerra de Etiopía al mando de una unidad de tanques.

46

afirma que "fueron 300 mil cubanos los que pasaron por esas tierras". Cifra que repite el también general de división, Ulises Rosales del Toro[51]. Admite Ulises Rosales –quien llegaría a ser, en 1981, jefe del Estado Mayor General de las Fuerzas Armadas Revolucionarias– que "en total pasaron por Angola más de 300 mil combatientes cubanos".

Las cifras eran, aún, más elevadas. Lo admitirá el periódico Granma. "Para 1980 había más de 50 mil tropas cubanas estacionadas en Angola. Para esa fecha *medio millón* de cubanos habían servido en África; de ellos, 377,000 en Angola"[52].

También jóvenes mujeres eran enviadas a los campos de batalla de Angola. Distintas unidades, compuestas todas por mujeres, fueron constituidas y trasladadas al lejano país africano. Una de ellas, el Regimiento Femenino de Artillería Antiaéreo[53].

Para algunos observadores estrechamente vinculados con el régimen castrista la presencia militar cubana obedecía a tres razones fundamentales:

Primero, Angola representaba un punto estratégico para la Unión Soviética en el Atlántico del Sur; segundo, el enorme desempleo que existía en Cuba, y tercero, Angola se había convertido en los últimos años en el lugar de castigo de jefes problemáticos que no gozaban ya de la confianza de sus jefes superiores[54].

Tal vez por eso Tad Szulc pudo afirmar que fue Castro quien tuvo la idea –y no la Unión Soviética– de que las tropas de combate cubanas participasen en la guerra civil en Angola en una amplia base[55].

---

[51] Ulises Rosales del Toro participó en 1963 en Argelia como jefe del grupo táctico de combate durante la guerra con Marruecos. En 1976 fue jefe de la Agrupación de Tropas del Sur en Angola.

[52] Granma Internacional, Junio 9, 1991.

[53] Periódico Granma, enero 3 de 1989.

[54] General Rafael del Pino, el Nuevo Herald, 11 de junio de 1987.

[55] Tad Szulc. "Fidel: una semblanza".

En su entrevista[56] Szulc afirma que Castro le dice que "los angolanos nos pidieron ayuda y nosotros le enviamos ayuda, con un gran esfuerzo y un gran sacrificio... Angola había sido invadida por África del Sur lo que tenía la condenación moral de todo el mundo... por tanto, nosotros no podíamos hacer otra cosa que ayudar a Angola contra una invasión externa de Sur África".

En el otoño de 1975 el MPLA estaba solicitando de Moscú ayuda militar. La que recibiría de la Unión Soviética sería el mayor envío de material bélico realizado por los soviéticos a un país que no formaba parte del Pacto de Varsovia. Para noviembre, más de 4,000 soldados cubanos estaban en Angola y Castro admitiría luego que para 1976 se encontraban más de 20,000 cubanos en aquel país. La Agencia Central de Inteligencia estimaba que en febrero de 1976 los soviéticos habían entregado 38,000 toneladas de armamentos y material bélico a un costo de US$300 millones de dólares[57]. Un suministro diez veces mayor que el ofrecido por los Estados Unidos a las otras fuerzas.

Garantizado el apertrechamiento militar de sus tropas Castro se apresura a hacer sentir su presencia en otros escenarios africanos.

En enero 8 (1976) una delegación cubana de 4 miembros, encabezada por Ricardo Alarcón, Representante Permanente de Cuba en las Naciones Unidas, llegó a Addis Abeba. El arribo de la delegación cubana coincidía con la presencia en la capital etíope de dirigentes africanos para la reunión de la Organización de la Unidad Africana sobre Angola. Al día siguiente llega otra delegación cubana de seis miembros presidida ésta por Osmany Cienfuegos, Miembro del Comité Central del Partido Comunista Cubano.

Un mes después 20,000 soldados cubanos atacaban a Savimbi en Huambo forzándolo a retirarse. El momento para lanzar el zarpazo a Huambo había sido hábilmente escogido por Castro que miraba no sólo hacia Angola sino, también, ha-

---

[56] Enero de 1984.

[57] Robert M. Gates. "Desde las Sombras".

cia Washington. En la capital norteamericana –de ello se mantenía detalladamente informado– se discutía, con muchas probabilidades de éxito, extender indefinidamente la prohibición de ofrecer ayuda militar encubierta a las fuerzas de UNITA. Y así se produjo.

CAPÍTULO II

La Enmienda Clark: un manto protector

La Enmienda Clark

La Enmienda Clark[58] adoptada en 1975 y, luego extendida en junio de 1976, obstruccionaba los esfuerzos norteamericanos para bloquear la intervención soviética-cubana en Angola al prohibir el otorgamiento de fondos a operaciones encubiertas. Ya, por la Enmienda Tunney, estaban congelados desde principios del año.

Por más de una década la Enmienda Clark le ató las manos a la Administración impidiéndole ofrecer ayuda encubierta a UNITA y otras fuerzas que combatían a grupos de extrema izquierda como el MPLA. En la Cámara, la enmienda era defendida por legisladores afroamericanos y congresistas demócratas liberales. La oposición partía de los Republicanos Jack Menphis, de Nueva York y Trent Lott, de Mississippi. Por años fue una dura batalla.

Los esfuerzos del Presidente Ford de respaldar con operaciones encubiertas a los grupos de Holden Roberto y Jonás Savimbi se vieron truncados con la aprobación de esta enmienda a la Ley de Apropiación de Fondos para Asistencia Extranjera. La Enmienda Clark congeló toda posibilidad de apoyo a Savimbi y a Roberto. La ayuda ofrecida había sido un breve y fútil empeño del presidente Ford.

---

[58] La enmienda fue presentada por Dick Clark, Senador por Iowa.

Se le negaban las armas a UNITA a pesar de que al momento de aprobarse la Enmienda Clark, se admitía libremente que alrededor de 12 mil cubanos se encontraban en Angola respaldando al gobierno marxista del MPLA en su lucha contra las fuerzas de UNITA y el FNLA[59].

Cede la resistencia anticomunista

Las tropas cubanas que defendían al régimen marxista del MPLA se enfrentaban a dos fuerzas: las de UNITA dirigidas por Jonás Savimbi, y las de África del Sur.

A las de UNITA se les había suspendido toda asistencia militar. Las de África del Sur pronto se retirarán al garantizársele a su gobierno la protección de sus intereses. El escenario había quedado perfectamente preparado para un teatral alarde de estrategia militar de Castro.

A fines de enero el MPLA, utilizando 250 tanques T-34 y T-54 de fabricación soviética, comenzó un masivo asalto en el Frente Sur, haciéndolo coincidir con el décimo quinto aniversario del inicio de la guerra anticolonialista contra los portugueses[60], mientras los aliados occidentales vacilaban en su respaldo a UNITA y al FNLA de Holden Roberto.

El 22 de enero de 1976 las tropas sudafricanas comenzaron a retirarse en dirección a la frontera de Namibia. Cuatro días más tarde las fuerzas castristas del Frente Sur tomaban la ciudad de Santa Comba y el aeródromo de Cela que le permitiría darle "cobertura y apoyo aéreo a las agrupaciones de tropas que se concentraban en esa dirección para el inicio de las operaciones ofensivas"[61].

En rastras apresuradamente localizadas el personal cubano tuvo que trasladar todo el material que pudieron acopiar. Los trailer con los botellones de aire comprimido habían re-

---

[59] Cable UPI, lunes 2 de febrero 1976.

[60] Cable UPI, febrero 5, 1976.

[61] Rafael del Pino. "Proa a la Libertad".

ventado las llantas y la rastra principal, cargada de bombas y rockets, había quedado abandonada al fundirse el motor[62]. Así se conducía la guerra en Angola que costaría la vida a tantos cubanos.

Se hace más visible la presencia cubana

Cuatro regimientos motomecanizados, al frente de los cuales se encontraban los coroneles Néstor López Cuba, Gustavo Fleitas Ramírez, César Lara Rosello y Romárico Sotomayor García, esperaban el momento de abrirse paso hacia el sur del país. ¿Su misión?: desalojar a UNITA de todos los pueblos hasta unirse con las tropas del Frente Este comandanda por el Coronel Carlos Fernández Gondín que atacaría la ciudad de Luena, narra del Pino. La ofensiva comenzó el 9 de febrero y para el 14 las tropas del Frente Este habían ocupado la ciudad[63].

La ayuda de Cuba llegó a ser tan masiva que en enero de 1976, 15 barcos cubanos navegaban al mismo tiempo hacia Luanda. Ya las tropas del MPLA contaban con escuadrillas de Migs 17 con dotación de pilotos cubanos.

La presencia militar cubana en Angola, comparativamente, llegó a ser similar a la más alta participación norteamericana en Vietnam, convirtiendo su "internacionalismo" en la más grande presencia militar de Cuba en suelo extranjero.

Los cubanos contaban ya con distintos equipos para el transporte aéreo sin escalas intermedias. El Anatov 24, con algunos cambios menores podía transportar 100 soldados durante 2,200 millas. Contaba Castro también con el Ilushin 14 que con 122 personas a bordo podría volar 2,300 millas sin escala, y el Ilushin 18D que podía cubrir no menos de 4,000 millas con 140

---

[62] Ibid.

[63] En febrero 11 de 1976 la República Popular de Angola (PRA) fue admitida en la OAU y el MPLA la reconocido como su gobierno.

soldados a bordo; y, finalmente, el Ilushin 62 que llegaba a las 6,400 millas sin escala transportando 212 soldados[64].

Ante la violenta acometida las fuerzas anticomunistas van cediendo terreno por carecer de suficiente armamento. En Washington aprueba el Congreso (febrero 11, 1976) el presupuesto de defensa con la cláusula que prohibía todo suministro de armas a Angola facilitando, así, el triunfo militar del MPLA que desalojaba a las fuerzas anticomunistas de todos los bastiones que antes ocupaba en los campos de operaciones.

Por este abandono a UNITA y el FNLA Castro se anotaba una victoria militar. Así lo reconocen altos funcionarios norteamericanos. "Cuba logró la victoria militar, apoyada por la Unión Soviética. Casi todas las operaciones de combate fueron libradas por las fuerzas cubanas" admitía el Secretario de Estado Henry Kissinger[65].

Pero ya hay conversaciones encaminadas a proteger poderosos intereses económicos.

Antes de un mes, el gobierno de África del Sur da a conocer que retirará todas sus fuerzas militares del sur de Angola al recibir seguridades del gobierno angolano de que "los intereses de África del Sur en la región serán protegidos" (Cable de la AP, marzo 26, 1976). ¿Cuáles eran esos intereses?

En agosto (1975), a menos de tres meses de la "independencia de Angola", como habíamos apuntado, fuerzas del MPLA controlaban la región de Calueque, cerca de la frontera de Namibia y Angola, donde se encontraba el importante proyecto hidroeléctrico operado por Sur África.

Cuando, en enero de 1976, la OAU reconoció al régimen del MPLA como gobierno de Angola, el gobierno de África del Sur retiró sus tropas de aquel país después de llegar a un acuerdo sobre la seguridad del proyecto hidroeléctrico de Calueque[66].

---

[64] Jame's Hall The World Aircraft, citado por Nelson P. Valdés en "Solidaridad Revolucionaria en Angola. Cuba in the World, Cole Blasier y Carmelo Mesa-Lago.

[65] Cable UPI, febrero 13, 1976.

[66] Chester A. Crocker. Obra citada.

Las conversaciones las están llevando a cabo el canciller soviético Andrei Gromyko y el gobierno británico. Inglaterra exige, y recibirá, garantías sobre la protección de la hidroeléctrica del río Cunene[67]. La protección de esa hidroeléctrica será vergonzosamente ofrecida por las tropas cubanas.

Para entonces ya llegaban al Congo, en aviones soviéticos, armas para ser entregadas al MPLA de Agostino Neto. Con ellas, pudo reconquistar el acceso al puerto de Luanda, que será la puerta de entrada de las fuerzas cubanas.

De inmediato comenzó el éxodo masivo en Angola: más de 85,000 refugiados abandonaban cada mes aquella colonia. Era evidente que FAPLA, el brazo armado de la organización marxista MPLA, había estado recibiendo armamento soviético y entrenamiento de brigadas cubanas antes y después de firmado el Acuerdo de Alvor. Sin embargo, el antiguo jefe de la fuerza de trabajo de la CIA en Angola alegó en una audiencia congresional, que los Estados Unidos habían llevado al FMLA y a UNITA a violar los Acuerdos de Alvor "entregando masivos fondos a ambas organizaciones".

Quería ignorar el funcionario norteamericano que en la reunión de Neto con el comandante Flavio Bravo, en el mes de mayo, Cuba había acordado el envío de centenares de "instructores" para las fuerzas del MPLA.

Operación Carlota

"No fue un acto impulsivo y casual –admite Gabriel García Márquez, amigo y defensor del régimen de Castro– sino una consecuencia de la política continua de la Revolución Cubana en el África". Reconoce García Márquez en su "Operación Carlota"[68] que "una de las columnas entrenadas por cubanos había

---

[67] La construcción de la multimillonaria hidroeléctrica del río Cunene se había iniciado cuando aún Angola se encontraba bajo la administración portuguesa. Mientras las conversaciones británico-soviéticas sobre la hidroeléctrica se desarrollaban, las tropas castristas impedían todo daño a esas instalaciones.

[68] "Operación Carlota" fue el nombre asignado a la intervención militar de Cuba en Angola para salvar al MPLA de una fulminante derrota al declararse la "in-

entrado clandestinamente en Angola a través de Kinshasha (Leopoldville) y otra se infiltró en la zona de Dembo, donde nació Agostino Neto".

De "casi oficial" califica Leo Grande el relato de García Márquez sobre el papel de Cuba en Angola.

Todo estaba orquestado. En el mismo mes de noviembre Castro envía tropas para unirse al MPLA. Ya, en mayo de 1975, en la reunión de Flavio Bravo y Neto, en Brazzaville, la ayuda militar había sido solicitada, como hemos visto, y reiterada en julio de aquel año. En agosto, para sorpresa de nadie, había llegado a la recuperada Luanda el Comandante Raúl Díaz Arguelles.

Para septiembre y octubre barcos cubanos transportando armas pesadas y cientos de soldados llegaban al Puerto Amboin y Novo Redondo en Angola[69]. En noviembre 7 Castro comenzó a enviar por vía aérea tropas de combate de La Habana a Luanda en lo que sería conocido como "Operación Carlota", al tiempo que los soviéticos acarreaban armas en los Antonov-22 y ayudaban al transporte de millares de tropas cubanas[70]. La lucha aumentaba por dominar la capital; Luanda, para la fecha tope de noviembre 11.

No era un estricto secreto la presencia militar cubana ni era Raúl Díaz Arguelles el más discreto de los internacionalistas que arriban al país africano.

Oleg Ignatyev, "analista de asuntos extranjeros" —eufemismo utilizado por los agentes de la KGB— describe con pasmosa ligereza la conversación que sostiene a principios de noviembre en Luanda con el alto oficial cubano.

---

dependencia" en noviembre de 1975. El nombre se tomó del de una esclava cubana de un ingenio de Matanzas que se rebeló, machete en mano, al frente de otros esclavos y murió en la rebelión. Gabriel García Márquez tituló "Operación Carlota" su libro en que ensalza, con gran exageración, la operación militar.

[69] John A. Marcum. La Revolución Angolana. Volumen II.

[70] Marcum. Obra citada.

"Hoy vi a Raúl, el jefe del grupo de instructores cubanos. El oficial cubano es un hombre agradable y pude observar que tiene gran ascendencia sobre sus camaradas. Raúl me dijo, en estricta confidencia, que el MPLA y el gobierno cubano han firmado un acuerdo por el que se enviarían soldados cubanos a Angola. Ya están en camino y llegarán alrededor del 11 de noviembre".

El otro objetivo que las tropas cubanas querían mantener bajo su control para esa fecha, era Cabinda, centro geográfico de un territorio gran productor de petróleo.

Un regimiento especializado en la Lucha contra Bandidos —calificativo conque el régimen de Castro denominó a la lucha contra los alzados del Escambray— se instaló en Cabinda en 1976. Como comisario político de aquel regimiento había sido nombrado Francisco González López[71].

El 8 de noviembre comenzaron las hostilidades en el este de la población con cruento choque en el que participaron zayrenses, sud-africanos, asesores blancos de esas fuerzas, y cubanos castristas. Un muestrario de soldados extranjeros combatiendo por "la libertad" de Angola!!.

Ante la apremiante situación unos 5,000 soldados de África del Sur se unen en octubre 23 a las fuerzas de UNITA. Demasiado tarde.

Se produjo una situación pintoresca. El 11 de noviembre el MPLA que sólo controlaba menos de la quinta parte del territorio declaró desde Luanda la independencia de la "República Popular de Angola". No se quedaron atrás los otros dos grupos. El FNLA, en Carmona, y UNITA, desde Huambo, anunciaban la constitución de la "República Democrática de Angola". Las fuerzas de la FNLA se encontraban a solo 9 millas de Luanda.

Es Savimbi quien tiene el respaldo de los nativos. El aborigen despreciaba y temía al cubano. Lo admite el propio Gabriel

---

[71] Francisco González López perteneció, muy joven, al Movimiento 26 de Julio en la zona de Nicaro y Mayari. Se incorporó en la Sierra a la columna de Raúl Castro. En 1962 es designado segundo jefe de las fuerzas que combatían a los alzados. Ya con el grado de General de Brigada sustituyó temporalmente al Gral. Ramón Espinosa cuando éste fue herido en 1976.

García Márquez cuando afirma: "Muchas veces, sobre todo en Cabinda, los exploradores cubanos se sentían delatados por el telégrafo primitivo de los tambores de comunicación, cuyo tam-tam se escuchaba hasta 35 kilómetros a la redonda"[72].

Militarmente, las fuerzas cubanas representaron la diferencia en el destino de Angola. El Acuerdo de Alvor era, luego de noviembre 11, un documento que a nadie comprometía. De noviembre de 1975 a marzo de 1976 de 18,000 a 36,000 cubanos combatientes arribaron a Angola[73].

Comenzaba en forma caprichosa la ofensiva cubana. "Fidel quería la ofensiva. La intención era hacerla coincidir con la celebración del Primer Congreso del Partido" que se efectuaría del 17 al 24 de diciembre, afirma Colomé Ibarra, Jefe de la Misión Militar Cubana[74].

Se envían los más avanzados armamentos. "Llevamos los lanzacohetes BM-21 que son piezas con un potencial de fuego muy grande. Tienen un efecto devastador.... Su utilización fue una de las causas del éxito de la guerra en Angola", admitió Álvaro López Mirra, general de brigada que estuvo al frente de la artillería durante la intervención militar castrista en Angola.

El 22 de diciembre en el acto de clausura del Primer Congreso del Partido Comunista de Cuba, Castro reconocería por primera vez de manera oficial, que había tropas cubanas luchando en Angola.

Luego del Primer Congreso se cambia en las fuerzas armadas el sistema de grados. Algunos, en ese momento, ostentaban grados de capitanes, comandantes o coroneles por haber ingresado 8 ó 10 años antes como ingenieros de comunicación o por otra capacitación profesional, pero jamás, habían participado en acciones militares. No estaban probados.

José Abrantes y Sergio del Valle –por supuesto, siguiendo instrucciones de Castro– establecen un escalafón y dan instruc-

---

[72] Gabriel García Márquez. Operación Carlota.

[73] William M. Leogrande. Obra citada.

[74] "Secretos de Generales", obra citada.

ciones de que todos los oficiales superiores tendrían que ir a Angola; los jefes de direcciones, los jefes de control, de Inteligencia; los jefes de los departamentos (agentes legales; lucha ideológica; economía; técnica operativa; y demás). Pasarán allá dos años, uno de ellos en el frente. No todos pudieron pasar la prueba. Algunos regresaron "sin nada"; es decir, sin grados ni galones.

Van llegando a Angola los oficiales que habrán de alcanzar los más altos grados militares. En octubre (1975) se encuentra allí Leopoldo Cintra Frías; ya, poco antes, Romárico Sotomayor que ostentará el rango de general de división; el Comandante Eulicer Estrada Reyes; el general de división Ramón Espinosa Martin[75] quien tendrá –¡increíblemente!– la responsabilidad de proteger las instalaciones petroleras norteamericanas.

Espinosa llevaba instrucciones de establecer un centro en Landana, cerca de Ciudad Cabinda. En relación con la compañía GULF "que explotaba el petróleo", le pregunta Luis Báez[76], qué instrucciones le dieron:

> *"No meternos en ese lugar. No interferir en el trabajo de los norteamericanos... Si había alguna confusión por parte de los angolanos, debíamos intervenir para que se les garantizara a los norteamericanos la seguridad y el trabajo sin ningún inconveniente.*
>
> *No permitimos a ningún cubano moverse por esos lugares. En todo el tiempo que estuve en Cabinda, nunca se produjo problema alguno con el funcionamiento de la compañía norteamericana GULF. Protegimos esas instalaciones petroleras".*

El propio Fidel Castro admite, sin rubor, los esfuerzos que sus tropas realizaban para proteger las instalaciones petroleras de la compañía norteamericana.

---

[75] Luego de su intervención en Angola, Espinosa fue nombrado en 1980 jefe de la misión militar en Etiopía. Dos años después, en Cuba, estaba al frente del Ejército Oriental.

[76] "Secretos de Generales", obra citada.

GENERAL DE DIVISIÓN
RAMÓN ESPINOSA MARTÍN

GENERAL DE DIVISIÓN RAMÓN ESPINOSA MARTÍN
Desempeñará en Cabinda la triste labor de proteger las instalaciones petroleras de la Gulf.
Desde La Habana "nos dieron instrucciones de no interferir con el trabajo de los norteamericanos.... de no permitir a ningún cubano moverse por esos lugares. Protegimos esas instalaciones petroleras".

GENERAL DE BRIGADA
ORLANDO ALMAGUEL VIDAL

GENERAL DE BRIGADA ORLANDO ALMAGUEL VIDAL
Jefe de Logística de la FAPLA, organiza movimiento de las tropas y materiales a Luanda y otros puertos de Angola. Luego estará a cargo del "traslado de las fuerzas a Granada".

Con motivo de la visita a la Isla de la Juventud (Isla de Pinos) que realizó Javier Pérez de Cuéllar[77], Secretario General de las Naciones Unidas, Castro pronuncia un largo discurso recordando el apoyo y cooperación que su gobierno había ofrecido a Angola desde muchos años antes.

Comentaba que poco tiempo antes, "un comando sur africano que desembarcó en Cabinda había tenido un encuentro con una pequeña patrulla de las fuerzas angolanas" y "al ocuparse nueve mochilas se encontraron en ellas 13 minas magnéticas, 5 kilogramos de TNT, paquetes de explosivos plásticos de alta potencia...". Y se preguntaba a sí mismo ante el impávido Secretario General de las Naciones Unidas:

> *"¿Y qué iban a hacer los aliados de Estados Unidos, o los socios de Estados Unidos, los amigos de Reagan, los amigos de la CIA?. Iban a destruir las instalaciones petroleras de Cabinda, que constituían el ingreso principal de Angola... esas instalaciones que pertenecen, nada menos, que a una empresa transnacional norteamericana la GULF Oil".*

Castro, que en su lucha contra el gobierno de Fulgencio Batista se jactaba de realizar actos dinamiteros contra las instalaciones petroleras de la Texaco, la GULF y la Shell, ahora se convertía en el guardián de esos intereses.

Y exclama indignado:

> *"¿Qué cosa hace el gobierno de Estados Unidos, qué cosa hace la CIA y qué cosa hace el gobierno racista de Sud-África para agredir a Angola y afectar la economía de aquel país?". Planifica la voladura de importantes instalaciones petroleras de una empresa norteamericana!".*

No cometía, por tanto, el Comandante Espinosa indiscreción alguna cuando cándidamente hacía mención en "Secretos

---

[77] El viaje se efectuó en mayo de 1985. Javier Pérez de Cuéllar había sido, inesperadamente, electo como Secretario General de las Naciones Unidas en diciembre de 1982, cuando los Estados Unidos vetaron a Salim A. Salim, Canciller de Tanzania, y la Unión Soviética vetó a Kurg Waldeheim en su intento de ser reelecto por tercera vez a esa posición.

de Generales" de las instrucciones que él personalmente había recibido de proteger las instalaciones de la GULF.

El entonces Comandante Espinosa, luego general de división, ya se encontraba en Angola cuando arribaba a Punta Negra el carguero "La Plata". Coordinaría también la llegada por avión de La Habana a Punta Negra –vía Moscú– de los aviones que transportarían a miles de jóvenes cubanos forzados a cumplir en suelo y guerra extrañas su servicio militar obligatorio. Con Espinosa, en esa tarea, se encontraban los coroneles Rafael Vázquez y Reynaldo Reyes.

Luego fue que llegaron, en diciembre de 1975, como jefe de artillería de la Agrupación de Tropas del Sur, el hoy General de Brigada Silvano Colás Sánchez y Abelardo Colomé Ibarra (Furry), jefe de la misión militar que tuvo como una de sus primeras tareas frustrar el golpe de estado al Presidente Agostino Neto, al que nos referiremos en próximas páginas.

Una de las primeras víctimas cubanas fue el propio Comandante Díaz Arguelles. El 11 de diciembre de 1975 un carro blindado, con cuatro comandantes cubanos a bordo, fue lanzado al aire, en Hengo, por la explosión de una mina. Tres fueron gravemente heridos. Díaz Arguelles murió en la explosión.

Al morir Díaz Arguelles el Gral. Abelardo (Furry) Colomé Ibarra lo sustituye como jefe de las tropas cubanas. Días después, el 21 de enero (1976), Agostino Neto presidía en el aeropuerto de Luanda el acto de la fundación de la Fuerza Aérea de Angola. Era una fuerza aérea sólo angolana de nombre. Los pilotos eran, sin excepción, cubanos.

Arriba a Luanda en aquel diciembre de 1975 otro oficial de muy alta graduación que, como experiencia militar tenía el de haber formado parte de la escolta del entonces Comandante Raúl Castro y la posterior formación de cinco batallones que participaron en acciones contra los alzados en el Escambray a mediados de la década del 60. Una de las acciones más importantes del General de División Joaquín Quintas Solás –según le cuenta a Luis Báez en extensa entrevista– fue su participación en el cerco y aniquilamiento de los miembros de la Comandancia General del Escambray, incluyendo a su jefe Tomás San Gil, que había combatido sin descanso a los batallones del hoy General Quintas.

El 11 de diciembre llega Quintas Solás a Luanda para cumplir su primera misión internacionalista como jefe de la Misión Militar de Cuba en Cabinda. Será el asistente de Ramón Espinosa en la defensa de los pozos petroleros de la GULF en aquella región.

Su misión era, comprensiblemente, "rechazar cualquier tipo de agresión que se realizara contra ese territorio". Por territorio se refería al amplio perímetro que rodeaba las grandes instalaciones petroleras. No era una pequeña fuerza. Lo admite Quintas Solás al afirmar:

> *"Con las tropas que el General de División Espinosa tenía, más otras que se enviaron de refuerzo desde Cuba y las FAPLA, se creó una agrupación de una envergadura considerable, incluyendo tanques y artillería.*
>
> *Pudiera decirse que había el equivalente de una división, capaz de rechazar cualquier tipo de agresión".*

Tras un corto viaje a Cuba regresó a Cabinda, luego del accidente en el que había resultado gravemente herido el General Espinosa, para asumir el mando.

Junto con Joaquín Quintas llega también un tanquista, el entonces General de Brigada Orlando Almaguel Vidal, que había llegado por primera vez a Angola el 11 de noviembre al frente del convoy del que participaba el buque Vietnam. Estaría al frente de la retaguardia de la Agrupación de Tropas del Sur que se acababa de crear. Fueron los días anteriores a la explosión de la mina que le costó la vida a Raúl Díaz Arguelles. De regreso meses después en La Habana, vuelve nuevamente a Angola como asesor del Jefe de Logística de las fuerzas de FAPLA. Más tarde Almaguel Vidal es designado Jefe de la Dirección de Transportaciones que era la encargada de organizar y planificar el traslado de las fuerzas y medios ordenadas por el MINFAR.

¿En qué operaciones participa este General de Brigada?.... En varias, de gran interés. Todas bajo el comando del Ministerio de las Fuerzas Armadas: "los relevos de las tropas en Angola, el traslado de las fuerzas de Granada, la retirada de las tropas de Etiopía, dos operaciones en Nicaragua... y el traslado de las tropas para el refuerzo de Angola". Observemos que entre las operaciones militares en las que este General de Brigada participa se encuentra "el traslado de las fuerzas de Granada". A confesión de parte relevo de prueba. Admite este locuaz general que en Granada –lo confirmaremos en próximo capítulo– no eran carpinteros y obreros los cubanos que se encontraban, sino tropas militares[78].

Al dominar el área tras los encuentros de Cabinda en noviembre las tropas cubanas crean la Agrupación de Tropas del Sur bajo la jefatura de Ulises Rosales y de la que Joaquín Quintas[79] era jefe de su Estado Mayor.

Entre los oficiales que llegaban a Angola en esta primera etapa se encontraba Sixto Batista Santana[80], oriental, que había tomado parte, en 1958, del Tercer Frente dirigido por Juan Almeida. Llega a Angola, por breve tiempo, en marzo de 1976, donde permanecerá pocos meses al pasar, como jefe de la Sección Política, a Etiopía junto con el primer batallón de tanques cubanos que operaba en aquella región. Al llegar Sixto Batista a Angola se encuentra allí Harold Ferrer Martínez, Jefe del Regimiento de las tropas cubanas en el sur y en el este de Angola.

Desde La Habana se presionaba al Cuartel General de las Tropas Cubanas en Angola para que iniciara la ofensiva en todo lo que se llamaba Frente Sur para tomar la ciudad de Huambo antes del 4 de febrero fecha en la que estaba prevista una reunión de la Organización de la Unidad Africana (OAU) en la que se discutiría la aceptación del MPLA como legítimo representante del pueblo angolano. Será el 10 de febrero que cae Huambo "en poder del ejército formado por unos 8,000 cubanos que marchaban al frente de las tropas del MPLA[81]". Era Huambo la capital del territorio dominado por Savimbi. Al siguiente día la República Popular de Angola (PRA) fue admitida en la OAU y el MPLA reconocido como su gobierno.

---

[78] General de Brigada Orlando Almaguel Vidal. Secretos de Generales.

[79] Joaquín Quintas Solá perteneció al "Movimiento 26 de Julio" y al II Frente Frank País. Fue a Angola en diciembre de 1975.

[80] Sixto Batista Santana, General de División, fue posteriormente designado Presidente de los Comités de Defensa de la Revolución y Miembro de Buró Político del Partido Comunista de Cuba.

[81] Cable UPI, febrero 10, 1976.

GENERAL DE DIVISIÓN
SIXTO BATISTA SANTANA

GENERAL DE DIVISIÓN SIXTO BATISTA SANTANA
Más político que militar, en la prolongada operación de Ogadén (Etiopía) se desempeñó como jefe de la Sección Política. De regreso a La Habana es designado Presidente de los Comités de Defensa de la Revolución (CDR).

GENERAL DE BRIGADA
HAROLD FERRER MARTÍNEZ

GENERAL DE BRIGADA HAROLD FERRER MARTÍNEZ
En Angola, como antes en Cuba, Castro organiza un batallón de Lucha contra Bandidos. Harold Ferrer comandará parte de esas fuerzas.

La decisiva participación cubana era sumisamente admitida por el Secretario de Estado norteamericano. Tras la caída de Huambo dijo Kissinger que "no fueron las tropas angoleñas sino las cubanas las que obtuvieron la victoria para el bando respaldado por los soviéticos". (Cable UPI, febrero 13, 1976)

En ese mes de febrero se producen frecuentes encuentros entre tropas del Frente Nacional de Liberación de Angola dirigido por Holme Roberto. En un breve choque mueren dos docenas de hombres de ambos lados. Caen prisioneros de tropas comandadas por oficiales cubanos, varios angolanos y cuatro "mercenarios" blancos.

La prensa es pródiga en dar los detalles de la pena de muerte que es impuesta a los cuatro "mercenarios" apresados. Así son calificados por las agencias cablegráficas (REUTERS y otras), por el New York Times, por el Africa Report y otras publicaciones. Los soldados de Castro –cuyos salarios se pagan con fondos aportados por las empresas petroleras norteamericanas– son mencionados, una y otra vez, simplemente como soldados. Los que los combaten a esos mercenarios –seguramente subvencionados también por fondos foráneos– son los que reciben el despectivo calificativo.

Cuando se vislumbra la posibilidad de victoria hay que garantizar la seguridad personal de Neto. A ese efecto se envía allá al Teniente Coronel Burgos al frente de un grupo de 10 ó 15 cubanos. Burgos era un joven campesino de la Sierra, de bajo nivel cultural pero de gran fortaleza física que había luchado en el Tercer Frente junto a Juan Almeida. Se convertirá Burgos en el jefe de escolta personal de Agostino Neto y recibirá la ciudadanía angolana. Permanecerá por muchos años en aquel país.

Ante la relampagueante victoria del MPLA y la pusilánime posición norteamericana, se produjeron cambios en las relaciones de gobiernos vecinos. Zayre (el Congo Leopoldville) expulsó a Holden Roberto reconciliándose, aunque brevemente, con la República Popular de Angola a la que reconoció en abril de aquel año. África del Sur negoció también la retirada de Angola de sus fuerzas, una vez que se le permitiera continuar la construcción de la hidroeléctrica en la frontera con Namibia.

Se inicia una parcial retirada de las fuerzas cubanas. La salida de Angola de las tropas cubanas –que dejaba vigente la política de appartheid de África del Sur– era una derrota para Castro, pero con gran desparpajo éste la llama Operación Victoria. Fue esta operación, admite Almaguel Vidal, la que mayor nivel de organización y dirección requirió.

Semillas de corrupción

Cuando, firmado el Acuerdo de Alvor, los portugueses, muchos de ellos funcionarios del recién depuesto gobierno de Caetano, abandonan Angola, dejan sus cómodas casas. Todos sus enseres se encuentran en contenedores en los muelles para ser trasladados a la metrópoli tan pronto lo permitiera el irregular movimiento, en ese crítico momento, de barcos de carga.

Muchos de estos furgones no llegarán a su destino. Ni saldrán del puerto angolano. Los Jefes de las fuerzas cubanas comenzarán a disponer de todos esos enseres: electrodomésticos, alfombras, costosos adornos de marfil. Cuando, meses después, regresan a La Habana estos altos oficiales –muchos de ellos de las FAR y otros del MININT– se llevarán consigo (como propios) estos bienes malhabidos más otros adquiridos en lo que se conocía como la candonga o mercado negro. Con los años se agudizará la corrupción que, tolerada desde La Habana, le será atribuida a Tony de la Guardia y a Arnaldo Ochoa en el juicio a que van a ser sometidos varios años después.

La corrupción en las más altas esferas militares adquirirá mayores proporciones con la presencia en Nicaragua de muchos de estos altos oficiales. Pero todos, civiles y militares relacionados con las empresas fantasmas constituidas en Panamá para burlar el embargo comercial estadounidense, obtienen pingües beneficios personales con las operaciones de esas corporaciones. Éste era el caso –relata un antiguo miembro del MININT– del chileno Carlos Alfonso, más conocido como Máximo Arándigo que había sido el Jefe de Seguridad de Salvador Allende.

Colocan a Max Arándigo al frente del CIMEX que empieza a operar en 2-22 al oeste en La Habana[82].

Carlos Alfonso (Guatón) será conocido por su nombre de guerra Max Arándigo. Se encuentra en Chile al frente del GAP (Grupo de Amigos del Presidente) que actúa como la guardia personal de Allende a la que pertenecen, también, los gemelos Patricio y Tony de la Guardia. El GAP, compuesto mayormente de cubanos, es pagado con fondos provenientes de la isla con armas soviéticas (AK). El Guatón Alfonso funcionaba, también, como asesor militar de la organización política chilena MIR.

Se consolida Agostino Neto

El 10 de diciembre de 1977 el MPLA clausuró su primer congreso eligiendo a Agostino Neto como Presidente del Partido. La noticia la recogían en primera plana el periódico Juventud Rebelde de La Habana. El congreso expresaba su agradecimiento a la Unión Soviética y a Cuba "por la ayuda internacionalista brindada a la República Popular de Angola". Presente se encontraba el Gral. Raúl Castro "Segundo Secretario del Partido Comunista de Cuba" y Andrei Kirlonko, Miembro del Buró Político del Comité Central del Partido Comunista de la Unión Soviética. Rendían también homenaje a los combatientes internacionalistas cubanos en Angola.

Vencidos, por el momento, sus adversarios, el gobierno de Angola convertía al país en uno de los cinco estados africanos envueltos en buscar una solución negociada al problema de Rhodesia. Los cinco estados se oponían al dominio de una minoría blanca en Rhodesia manteniéndose junto a la Unión Soviética y hostiles hacia China, pero sin distanciarse de los consorcios financieros occidentales.

---

[82] El Cimex llegó a tener bajo su control a un gran número de empresas, aparentemente privadas, dedicadas al turismo, financiamiento, exportación y otros rubros. "De la avenida 190 hacia arriba es todo Tropas Especiales, Seguridad Personal e Inteligencia. A dos o tres cuadras de una de las residencias de Castro. Eso es territorio vedado". Declaraciones de un antiguo funcionario de Inteligencia, al autor.

Ya, para principios de la década de los 80 el FNLA había perdido apreciable vigencia en los problemas de Angola. Quedaban, sólo, como serios adversarios el MPLA y UNITA.

Ambos, expresa Crocker, alimentando gran desconfianza, por razones distintas, sobre el Departamento de Estado norteamericano. El que éste no implementara medidas para forzar la retirada de las tropas cubanas despertaba en UNITA, desconfianza; que no se restablecieran relaciones diplomáticas con Luanda preocupaba al MPLA.

Era, ésa, la tibia política del Presidente Ford en el África Negra. Hacia Cuba su posición era aún más débil.

CAPÍTULO III

Política de contención

Pasos previos a la "libertad de acción"

Aunque el Presidente Gerald Ford en conferencia de prensa celebrada en Miami reiteró que Estados Unidos no cambiaría su política hacia Cuba[83], una semana después su Secretario de Estado, Henry Kissinger, afirmaba que el problema cubano no debía seguir siendo un factor de división dentro del sistema interamericano y "prometió una apertura condicionada hacia Cuba", en reunión con presidentes celebrada en Washington el 3 de marzo. "No vemos que exista virtud alguna en un antagonismo perpetuo entre Estados Unidos y Cuba".

Ya el día anterior el locuaz Secretario de Estado había manifestado que "hemos dado algunos pasos simbólicos para indicar que estamos preparados a tomar un nuevo rumbo, si Cuba lo desea". Uno de los "pasos simbólicos" era el permiso concedido a los diplomáticos cubanos destacados en las Naciones Unidas de aumentar de 25 a 250 millas el radio dentro del cual podrían moverse en los Estados Unidos.

No era una voz solitaria en la capital norteamericana. Funcionarios del Departamento de Estado, expresaba el cable, "dejaron entrever que Estados Unidos podría apoyar el levantamiento de las sanciones si existe un consenso claro en ese sentido".

---

[83] Diario Las Américas, jueves 27 de febrero de 1975.

Intentos de eliminar el embargo económico

En la opuesta acera partidista el Senador Edward Kennedy presentaba un proyecto de ley que eliminaba el embargo económico al gobierno de Castro. "Mantengo que ya no existen motivos convincentes para el embargo al comercio con Cuba ni para el intento político de aislar a esa nación" manifestaba (marzo 5, 1975). Otros daban pasos más firmes. El ex-candidato presidencial por el Partido Demócrata en 1962, Senador George McGovern, anunció que visitaría Cuba en el mes de mayo por invitación del Primer Ministro Fidel Castro.

Partió McGovern hacia la capital cubana, luego de consultar con el Departamento de Estado, en mayo 5 con su esposa, su hija, su yerno "muchos ayudantes del Senado y un contingente de prensa americana compuesto de 30 periodistas"[84].

El derrotado aspirante presidencial se reunió con Castro y sostuvo una amistosa conversación. "Yo sentí mucho que usted no hubiese ganado la elección de 1972" le manifestó Castro[85].

Tales intentos de apaciguamiento provocaron una áspera reacción de otras altas figuras de la política norteamericana y de dirigentes del exilio. El representante Claude Pepper en una reunión de congresistas norteamericanos con un grupo de exiliados cubanos encabezado por el ex-presidente Carlos Prío Socarrás, manifestaba que "si el Ejecutivo quiere restablecer relaciones con Castro, yo les advierto que el Congreso no permitirá que Estados Unidos estreche la mano ensangrentada de aquel tirano".

Todo apunta, en Washington y en Latinoamérica, hacia una normalización de las relaciones con el régimen de Castro o, al menos, hacia la suspensión de las sanciones económicas.

---

[84] George McGovern. "Una conversación con Castro", New York Times, marzo 13, 1977.

[85] Llevaba McGovern una petición del Senador Ed Brooke, de Massachussetts solicitando que a los padres del lanzador cubano Luis Tiant se le permitiese la salda de Cuba para que pudieran ver lanzar a su hijo en la serie mundial del Boston Red Socks con el Cincinnatti. En pocas horas los padres de Luis Tiant llegaban a Boston.

Para oponerse al posible levantamiento de las sanciones impuestas por la OEA a Castro los cubanos del exilio convocan a una Marcha por la Libertad de Cuba a celebrarse en Washington el 10 de Mayo (1975).

Personalidades relevantes del destierro apoyan dicha manifestación. Carlos Prío Socarrás, Carlos Márquez Sterling, Manuel Antonio de Varona, Guillermo Martínez Márquez, Manuel Urrutia Lleó y otras figuras promueven la marcha.

En julio la atención se centra en la reunión extraordinaria del Consejo de la OEA que se celebraría en San José durante los días finales de aquel mes. Antes, el anodino organismo interamericano celebraría, en la misma ciudad, una reunión de plenipotenciarios convocada para tratar las reformas del Tratado de Asistencia Recíproca (TIAR). Todos estaban conscientes de que lo que se discutiría era la "cuestión cubana" que no era otra cosa que el levantamiento de sanciones a Castro, inexistentes penalidades que ya, de hecho, muchas naciones latinoamericanas estaban ignorando.

En una vertiginosa sesión –informa Guillermo Martínez Márquez desde San José– que se prolongó por dos horas, la XVI Reunión de Consulta de los Cancilleres Americanos aprobó la Resolución suscrita por once de sus miembros para dejar en libertad de acción a los estados americanos que quieran restablecer relaciones con Cuba.

La votación final fue de 16 votos a favor, 3 en contra y 2 abstenciones. Los 3 votos en contra fueron los de Uruguay, Paraguay y Chile. Las abstenciones, Nicaragua y Brasil.

Ya la propia Administración de Ford estaba dando los pasos necesarios para facilitar tal decisión.

Desde la semana anterior, con la única oposición de Chile (cuyo gobierno presidía el Gral. Augusto Pinochet) y Paraguay (presidido por el Gral. Alfredo Stroesner), las 25 naciones del Pacto de Río acordaron que las sanciones cubanas podrían ser dejadas sin efecto por una simple mayoría. El tratado vigente hasta ese momento requería una votación de dos tercios; es decir, 16 votos. Clara señal de que no había objeción al esperado levantamiento de sanciones contra Castro.

Ante la decisión adoptada en Costa Rica por los cancilleres de países del continente, entre ellos Estados Unidos, de dejar en libertad a los gobiernos para determinar sus relaciones con Cuba, un funcionario del Departamento de Estado admitió que los Estados Unidos están "plenamente dispuestos a iniciar serias conversaciones con Cuba sobre una base de reciprocidad".

Esta "libertad de acción" para reanudar relaciones diplomáticas y comerciales con el régimen de Castro fue duramente censurada por el destierro cubano.

El portavoz del Departamento de Estado reiteró la necesidad de que las conversaciones con Cuba se llevasen a Cabo "en privado", utilizando "los canales adecuados"[86]. Veinticuatro horas después el propio Departamento de Estado declaraba que se alzaban varios obstáculos en el camino para el restablecimiento de las relaciones entre Cuba y los Estados Unidos. Relacionaba el vocero de ese organismo, Robert Anderson, esos obstáculos ninguno de los cuales era el restablecimiento en Cuba de un régimen democrático ni el respeto a los derechos humanos, ni la convocatoria a elecciones libres.

En declaraciones ante un sub-comité de la Cámara de Representantes el Secretario de Estado para Asuntos Interamericanos, el apaciguador William Rogers[87] elogió la decisión de la Organización de Estados Americanos tomada en Costa Rica el 29 de julio de levantar virtualmente las sanciones impuestas contra Cuba en 1964.

Para el responsable de los asuntos interamericanos "la suspensión de las sanciones obligatorias, que ya no eran aceptables para la mayoría de los miembros de la OEA, eliminaba una anomalía"[88].

La primera semana de diciembre (1975) la Organización de Estados Americanos (OEA), con su ceguera habitual, eliminó

---

[86] Cable EFE, Julio 31, 1975. Diario Las Américas.

[87] Veinte años después, en 1998, William D. Rogers seguía abogando por el levantamiento de las sanciones al régimen de Castro y por la implementación de una nueva política hacia Cuba. (Miami Herald, noviembre 22, 1998).

[88] Cable UPI, septiembre 24, 1975.

su Comisión Especial de Seguridad contra la Subversión Comunista en el Hemisferio[89].

Como una burla a la resolución del organismo regional, Raúl Castro, (diciembre 6, 1975) Ministro de las Fuerzas Armadas Revolucionarias, reiteraba que Cuba seguía apoyando los actos subversivos en el hemisferio, y en Argentina las fuerzas armadas se verían obligadas a intensificar su lucha contra las guerrillas en aquel país. (Cable de UPI de diciembre 6, 1975). Tres meses después una junta militar asumía el poder derrocando a la Presidenta María Estela Martínez de Perón alegando, entre otras causas, "la falta de una estrategia global para enfrentar a la subversión"[90]. Una de las primeras medidas de la Junta Militar fue la de declarar ilegal al Partido Comunista Revolucionario, al Partido Comunista Marxista-Leninista, al Partido Laborista Trostkista y al Partido Socialista de los Trabajadores.

En sus gestiones encaminadas a lograr en la isla un régimen de derecho los cubanos en el exilio seguían reclamando el respaldo de congresistas y funcionarios. En Washington gestionan con éxito `la constitución de una nueva organización: "Norteamericanos por una Cuba Libre" de la que van a formar parte 17 senadores de los Estados Unidos.

En Miami se constituye un Comité Bancario que se encargaría de recaudar los fondos necesarios. Participan de este comité el Reverendo Martín Añorga, Presidente; Bienvenido Benach, Vicepresidente; Aurelio Vigil, Secretario; Amado Aréchega, Tesorero y el Padre José Pablo Nickse, Vicepresidente[91].

Entre los cubanos que componen la comisión de representativos se encontraban, además de los cinco miembros del Comité Bancario, los siguientes: Carlos Prío Socarrás; Rolando Espinosa; Luis Casero Guillén; René González Tijera; Juan

---

[89] La Resolución, presentada por Perú, fue aprobada por nueve votos de diecisiete países, con el voto negativo de Brasil, Chile, Paraguay y Uruguay.

[90] La junta estaba encabezada por el Comandante General del Ejército Teniente General Jorge Rafael Videla, el Almirante Emilio Eduardo Massera y el Brigadier Orlando Agosti. El golpe militar se produjo el 24 de marzo de 1976.

[91] El primer informe del comité se da a conocer el 4 de diciembre (1975) en el despacho del Rev. Martín Añorga.

Francisco López; Emilio (Millo) Ochoa; Humberto Quiñónes del Sol; Mario Riera Hernández; Lincoln Rodón; Ramón Iglesias; Manuel Arqués; Jorge Más Canosa; José Borrero; Emilio Milián; Silvestre Piña; Demetrio Pérez Jr. y José M. Vidaña.

A medida que disminuye la presión a que se había visto sometido en sus relaciones con Latinoamérica, Castro se aventura aún más en África.

Política de contención

El colapso en 1975 de Indochina fue seguido por la retirada de Estados Unidos de Angola, una agudización de las divisiones domésticas y el extraordinario expansionismo de la Es dudoso, apunta Henry Kissinger, que Castro hubiese intervenido en Angola, o la Unión Soviética en Etiopía, si no se hubiese percibido que los Estados Unidos habían sido derrotados en Indochina, se habían desmoralizado por el incidente de Watergate y, después, se habían retraído como una simple oruga[92].

Unión Soviética. La ofensiva geopolítica comunista continuó con el envío de la fuerza expedicionaria cubana a Angola para establecer, allí, un gobierno comunista. Las fuerzas militares cubanas se habían extendido desde Angola a Etiopía.

En su determinación para prevenir una mayor extensión de la esfera comunista, la posición de la Administración Nixon (y de Ford) no se distinguía de la mantenida por Acheson y Dulles que la precedieron o de la de Carter que la continuó, aunque esta última fue, de todas, la más pusilánime.

Para los soviéticos la aventura en Angola era, además, una fructífera inversión financiera. La cada vez más empobrecida Angola se convirtió en uno de los principales compradores de armas soviéticas al adquirir de Moscú cerca del 90% de los $4.5 billones de dólares en armas recibidas en los primeros diez años de su independencia[93]. Angola era, en ese período, el séptimo mayor importador de armas en el mundo.

---

[92] Henry Kissinger. "Diplomacy". Simon Shuster, New York.

[93] Chester A. Crocker. Obra citada.

Para destacar la decisiva participación de las tropas cubanas en el conflicto de Angola Fidel Castro al referirse en el juicio de Arnaldo Ochoa a los 50,000 hombres que en aquel momento admitía tener en aquel país afirmaba:

"Si queremos tener una idea de qué son 50,000 hombres para un pequeño país como Cuba y multiplicamos por 24, que es el número de veces en que la población de los Estados Unidos supera a la nuestra, es como si Estados Unidos hubiese enviado 1.200,000 hombres a un teatro de operaciones, o como si la Unión Soviética hubiese enviado 1.400,000 hombres. Y este pequeño país, que tenía una misión militar en Etiopía, que tiene otra misión militar en el Congo, fue capaz de enviar 50,000 hombres a un territorio que está más distante de nosotros que Moscú"[94].

Para entonces, la guerra civil de Angola se estaba convirtiendo rápidamente –comentaba la prensa internacional– en un enfrentamiento entre tropas cubanas y soldados blancos reclutados por los ejércitos aliados pro-occidentales[95]. Ya se admitía públicamente que alrededor de 12 mil cubanos se encontraban en Angola respaldando al MPLA.

En una conferencia de prensa el presidente Gerald Ford tuvo palabras –sólo palabras, no respaldo militar a las fuerzas pro-occidentales– manifestando, también, su intención de lograr el apoyo del congreso para un posterior compromiso norteamericano en aquella zona. Las palabras del presidente Ford fueron objeto de una dura crítica de la Unión Soviética en informaciones oficiales emitidas a través de la agencia de noticias TASS y del periódico Pravda, el diario del Partido Comunista[96].

Era un momento aparentemente crítico para el gobierno norteamericano. Un informe de la Biblioteca del Congreso de los Estados Unidos que analizaba el equilibrio militar ruso-norteamericano había concluido con la afirmación de que el pa-

---

[94] Intervención de Fidel Castro en la Reunión del Consejo de Estado en julio de 1989.

[95] Cable de la UPI, de febrero 2, 1976, emitido en Lusaka, Zambia.

[96] Cable de la UPI emitido en Moscú el 2 de febrero de 1976.

pel de liderazgo mundial que han desempeñado los Estados Unidos desde el fin de la Segunda Guerra Mundial "podría haberse reducido ante su creciente inferioridad militar frente a la Unión Soviética".

Según el análisis, la balanza de poder militar comenzaba a inclinarse del lado soviético poniendo en grave peligro –afirmaban estos periódicos congresionales– el papel de liderazgo mundial de Estados Unidos[97]. El informe lo firmaba John Collins, experto en materia de defensa. Era una forma aviesa de minar la confianza de la población norteamericana en la fortaleza militar de la nación.

En aquel momento la política exterior de los Estados Unidos concedía interés preferente a lograr un acuerdo de paz entre Egipto e Israel[98].

Mientras, la administración del Presidente Ford volvía a manifestar que estaba preparada para iniciar un diálogo con el gobierno de La Habana, "sin precondiciones y sobre la base de reciprocidad" que pusiese fin a la larga hostilidad con Cuba. El vocero de este intento conciliatorio volvía a ser, nada menos, que el Secretario de Estado para Asuntos Interamericanos, William Rogers quien declaraba que "la hostilidad no es una parte permanente e inalterable de nuestra política"[99]. Cuba ni siquiera respondió a esta rama de olivo extendida por el Secretario Rogers.

Para fines del año (1975) se discutía en Washington "como una cuestión seria" la intervención militar de la Unión Soviética y de Cuba en la ex-colonia portuguesa de Angola. Admitía Kissinger que tanto Cuba como la Unión Soviética "habían enviado

---

[97] Cable de EFE, de febrero 3, 1976.

[98] Henry Kissinger, como Secretario de Estado, inició una gira de 13 días por el Medio Oriente en busca del respaldo necesario. Conseguido el apoyo de Arabia Saudita para un pacto interino de paz entre Israel y Egipto regresaba Kissinger a Washington con aire de triunfador.

Pero, de inmediato, la Organización para la Liberación de Palestina (OLP) impugnaba el acuerdo afirmando que "dañaba enormemente los objetivos nacionales la lucha del pueblo árabe y la causa palestina". No se conseguía la paz en el Medio Oriente.

[99] Cable UPI, septiembre 24, 1975.

sustanciales volúmenes de armamentos así como asesores militares a Angola". Lo admitía, pero nada hacía ni el Secretario de Estado, ni el Presidente, ni el Congreso.

Cualquier duda que hubiese tenido el Secretario de Estado hubiera quedado despejada cuarenta y ocho horas después cuando el 13 de noviembre el MPLA lanzó soldados cubanos y de Mozambique a tomar posiciones en los tres frentes desde donde Luanda, capital de aquella nación, estaba siendo amenazada por las fuerzas de UNITA y la FNLA. Tan descarnada era la intervención de Castro en el continente africano que el embajador de los Estados Unidos ante las Naciones Unidas, Daniel Moynihan, afirmaba el 11 de diciembre que "además de Angola, tropas cubanas actúan en otros países africanos", admitiendo en rueda de prensa que la ingerencia soviética en Angola no era un caso aislado.

El acomodaticio Mobutu –ante la inacción norteamericana– les cerraba las puertas del Congo Leopoldville (Zayre) a las fuerzas de Holden Roberto (FNLA) y de Jonás Savimbi (UNITA). El 4 de febrero reiteraba oficialmente la neutralidad de su gobierno en el conflicto angolano[100]. Ya aquellas tropas no podrían pasar por el territorio de su país para enfrentarse a las fuerzas del MPLA. Castro se había anotado otra victoria política que le permitiría avanzar militarmente, con un mínimo riesgo, por el sur de Angola hacia Namibia.

Ya para marzo (1976) Cuba se preparaba para enviar tropas y consejeros militares a participar en la invasión de Namibia (suroeste africano) y Rhodesia transportando tropas cubanas en aviones soviéticos Ilushin. Fuentes diplomáticas sopesaban la amenaza de una participación cubano-soviética en el nuevo conflicto africano entre Rhodesia y Mozambique.

Castro, en aquellos primeros días de 1976 continuaba aumentando su participación en la guerra de Angola. En febrero técnicos cubanos tenían instalados depósitos de combustible en el Aeropuerto Internacional de Georgetown, en la Guayana, para reabastecer a los aviones en tránsito de La Habana a Angola.

---

[100] Cable AFP, febrero 4, 1976.

Censurable en grado sumo era la pasividad norteamericana ante esta acometida de las fuerzas comunistas. Aunque los observadores militares advertían del peligro, algunos influyentes políticos obstaculizaban toda ayuda a las fuerzas anticomunistas.

La administración norteamericana responde con discursos

Frente a la creciente participación cubana en los asuntos internos de aquella región, los Estados Unidos sólo respondían con simples declaraciones.

El Secretario de Estado Adjunto para Asuntos Africanos William Shaufele manifestaba que "los éxitos militares del MPLA se debían, en su casi totalidad, a la ayuda masiva que recibía de Cuba y la URSS"[101]. Afirmaba el flamante secretario que "son los cubanos, en su mayor parte soldados negros, pero mandados por oficiales en su mayoría blancos, quienes asumen la mayor parte de los combates en Angola".

Admitía la flagrante intervención de Castro en la lucha de Angola, pero nada efectivo realizaba para impedirla o contrarrestarla.

Impresionantes eran los titulares de las noticias: "Exceso de armas y aviones envía la Unión Soviética a Angola". (Cable de la UPI de febrero 7 emitido en Londres). "Denuncia el Senador Richard Stone la agresión de Cuba comunista contra la paz mundial". "Teme Zayre una invasión de tropas de Cuba roja". (Cable de la UPI de febrero 13). "Ilimitada ayuda rusa a grupos guerrilleros rojos en Rhodesia", (cable Ide EFE de febrero 17).

No podían los círculos políticos norteamericanos esgrimir ignorancia como excusa a su inacción porque precisamente en esos mismos días dirigentes del FNLA[102], en extensa visita en

---

[101] Cable de AFP, febrero 6, 1976. Diario Las Américas.

[102] Hendrich Vaal Neto y Paul Tube, del Frente Nacional para la Liberación de Angola (FNLA), testificaron el 3 de febrero ante un comité del Senado. Anteriormente se habían reunido con funcionarios de los Departamentos de Estado y de Defensa.

Washington, informaban de la crítica situación a funcionarios del gobierno y a líderes congresionales. Holden Roberto, el líder del FNLA criticaba duramente "al occidente por acobardarse ante la intervención soviética en la guerra civil de su país". (Cable UPI, FEBRERO 5, 1976).

En los primeros días de marzo el Frente Norte, donde se encontraba el Comandante Schueg, había vencido la resistencia de las fuerzas sudafricanas. Ya antes, a principios de enero había tomado y ocupado Carmona, que era la base de Holden Roberto, y Negage. Había sido una lucha dispareja. En poco más de tres meses, de fines de noviembre del 75 a principios de marzo de 1976, de 18,000 a 36,000 cubanos, con los más modernos armamentos, habían arribado a Angola. Precisamente en los meses en que el congreso norteamericano suprimía toda ayuda a la organización de Holmes Roberto y a UNITA.

La denuncia a la intervención militar soviética y cubana en Angola llega ahora desde Pekín. El órgano oficial del Partido Comunista de China, "Diario del Pueblo", señala que "la superpotencia que hace alarde de socialismo ha cruzado vastos océanos, por medio de una descarada intervención armada y provoca la división y la guerra civil en una pequeña nación del sur de África, inmediatamente después que ésta obtuvo su independencia[103].

La acción soviética, dice el periódico oficial chino, "es exactamente como la de Hitler, en los días de la Alemania Nazi", y denuncia la introducción en Angola de "más de 10 mil soldados cubanos para participar directamente en la matanza en ese país".

Las fuerzas del Movimiento Popular para la Liberación de Angola (MPLA) siguen avanzando hacia el sur. La situación se hace crítica para UNITA y el FNLA que se han visto privados del fondo de ayuda a pesar de que el propio Secretario de Estado Adjunto para Asuntos Africanos, admite, como antes expresamos, que "los éxitos militares del MPLA se deben, en su casi totalidad, a la ayuda masiva que recibió de Cuba y la

---

[103] Cable de UPI, febrero 4, Diario Las Américas.

URSS". El Secretario Schaufele estimaba en unos 12 mil hombres los efectivos del cuerpo expedicionario cubano y en unos $200 millones de dólares el monto de la asistencia soviética a Angola[104].

Poco podía hacer el Presidente Gerald Ford luego que al comenzar este mes de febrero el Congreso aprobaba un presupuesto para fines de defensa en el que insertaba la cláusula que prohibía todo el suministro encubierto de armas a Angola, privando, así, al pueblo de ese país de la ayuda que tanto necesitaba.

Ahora, el escenario se repite. En una gira que incluirá a seis países latinoamericanos, el Secretario de Estado Henry Kissinger afirmaba que "Washington no está dispuesto a tolerar futuras intervenciones militares como la de Cuba en Angola". No era nueva la frase. Años antes, incapaces de ayudar a los cubanos que se rebelaban frente al régimen, los funcionarios norteamericanos pretendían impresionar a la galería afirmando que "no permitirían otra Cuba".

En la segunda quincena de marzo voceros del Pentágono dieron a conocer que el Estado Mayor Conjunto estaba revisando "acciones posibles que podrían tomarse con relación a Cuba".

De inmediato, el voluble Secretario de Estado en declaraciones ante el Comité de Relaciones Exteriores del Senado daba seguridades a Moscú y a La Habana de que ninguna acción militar contra Cuba era inminente. Y que "no existe una situación urgente que requiera una decisión de crisis".

Ante la pasividad occidental los países negros fronterizos con Rhodesia (Mozambique, Botswana y Zambia), país gobernado por una minoría blanca, expresaron abiertamente su apoyo a los guerrilleros de Zimbawe (Rhodesia).

Cuba se preparaba para ayudar militarmente también a los guerrilleros rhodesianos evitando, por el momento, un ataque abierto contra Rhodesia.

---

[104] Cable de AFP, sábado 7 de febrero, 1976.

Ya al terminar la primera semana de marzo (1976) una vanguardia cubana se encontraba en el puerto mozambique de Beira preparando el terreno para los contingentes cubanos que se incorporarían a las guerrillas nacionalistas contra el gobierno de Ian Smith. De nuevo, frente a la presencia militar cubana sólo se producen declaraciones de la administración norteamericana. Esta vez era el Secretario de Estado, Henry Kissinger, quien volvía a afirmar que los Estados Unidos "no aceptarían más aventuras militares cubanas"[105].

Ante el creciente respaldo militar de Castro a las fuerzas del MPLA, el Presidente Ford se limitaba a reiterar, verbalmente, su oposición a la intervención de Cuba en los asuntos de Angola[106]. Mientras Cuba, Guinea, Guinea Bisau y Angola le rendían apoyo irrestricto a la lucha en Mozambique[107].

Cuando el Presidente Ford y su Secretario de Estado Kissinger advierten a los soviéticos que su afán aventurero en África del Sur es inaceptable, la Unión Soviética responde enviando asistencia militar a los guerrilleros rhodesianos[108]. La agresión provoca nuevas declaraciones del Secretario de Estado Norteamericano, quien repite, una vez más, que "los Estados Unidos no aceptará más intervenciones militares cubanas en el extranjero"[109].

Para abril ningún peso tenían las huecas declaraciones de los funcionarios norteamericanos. Cuando las guerrillas africanas, que tenían rodeada a Rhodesia, se preparaban para el ataque frontal con el abierto apoyo militar de la Unión Soviética y Cuba, el Consejo de Seguridad de las Naciones Unidas se

---

[105] Cable EFE, Londres, marzo 8, 1976.

[106] Diario Las Américas, marzo 5, 1976.

[107] En Conakry, capital de Guinea, se reunían los dirigentes Luis Cabral de Guinea Bisau; Agostino Neto de Angola; Fidel Castro y Seku Ture de Guinea. Era un respaldo para "salvaguardar la independencia y soberanía de Mozambique y Angola".

[108] Cable UPI, marzo 19, 1976.

[109] Cable UPI, marzo 23, 1976.

reúne para analizar la crítica situación del África meridional. La decisión es sorprendente.

El Consejo de Seguridad, el más alto organismo multinacional, decide condenar la intervención de Sud África en Angola sin siquiera mencionar la presencia de tropas soviéticas, cubanas y de otras naciones en el área[110].

Apenas tres semanas después Sud-África da a conocer que no volverá a enviar tropas o ayuda militar a Rhodesia. Se hacía público la ruptura de la solidaridad entre los gobiernos de Sud-África y Rhodesia. ¿Por qué?. Lo veremos más adelante.

Al discutirse en abril (1976) en el Consejo de Seguridad de la ONU la situación de Angola la delegación china denunció que la situación en aquel país había sido provocada por la "intervención soviética y sus mercenarios cubanos". No habían terminado de pronunciarse tales palabras en las Naciones Unidas cuando Granma calificaba a la dirigencia china de desarrollar una "política contrarrevolucionaria, antisocialista y antiliberación nacional". De página ignominiosa calificaba el vocero de Castro las declaraciones del representante chino.

Habiendo vencido en el Frente Norte, las tropas cubanas se concentran en el sur. Para el 27 de marzo los sudafricanos reingresan en Namibia, llegándose a un acuerdo entre Zayre y Angola mediante el cual Angola impediría acciones de exiliados de Katanga contra Zayre a cambio de que esta última nación terminara su ayuda a la FNLA, la organización de Holden Roberto. El acuerdo, como tantos otros, no fue cumplido y se produjo, un año después, un nuevo y más sangriento enfrentamiento.

Ya Cuba había estabilizado su ejército de ocupación. Las misiones del MININT comienzan a cambiar. Era el momento de enviar asesores para todas las líneas y llega a Angola un segundo grupo al frente del cual se encuentra el Coronel Octavio Blanco (Tavito), que en los primeros años de la Revolución for-

---

[110] La Resolución se adoptó por nueve votos a favor y cinco abstenciones. Las abstenciones fueron de Gran Bretaña, Francia, Italia, Japón y los Estados Unidos. La Resolución pedía que Sud África pagase reparaciones al nuevo régimen de Angola.

maba parte de la gente de Camilo. Junto a él viene otro oficial con el mismo apellido, el Coronel Capulino Blanco, de la División Política y quien había participado en la lucha subversiva en Venezuela. Es un grupo muy selecto en el que se encuentra César Escalante, el hijo del dirigente comunista del mismo nombre y hermano del General Fabián Escalante Font que formará parte, pocos años después, del Tribunal Militar Especial que habrá de juzgar a Arnaldo Ochoa.

Vienen, también, oficiales de contraintelingencia de la DNI (Dirección Nacional de Inteligencia), oficiales de Seguridad Personal.

Es cuando se crean los Grupos de Apoyo al Trabajo Operativo Secreto (GATOS), unidades de infiltración que entrenan a los hombres de la SWAPO para avanzar por el Frente Sur y establecer, allá, las guerrillas de la SWAPO que buscan la independencia de Namibia.

Este segundo grupo que arriba a la región africana varios meses después de terminado el Congreso del Partido Comunista Cubano crea escuelas guerrilleras en todo el sur de Angola, para lo que cuentan con el personal de las escuelas del MININT. No vienen ellos a combatir sino a formar nuevos cuadros. Junto con ellos llegan asesores militares de las FAR para enseñarlos a utilizar morteros, lanzacohetes, estrategia, demolición. Se construyen escuelas completas con barracas.

Ya pronto tendrán organizadas las tropas de la SWAPO.

La guerra irregular de Jonás Savimbi

Comienza, de parte de Savimbi, una guerra irregular y Cuba sustituye por oficiales expertos en lucha antiguerrillera a los jefes militares que habían participado en la guerra convencional. Como jefe de la Misión Militar Cubana es nombrado el Gral Raúl Menéndez Tomassevich, de triste historia en los alzamientos guerrilleros de Venezuela la pasada década.

El fácil triunfo obtenido en esta primera fase de la guerra de Angola alentaría a los soviéticos y a Castro en sus nuevas aventuras en el África. Para las navidades los aviones de transporte soviético comenzaban a mover tropas de combate desde Angola y desde Cuba para la capital etíope. Etiopía sería el próximo escenario.

Para 1976 el Gral. Arnaldo Ochoa, sobre quien hablaremos en próximas páginas, comandaba las fuerzas cubanas en Angola al tiempo que organizaba las milicias populares en Addis Abeba. En diciembre de 1977 era Ochoa un General de División de las fuerzas etíopes, cubanas, soviéticas, polacas, húngaras y de la Alemania Oriental asentadas en Angola[111].

En el verano de 1976 los soldados cubanos que regresaron contaban historias sobre la falta de agresividad del ejército angolano de Agostino Neto cuyos miembros estaban prestos a rendirse o a retirarse ante el más leve contratiempo[112].

La Habana mantenía en secreto las cifras de las bajas cubanas de los miles de jóvenes que conpelidos por el Servicio Militar Obligatorio se veían obligados a servir en África.

Muchas de las familias cuyos hijos morían en Angola no tenían ni siquiera el consuelo de poderlos enterrar[113]. De acuerdo a las reglas establecidas por el gobierno, los muertos debían ser enterrados "en el país donde, con su sangre, ellos habían sembrado la semilla de la libertad". De hecho, dice el autor de "Insider", la devolución de los

cadáveres a Cuba estaba prohibida a fin de evitar la repercusión negativa que los entierros podían haber tenido en la moral del pueblo y en la opinión mundial.

La misma situación se repitió en 1978, afirma Llovio-Menéndez, cuando Cuba intervino a petición del gobierno de Etiopía para detener las fuerzas invasoras de Somalia[114].

---

[111] Andrés Oppenheimer.

[112] José Luis Llovio-Menéndez "Insider".

[113] Ibid.

[114] José Luis Llovio-Menéndez fue Director de Inversiones de Capital en el Ministerio del Azúcar.

También lo afirma un alto desertor de las fuerzas armadas. Luego de una extensa entrevista con el General Rafael del Pino quien, una vez dirigiera al personal de la fuerza aérea cubana en Angola, el Vicepresidente George Bush manifestó que la participación militar cubana en aquel país africano era extremadamente impopular, debido, en parte, a que "los restos de cubanos que mueren en ese país no eran repatriados para ser enterrados. Esto provoca un gran descontento en las familias... que no conocen realmente las razones por las que entregaron sus vidas". Fuente: El Nuevo Herald, junio 30, 1987.

La versión de Raúl Castro

"La grave amenaza surgida en 1975 no fue conjurada hasta marzo de 1976 luego de fieros combates a las puertas mismas de la capital angolana. Derrotados los invasores volvieron sus pasos, en el norte, en el este y, sobre todo en el sur, cuando los sud-africanos cruzaron la frontera hacia su colonia de Namibia[115]".

"Sólo a unos días de la victoria, el 22 de abril de 1976 concertamos con el gobierno de Angola el primer programa para el regreso paulatino de las tropas. Así, el contingente militar en menos de un año se redujo a más de un tercio. Pero apenas dos años más tarde, en 1978, el ejército sud-africano puso en peligro nuevamente la seguridad e integridad territorial de Angola y, desde luego, la vida de los internacionalistas cubanos, realizando operaciones dentro del territorio de la República Popular de Angola, al sur de las posiciones cubanas que defendían una línea a 250 kilómetros de la frontera con Namibia".

"En 1979 una aparente evolución de la situación determinó que volvieran a acordarse entre Cuba y Angola plazos para el retiro de las tropas. Pero éstos también se vieron frustrados por otro aumento de la agresividad sud-africana".

Porque la lucha se prolonga, muchos oficiales se ven obligados a regresar nuevamente a Angola a prestar servicio. Es el

---

[115] Palabras pronunciadas por Raúl Castro en el Cacahual el 29 de mayo de 1991 con motivo del regreso de los últimos internacionalistas".

caso, entre muchos otros, de Antonio Enrique Lussón Batlle, de Samuel Roviles Planas y Raúl Menéndez Tomassevich[116]. Otros pelearán en Angola y, también, en Etiopía. Es éste el caso de Ernio Hernández Rodríguez y Álvaro López Mirra, y tantos otros[117].

Golpe frustrado a Agostino Neto

Apenas dos meses después del publicitado viaje de Castro por Argelia, Libia, Etiopía y Somalia en el continente africano se intenta en Angola derrocar por un golpe al Presidente Agostino Neto.

Se sabía, desde antes, en La Habana, que la situación era explosiva. El General de Brigada Rafael Moracén Limonta se encontraba en La Habana por breves días durante el mes de marzo luego de una larga estadía en Angola. Días antes de regresar, Raúl Castro lo mandó a buscar y le informó que se iba a crear una unidad subordinada al Presidente Neto y que estaría bajo la responsabilidad de Moracén.

"Conversamos en el salón de protocolo del aeropuerto donde él había ido para despedir a un visitante. Me explicó la importancia que tendría para Angola y el Presidente Neto la unidad que se iba a formar. También me dijo que debería estar en la "viva" porque en cualquier momento se podía producir un intento de golpe de estado. Realmente

---

[116] Antonio Enrique Lusson estuvo en Angola en 1982 en el área de Menongue, y en 1987 en Luena; Samuel Roviles Planas fue enviado al país africano en tres ocasiones: en 1977 al frente sur, en 1978 como segundo jefe de la misión militar y en 1987 como Jefe del Estado Mayor de la Misión; Raúl Menéndez Tomassevich prestó tres veces servicios en Angola, primero como Jefe de la Misión Militar, luego como asesor de las FAPLA, y la tercera vez como Jefe de la Colaboración militar con los oficiales soviéticos y las tropas angolanas.

[117] Ernio Hernández-Rodríguez va a Etiopía en enero de 1978 como Jefe del Estado Mayor de la Décima Brigada de Tanques, donde permaneció dos años. En 1986 pasa a Menongue, Angola, en la misma posición. Alvaro López Miera estuvo en 1975 al frente de los lanzacohetes BM21 en Angola; en 1977 pasó a Etiopía participando en la lucha por Jijiga. Volvió a Angola en 1987.

las cosas ocurrieron tal como las pronosticó el General del Ejército Raúl Castro"[118].

El 27 de mayo de 1977 una fracción pro-soviética del MPLA, encabezada por Nito Alves, influyente figura del gobierno, intentó tomar el poder mediante un golpe de estado. Era, aparentemente, un cuartelazo instigado por los soviéticos a espaldas de Castro[119].

Las diferencias en los altos mandos del MPLA se habían agigantado motivadas por razones raciales más que por discrepancias ideológicas. Dirigentes negros resentían en aquella sociedad multirracial el predominio de figuras mulatas cercanas a Neto. Aquellos, los negros, consideraban que Neto, mestizo como los que lo rodeaban, estaba sometido a los soviéticos y a los cubanos.

La oposición al gobierno de Neto la encabezaban dos miembros del Comité Central del MPLA: Nito Alves, Ministro del Interior, y José Van Dunem, Comisario Político de las Fuerzas Armadas del MPLA. Neto fustigaba a diario a los que, según él, alentaban las diferencias raciales en Angola "olvidando que las verdaderas son las de clase".

En la primera quincena de mayo era del dominio público las tensiones entre el presidente angolano, y algunos miembros del Comité Central del MPLA.

Cuando Agostino Neto constituyó su gobierno en 1975 designó a Nito Alves como su Ministro del Interior.

Alves dirigía entonces las guerrillas del MPLA en las cercanías de Luanda. Ese año emergió como un ambicioso vocero de los negros en contra de los mestizos y otros grupos étnicos y llegó a ser considerado por muchos como la figura más influyente después de Neto dentro del MPLA.

---

[118] "Secretos de Generales"

[119] La Unión Soviética no confiaba en Neto desde las diferencias que se habían producido en 1972. Alves dirigía un grupo "fraccionalista" que se identificaba más estrechamente que Neto con la Unión Soviética.

Las más altas posiciones del liderazgo del MPLA estaban ocupados por hombres preparados, muchos de ellos mestizos, y algunos blancos. Cuando Nito Alves se enfrentó al poder del presidente mestizo perdió su posición.

Sectores populares se rebelan contra Neto

El sábado 21 son arrestados Nito Alves y Van Dunem y convocados para el lunes 23 los miembros del Comité Central quienes acuerdan "separar de su seno, por actividades contrarias a la línea política de la organización", a Alves y Van Dunem. Los acusan de ser promotores de tendencias fraccionaristas en el seno del MPLA.

Dos días después el Buró Político del MPLA emite un comunicado detallando las actividades realizadas por todos los opositores. El documento, exageradamente sectario, acusaba a los dirigentes arrestados de, aprovechando las reuniones de los grupos de acción del MPLA, fomentar dudas "sobre la justeza de la línea política de la organización y de la idoneidad del Comité Central y el gobierno" y de crear una red clandestina que "editó panfletos calumniosos y trató de utilizar a algunos dirigentes confundidos de la Juventud del MPLA, en actos de indisciplina". El documento precisaba que esos hechos "dejaban al descubierto la ideología pequeño burguesa, tribalista, racista y divisionista de Alves y Van Dunem".

Neto consideraba superada la crisis interna que estaba sufriendo su organización. Se equivocaba.

El viernes 27 grandes sectores de la población marcharon por las calles de Luanda dirigiéndose a la cárcel para liberar a los dirigentes presos. Liberados éstos comenzó un cruento enfrentamiento. Las tropas cubanas, respaldando al gobierno de Neto, se enfrentan a la rebelión popular[120].

---

[120] Aparecieron en las calles los cuerpos carbonizados del Ministro de Finanzas Sayde Mingas, del Comandante Eurico Goncalves, García Neto, funcionario del Ministerio de Relaciones Exteriores y otros.

Era a las cinco de la madrugada que "los elementos fraccionalistas" atacaron a la cárcel de San Pablo en Luanda, para liberar a Nito Alves y José Van Dunem.

Los sediciosos lograron penetrar en la radio nacional a las ocho de la mañana y transmitir algunos programas identificando a Nito Alves como el dirigente de la insurrección popular.

Durante varias horas los rebeldes mantuvieron el control de la estación de radio de Luanda e intentaron capturar el palacio presidencial defendido por las tropas cubanas.

El gobierno, preocupado por la lealtad de su propio ejército, ordenó a las tropas volver a los cuarteles y destacó en distintos puntos de la ciudad a tropas cubanas con instrucciones de mantener el orden a cualquier precio. Lo expresaba con claridad el Presidente Neto:

"Presumo que el pueblo entenderá que debemos reaccionar con cierta crueldad porque tenemos que tratar drásticamente a algunas personas que trataron de perturbar la paz de nuestra capital con la intención de dar al imperialismo las posibilidades de efectuar nuevos ataques contra nuestro movimiento, nuestra gente y nuestro país"[121].

La rebelión sería castigada "con la mayor severidad". Así se hizo.

Los conspiradores esperaban que los cubanos permanecerían neutrales en este conflicto. No fue así. Era una falsa apreciación. De La Habana llegaron órdenes inmediatas de proteger al Presidente Neto y sofocar la revuelta.

Cubanos reprimen la rebelión

Conocemos que desde meses atrás se estaba considerando en La Habana una unidad militar subordinada al Presidente Neto que estaría bajo la responsabilidad del entonces comandante Rafael Moracén quien, de inmediato, comenzó a trabajar

---

[121] Cable UPI, mayo 28, 1977, Diario Las Américas.

en la organización de la seguridad del presidente angolano. Retornemos al relato de Moracén en "Secretos de Generales".

"El 27 de mayo, a las cuatro de la madrugada, los golpistas pusieron en práctica su plan. Tomaron la cárcel y soltaron a todos los presos; entre ellos a los mercenarios. Se apoderaron de la Radio Nacional y empezaron a manifestarse en grupos por las calles.

Los principales jefes de la FAPLA fueron a la Octava Brigada de Luanda a buscar refuerzos. A medida que llegaban, los metían presos. A otros militares y funcionarios los detuvieron en sus casas.

Me había pasado toda la noche del 26 y el 27 sin dormir. Cuando sentí los disparos fui para Palacio. Al llegar, me encontré una manifestación que avanzaba con los militares golpistas con el objeto de tomar la presidencia.

Dí la orden de que no se podían apoderar de Palacio. Mandé instrucciones a la unidad para que, formada en columna, estuviera lista para salir hacia Luanda. Me avisaron que Neto planteaba que trajeran la unidad para el Palacio. Fuí a buscarla. Comenzamos a avanzar sobre Luanda...."

Así va describiendo en "Secretos de Generales", obra editada en La Habana por el gobierno cubano, este intento golpista al ya débil y enfermo Agostino Neto. Menciona la participación de Abelardo Colomé (Furry) que era el Jefe de la Misión Cubana, y del hoy General de División Jesús Bermúdez Cutiño.

El General Moracén sigue narrando aquellos momentos:

"La cosa estaba fea. No había gobierno en Luanda. Había confusión... en un momento determinado confundo a mis soldados con los de la contrarrevolución; todos estábamos vestidos iguales, pero uno de los militares leales es reconocido y se formó tremendo tiroteo... en unión de otros compañeros participé en la recuperación de la octava brigada y de la cárcel".

Colomé Ibarra con su natural propensión al autoelogio expresa sin rubor:

"Por esta ayuda prestada al gobierno angolano, fui felicitado por el Comandante en Jefe. En el transcurso de mi estancia

en Angola fui ascendido a General de División y, posterior-
mente en 1988, a General de Cuerpo del Ejército...".

La lucha entre las fuerzas leales al Presidente Neto y los militares que se habían rebelado dejó un número elevado de víctimas. Neto advirtió que los dirigentes marxistas dentro del movimiento rebelde serían tratados con el máximo rigor[122].

Mueren militares y dirigentes

Dos días después se daban a conocer los datos biográfi-cos de los que habían muerto en la revuelta: el Comandante Pablo Da Silva Mungungu, Miembro del Comité Central del MPLA y, comandante del Frente Este, donde dirigió las Fuerzas Armadas de Liberación (FAPLA); el Comandante Eugenio Ve-rissimo Da Costa, Miembro del Estado Mayor en el Frente Nor-te, del Comité Central del MPLA y del Consejo de la Revolución; el Comandante José Manuel Paiva que había participado en la segunda región político-militar en Cabinda y posteriormente de-signado comisario y comandante de la cuarta región en Luanda, era, también, miembro del Estado Mayor General de las FAPLA y del Consejo de la Revolución; el Comandante Saydi Vieira Dí-as Mingas; el Comandante Eurico Manuel Correira Goncalves, del Estado Mayor General de las FAPLA y del Consejo de la Revolución y Helder Ferreira Neto que había actuado como fis-cal en juicios contra opositores del régimen de Neto.

Neto acusaba a los golpistas de tener constituida una di-rección política y un comando operacional admitiendo que a ese comando "pertenecían ciertos elementos del destaca-mento femenino, comisarios provinciales y miembros de las organizaciones de masas (juventud, mujeres, sindicales). La acusación la recogía el periódico Granma en su edición del martes 31 de mayo.

Era, por admisión propia, un movimiento de amplio respal-do popular que sólo pudo ser dominado con la masiva presencia de tropas castristas.

---

[122] Cable de UPI, Mayo 28, 1977.

Su tambaleante gobierno pudo ser sostenido por la intervención militar de las fuerzas cubanas que, luego de un día de intensa lucha, continuaban patrullando la ciudad para restablecer el orden.

El asesinato del Ministro de Hacienda, de un alto funcionario de la Policía Secreta Angolana, de otros cinco dirigentes de esa organización y un centenar de muertos fue el saldo de víctimas que dejó la rebelión.

Dominado el golpe Neto se desplazó hacia las provincias donde más intensa había sido la actividad de los opositores. Para el primero de junio se encontraba en la provincia de Malange pasando luego a Cabinda y a Cunene donde los distintos jefes de aldeas expresaban, ahora, su apoyo al gobernante.

El rápido respaldo militar que ofreció Castro al amenazado gobierno de Neto frente a la intentona golpista de Nito Alves, mostró a los países vecinos que era falsa la sostenida afirmación de Castro de que sus tropas se encontraban en Angola sólo para proteger a aquella nación frente a una agresión externa. Se evidenció que Castro intervenía en los problemas internos. Igual sucedería en su actuación en Etiopía frente al gobierno socialista de Somalia.

Pero la represión continuaba. La purga se extendía hasta los presidentes de comités de barrio por su participación en el frustrado intento golpista. El Primer Ministro Angolano Lopo Do Nascimento destituía a siete presidentes de los comités de barrio "por su evidente participación en el intento golpista del 27 de mayo". Eran acusados de haber escondido alimentos destinados a la población con el fin de hacer más efectiva su campaña y provocar una insurrección popular. El gobierno de Neto decretó un duelo nacional como homenaje a los dirigentes del MPLA y combatientes de las FAPLA que murieron el 27 de mayo.

Diariamente, hasta mediados de junio, el periódico Granma cubría noticias relacionadas con el frustrado golpe.

Como de costumbre, controlada la situación en Angola vuela a Luanda, ya no hay peligro, "el General del Ejército Raúl Castro Ruz, Segundo Secretario del Consejo de Estado en visita oficial a la República Popular de Angola". Fue una breve visita.

"El compañero Raúl Castro" regresaba a La Habana el sábado 11 de junio.

Otros también visitaban, con prisa, los países vecinos. Isidoro Malmierca arribaba a Conakry, capital de la República de Guinea el martes 14 de junio (1977) siendo recibido por Sekou Touré. Acompañaba a Malmierca Carlos Cabelo, Embajador de Cuba en Guinea; Oscar Oramas, Director del MINREX en África; Claudio Ramos, Jefe de la Sección de África del Comité Central del Partido y Rafael Hernández, Sub-Director de Protocolo del MINREX. En Moscú se elegía Brezhnev, Presidente del Presidium del Soviet Supremo de la Unión Soviética (junio 16 de 1977). Más poder en sus manos. Ocuparía la posición simultáneamente con la de Secretario General del PCUS.

El 19 de junio era detenido, en un granero abandonado, José Van Dunem, uno de los principales jefes del grupo de Nito Alves quien, como era de esperar, "confesó la posible participación de la CIA en el intento de golpe de estado en Angola" denunciando a Nito Alves como el jefe del frustrado complot[123].

Mientras, se van celebrando en los Estados Unidos las elecciones primarias de los dos grandes partidos para seleccionar los candidatos presidenciales. Por el Partido Demócrata aspiran, entre otros, Jimmy Carter, gobernador de Georgia; el congresista por Arizona Morris Udall; el gobernador de Alabama George Wallace y otros[124]. Por el Partido Republicano aspiraban el Presidente Ford y Ronald Reagan, Gobernador de California. En la Convención del Partido Demócrata la nominación la obtuvo Jimmy Carter[125], mientras ue los republicanos seleccionaban a Ford[126] sobre Reagan.

---

[123] Cable de Prensa Latina, junio 20, Granma, martes 21 de junio de 1977.

[124] Entre otros candidatos demócratas se encuentran Edmund Brown, de California; Henry Jackson, Senador del estado de Washington; Lloyd Bentsen, Senador de Texas; Frank Church, Senador por Idaho; Birch Bayh Senador por Indiana y Milton Shapp, Gobernador de Pennsylvania.

[125] Luego de triunfar en las dos primeras elecciones primarias (Iowa y New Hamshire) Jimmy Carter, hasta ese momento considerado como un débil candidato, acumuló suficientes delegados para obtener la nominación en la prime-

Habiendo vencido a Ford, llega Jimmy Carter en enero de 1977 a la presidencia de los Estados Unidos[127].

El presidente Carter asumía el poder y, con la designación de Cyrus Vance como Secretario de Estado, y Andrew Young embajador en las Naciones Unidas, ponía fin a la ayuda, por modesta que ésta había sido, a los grupos que combatían a las fuerzas cubano-soviéticas en Angola.

Andrew Young no se distanciaba del pensamiento de Carter o de su Secretario de Estado. En una entrevista ofrecida a una respetada publicación el presidente norteamericano manifestaba:

"Debemos también comprender que la presencia rusa y cubana en Angola, aunque censurable y contraria a los intereses de la paz, no constituye una amenaza a los intereses norteamericanos"[128].

Carter da muy pronto señales de la política extremadamente débil que habrá de distinguirlo. En julio de 1977, a los seis meses de estar en el cargo, su Secretario de Estado, Cyrus Vance anunció en la Convención Anual del NAACP que una "política negativa, de reacción, que busca solo oponerse a la participación soviética y cubana en África sería tanto negativa

---

ra votación de la convención Demócrata celebrada en New York al recibir 2238 votos de un total de 3008. El 15 de julio (1976) seleccionó al senador Walter Mondale, de Minnessota, como su compañero de boleta para la vicepresidencia.

[126] Durante las primarias Republicanas Ronald Reagan aventajaba a Gerald Ford en número de delegados, pero su precipitada e inesperada selección como vice-presidente del liberal (y prácticamente desconocido) senador por Pensilvania Richard Schweiker le hizo perder esa ventaja. En la convención celebrada en Kansas City, Ford recibió 1187 votos y Reagan 1070. Ford designó a Robert Dole, senador por Kansas, como su vice-presidente.

[127] Carter obtuvo 297 votos electorales y Ford 241. En votos populares Carter recibió el 51% y Ford 48%. Carter gobernaría con un Congreso mayoritariamente Demócrata: en la Cámara 291 Demócratas y 142 Republicanos; en el Senado 62 Demócratas y 38 Republicanos.

[128] Entrevista en África Report, junio, 1977.

como inútil... esa política debe basarse en asistencia norteamericana para el desarrollo"[129].

Será Carter consecuente con las palabras de Vance.

Cubanos protegen instalaciones "imperialistas"

La intervención cubana en África aumenta. En febrero (1976) Castro mantenía 15 mil soldados en Angola y la OAU había reconocido al MPLA como gobierno de aquella nación de la que, tan sólo dos meses antes, sólo ocupaba la quinta parte de su territorio.

En una de las ironías de la guerra de Angola[130], las unidades cubanas fueron asignadas a resguardar las instalaciones petroleras de la empresa norteamericana GULF Oil Corporation en Cabinda. De esta forma, apunta Tad Szulc, el gobierno soviético compraba el petróleo de la GULF en altamar (a través de un agente en Curazao) y sus tanqueros continuaban entonces hacia Cuba. Era más económico para los rusos enviar parte del petróleo a Cuba desde Cabinda que transportarlo desde el Mar Negro[131].

Las operaciones de la GULF en Angola originaba las más serias discrepancias en los más altos círculos políticos de los Estados Unidos.

La GULF había fomentado "buenas relaciones de trabajo y entendimiento con el Ministro de Petróleo, el Ministro de Finanzas, el Banco Central y otras autoridades provinciales y locales de Cabinda" manifestaba ante el Congreso de los Estados Unidos Melvin J. Hill, Presidente de la Compañía de Exploración y Producción GULF[132].

---

[129] Revista África Report. Septiembre-Octubre, 1980. Richard Deutsch.

[130] Tad Szulc, "Fidel Castro, a Critical Portrait".

[131] En 1985 comandos de Sur África trataron de destruir las instalaciones de la GULF Oil. Castro lo denunció públicamente.

[132] Audiencia en el Subcomité de África, la Cámara de Representantes, el 17 de septiembre de 1980.

Algunos congresistas se convertían en entusiastas voceros de las empresas petroleras y del gobierno de Angola. "El gobierno angolano ha mantenido buenas relaciones de trabajo con la GULF OIL COMPANY, ha conseguido acceso al Export-Import Bank y ha firmado un nuevo convenio comercial con la TEXACO OIL COMPANY" expresaba el Congresista Stephen J. Solarz, Presidente del Subcomité de África de la Cámara de Representantes de los Estados Unidos.

En la audiencia de ese cuerpo celebrado el miércoles 17 de septiembre de 1980, a cuya reunión había invitado al Sr. Hill, calificaba a la GULF OIL COMPANY, como "la más grande corporación norteamericana que operaba en Angola".

Con total despreocupación sobre la naturaleza marxista del gobierno angolano el Sr. Hill afirmaba que "la GULF se beneficiaría con el reconocimiento de los Estados Unidos a Angola y el establecimiento de una embajada norteamericana en Luanda". Los intereses mercantiles por encima de los intereses nacionales.

En respuesta a los esfuerzos de la GULF por ser "circunspectos, abiertos y honestos en nuestras relaciones con el gobierno de Angola, éste generalmente nos ha respaldado" manifestaba el Sr. Hill. Había, exponía el comprensivo presidente de la empresa petrolera, "un respeto y confianza mutua" entre el gobierno de Angola y su empresa. Y expresaba una indiscutida verdad:

"La GULF no ha sido afectada en manera alguna por las aspiraciones socialistas del MPLA. De hecho, la GULF no ha encontrado problemas ideológicos... el gobierno de Angola ha probado ser un socio confiable".

Era comprensible. A finales de la década resultaba evidente que el principal respaldo económico al MPLA provenía de esta empresa petrolera norteamericana que había continuado operando en territorio angolano, especialmente en el enclave de Cabinda, durante la prolongada guerra civil[133].

---

[133] Peter W. Rodman. "Más precioso que la paz".

Cuando los grupos que se oponían al gobierno marxista del MPLA pedían algún tipo de asistencia a la GULF, ésta se negaba a acceder a esas solicitudes y, "el contenido de esas comunicaciones era reportado por nosotros al Ministro de Petróleo en Luanda". Una manera elegante de calificarse a sí mismos como delatores.

Afortunadamente, para la GULF, "estos movimientos disidentes eran combatidos eficazmente por el ejército de Angola con el respaldo de tropas cubanas y de asesores soviéticos y del bloque de países orientales". La GULF, en palabras de su presidente, se sentía perfectamente protegida por las tropas cubanas de Castro y los asesores soviéticos.

Debido a esa conveniente protección que el gobierno marxista de Angola y las tropas cubanas le ofrecían, el Sr. Hill, presidente de la corporación, expresaba al Congreso que "la GULF se beneficiaría con el reconocimiento del gobierno americano a Angola y el establecimiento de una embajada norteamericana en Luanda". Las declaraciones, repetimos, se producían el 17 de septiembre de 1980.

Días después era el Secretario de Estado para Asuntos Africanos, Richard Moose quien comparecía ante el Subcomité de África, presidido, como dijimos, por el congresista Stephen J. Solarz, para quejarse del "calamitoso efecto que tendría en nuestras relaciones con el gobierno de Angola y otros países africanos el rechazo de la Enmienda Clark que prohibía la asistencia militar a las fuerzas insurgentes que combatían en Angola, al gobierno (marxista) de Dos Santos[134]".

Absurdamente, el Subsecretario de Estado para Asuntos Africanos durante la Administración del Presidente Carter, afirmaba ante el Congreso que no consideraba que las fuerzas militares cubanas en Angola hubiesen tenido un papel de importancia en la lucha contra UNITA[135].

---

[134] Audiencia del Subcomité de África, el Comité de Asuntos Exteriores de la Cámara de Representantes, Septiembre 20, 1980.

[135] Audiencia del Subcomité de África, de la Cámara de Representantes de los Estados Unidos de abril 17, 1980.

...NCE COPY 027-1090

(EHC)

THE WHITE HOUSE

7707356 · A

WASHINGTON

March 15, 1977

Jimmy Carter

Presidential Directive/NSC-6

TO: · The Vice President
The Secretary of State
The Secretary of Defense

ALSO: The Secretary of the Treasury
The Attorney General
The Secretary of Commerce
The United States Representative to
the United Nations
The Director of Central Intelligence

SUBJECT: Cuba

After reviewing the results of the meeting of the Policy Review
Committee held on Wednesday, March 9, 1977, to discuss U.S. policy
to Cuba, I have concluded that we should attempt to achieve normal-
ization of our relations with Cuba.

To this end, we should begin direct and confidential talks in a
measured and careful fashion with representatives of the Government of Cuba. Our objective is to set in motion a process which
will lead to the reestablishment of diplomatic relations between the
United States and Cuba and which will advance the interests of the
United States with respect to:

-- Combating terrorism;

-- Human rights;

-- Cuba's foreign intervention;

-- Compensation for American expropriated property; and

-- Reduction of the Cuban relationship (political and military) with
the Soviet Union.

*Declassifying Statement ... 5/6/98
under provisions of E.O. 11652
by H. Soubers, National Security Coun*

DF

PLAN DE CARTER PARA NORMALIZAR RELACIONES CON CUBA
Por la Directiva Presidencial/NSC-6 de marzo 15, 1977 el Presidente Carter
informaba a los Secretarios de Estado, de Defensa, de Comercio, del Tesoro
y de Justicia, a la Agencia Central de Inteligencia (CIA) y al Representante
norteamericano ante las Naciones Unidas su decisión de normalizar las
relaciones con Cuba.

Continuaba expresando, el entonces Subsecretario de Estado, que "los Estados Unidos continúan deseando un eventual establecimiento de relaciones diplomáticas con la República Popular de Angola" (septiembre 17, 1980).

El ingreso producido por el petróleo, principalmente el proveniente de aquella corporación, sostenía al régimen y ayudó a financiar las fuerzas expedicionarias soviético-cubanas sin que los Estados Unidos diese paso alguno para entorpecer las operaciones de la empresa.

A mediados de 1980, en las postrimerías de la Administración de Carter, el Export-Import Bank de los Estados Unidos aprobó un préstamo de $96 millones de dólares a Angola para facilitarle el pago de equipo petrolero norteamericano. Un funcionario del banco afirmó que la decisión fue alentada por el Departamento de Estado y completamente revisada por esa dependencia[136]. ¿Por qué $96 millones?. Porque si hubiera sido $4 millones más elevada la operación hubiera estado sujeta a una revisión congresional y muy probablemente hubiera sido rechazada. Era un regalo del Presidente Carter al MPLA del recién fallecido Agostino Neto y del emergente Eduardo Dos Santos.

En el verano de 1981 vuelve el US Export-Import Bank a mostrar su generosidad con el régimen marxista de Angola al aprobar un préstamo de $85 millones de dólares para un proyecto de inyección de gas designado a aumentar la producción de los pozos petroleros. El Morgan Guarantee Trust Company, que encabeza un consorcio de instituciones estatales financieras, aprobaba, a su vez, un préstamo adicional de $50 millones de dólares[137]. Esas inversiones estarían celosamente protegidas por las tropas mercenarias cubanas.

Cuando el Senado aprobó posteriormente una legislación que exoneraba al Presidente a informar al Congreso sobre ayuda encubierta y de inteligencia en el exterior, sólo la ayuda a UNITA y otros grupos de Angola quedó excluida porque así lo

---

[136] Richard Deutsch. "Los Cubanos en África", artículo publicado en el África Report. Septiembre-Octubre 1980.

[137] Washington Post, septiembre 23, 1981.

exigía la Enmienda Clark. Esta exclusión fue duramente combatida por el Senador Jesse Helms.

"Los cubanos protegen los pozos que le permiten a la GULF extraer el petróleo y suministrarlo con continuidad a Angola que lo vende en dólares que utiliza para pagar a la Unión Soviética por equipo militar, y cuyos dólares los rusos utilizan para comprar granos americanos"[138].

Normalizar relaciones con Cuba

Carter estaba decidido a normalizar las relaciones con Cuba. El 9 de marzo (1977) había convocado al Comité de Revisión Política para discutir el tema cubano. Cinco días después el presidente norteamericano había tomado la decisión de que "nosotros debemos intentar lograr la normalización de nuestras relaciones con Cuba". Así se lo comunica al Secretario de Estado, al Secretario de Defensa, al Director de la Agencia Central de Inteligencia y a otros funcionarios en su Memorándum NSC-6 de marzo 15[139].

A ese fin, instruía el presidente, debía comenzarse conversaciones directas y confidenciales con representantes del gobierno de Cuba. Y para mayor claridad expresaba que "nuestro objetivo es poner en movimiento un proceso que lleve al restablecimiento de relaciones diplomáticas entre los Estados Unidos y Cuba". Le pedía al Secretario de Estado que designase a funcionarios para iniciar conversaciones exploratorias con Cuba que condujeran a "pasos subsecuentes que llevasen a la normalización de relaciones entre nuestros dos países".

Y para que ningún exiliado cubano exaltado se interpusiese en ese camino pedía al Secretario de Justicia que tomase todos los pasos necesarios permitidos por la ley para prevenir... cualquier acción ilegal dirigida desde los Estados Unidos contra Cuba... y detener y procesar a los que ejecuten tales acciones.

---

[138] Comentario de un funcionario de la GULF a Jay Ross del Washington Post. Septiembre 23, 1981.

[139] Memorándum NSC-6, de marzo 15 de 1977 firmado por Jimmy Carter; desclasificado el 6 de mayo de 1998, Archivo Nacional.

MOBUTU Y NETO SE ENTREVISTAN

Mobutu, presidente de la República del Congo (Zayre) mantuvo frecuentes contactos con dirigentes de países vecinos que, con frecuencia, hostigaban e invadían a su nación. Uno de ellos, Agostino Neto, con quien aparece en Brazzaville.

TROPAS DE LAS FUERZAS ARMADAS CONGOLESAS EN HUAMBO

La ciudad de Huambo fue escenario de cruentos encuentros entre las fuerzas del MPLA y las de UNITA. En 1978 se encontraba en poder de las tropas comunistas.

CUBANOS ANTICASTRISTAS CON HOLDEN ROBERTO

Veteranos de la Brigada de Asalto 2506 que habían combatido en Girón constituyeron el "Comando Militar 2506" para asistir al Frente Nacional de Liberación de Angola (FNLA).

En la foto Miguel M. Alvarez y Pedro Encinosa, junto a Holden Roberto, cuando firmaban el acuerdo.

EL PERIODISTA ARIEL REMOS Y HOLDEN ROBERTO

Ariel Remos acompañó a los miembros del Comando Militar 2506 en la firma del acuerdo entre esa organización y el FNLA. La foto recoge la entrevista del periodista cubano al Secretario General del Frente Nacional de Liberación de Angola.

COMANDO MILITAR 2506 CON HOLDEN ROBERTO
Holden Roberto sella el acuerdo de su organización con el Comando Militar 2506 en septiembre de 1977.

COMANDO MILITAR 2506 EN ANGOLA
Otra vista de la formalización del convenio entre el FNLA y el Comando Militar 2506.

Otra traición de Castro

Exactamente un año después de firmado el acuerdo que puso fin al enfrentamiento del MPLA con el FNLA, tropas angoleñas, entrenadas y asesoradas por cubanos castristas, invaden la provincia de Shaba (la antigua Katanga) en el Congo. Coincide, no accidentalmente, con la presencia del propio Castro viajando por varios países de aquel continente.

Shaba era importante por ser ser una zona productora de cobre donde se mantenían sustanciales inversiones belgas y francesas. Era la misma región que, quince años antes, Tshombe pretendió independizar del Congo cuando Patricio Lumumba fue designado primer ministro.

Antiguos gendarmes katangueses que habían pasado a vivir en Angola y se encontraban al servicio de esa nación donde eran entrenados por cubanos, invadieron a mediados de marzo la provincia de Shaba (antigua Katanga)[140].

La fuerza invasora estaba compuesta de más de 5,000 hombres, "dirigida por cubanos y respaldada por una tercera potencia por razones ideológicas" según reportaba la agencia oficial de Zayre. ("Miami Herald", marzo 16, 1977).

Por distintas fuentes confirma Estados Unidos la participación de Cuba en la invasión a Zayre. Funcionarios del Departamento de Estado admitían la interferencia cubana reconociendo que las fuerzas militares del MPLA "son controladas por jefes cubanos que actúan por instrucciones soviéticas"[141]. La presencia de militares cubanos en la fuerza invasora de Zayre fue denunciada nuevamente, días después, por Stansfield Turner, Director de la Agencia Central de Inteligencia (CIA).

---

[140] La invasión se produjo el 15 de marzo de 1977. Los Estados Unidos, respondiendo a una petición de emergencia de Joseph Mobutu dio cerca de $1 millón de dólares en alimentos, combustible, suministros médicos y "equipo médico pero no incluía armas".

[141] Cable UPI, Marzo 17, 1977.

Todos admiten y confirman la presencia de cubanos en Zayre. Todos, menos el Presidente Carter. Días después que los funcionarios del Departamento de Estado y, separadamente, de la CIA, denunciaban la intervención de tropas cubanas en aquel país, el Presidente Carter, en conferencia de prensa realizada en Washington el 25 de marzo, afirmaba que no existían pruebas de la presencia de militares cubanos o angoleses combatiendo junto a los ex-gendarmes katangueses que penetraron en la provincia zayreña de Shaba.

La Administración del Presidente Carter no envió armas a Zayre. Otros funcionarios del Departamento de Estado se apresuraron a manifestar que "existen buenas razones para considerar que los cubanos están dirigiendo las fuerzas rebeldes en Zayre aunque no hay una fuerte evidencia de esto". Estos oficiales manifestaron que la situación en aquel país "es una indicación de que La Habana no muestra signos de cumplir con las condiciones del Presidente Carter para resumir plenas relaciones diplomáticas entre Estados Unidos y Cuba"[142].

Al transcurrir un mes las fuerzas invasoras fueron derrotadas y se replegaron en Angola. Volverá a producirse un nuevo y más violento ataque en mayo del próximo año.

Mientras tanto, el presidente de la vecina República Popular del Congo era asesinado en Brazzaville. Marién Ngouabi había visitado Cuba 18 meses antes gozando de la confianza del gobierno cubano.

Como uno de los cabecillas del golpe aparecía Alfonse Massemba-Debat, antiguo protegido del régimen de Castro. Massemba-Debat había sido derrocado en 1966 y restablecido en el poder por las tropas cubanas convirtiéndose en un títere en manos de Castro. Tres años después fue nuevamente depuesto, esta vez por Marién Ngouabi a quien Castro, traicionando a su antiguo protegido Massemba-Debat, reconoció como gobierno en Congo Brazzaville.

---

[142] Cable de la UPI de marzo 17 de 1977.

tudo o ideal de liberdade.

É lamentável que Fidel Castro tenha querido quebrar estes con. Mas V. Exas. e nós estamos todos dispostos a salvaguardar a perenid deraes mesmos laços, combatendo ideias e regimes impostos.

Esperamos que este primeiro contacto será seguido de outro mais, na senda de mais estreita colaboração.

Renovando as nossas saudações revolucionárias, desejamo-vo também os melhores êxitos nas vossas actividades.

Aos 7 de Setembro de 1977.

PEL' O PRESIDENTE,

António Luvevuku Ye Nsi

(Membro do Bureau Político)

PRIMEROS CONTACTOS
Comunicación del 7 de septiembre de 1977 firmada por Antonio Luvevuku Ye Nsi, miembro del Buró Político del FNLA.

Cubanos anticastristas junto a Holden Roberto y Jonás Savimbi

Para principios de 1978 combatientes cubanos anticastristas estaban estableciendo contacto, al más alto nivel, con dirigentes del Frente Nacional de Liberación de Angola (FNLA) y la Unión Nacional para Independencia Total de Angola (UNITA).

Algunos, los más, habían formado parte de la Brigada de Asalto 2506 y la frustrada invasión del 17 de abril de 1961. El grupo cubano anticastrista toma el nombre de "Comando Militar 2506".

Lo constituyen, primero, Manuel Artime como su delegado civil; Miguel M. Álvarez, Delegado Militar y Pedro B. Encinosa, Juan Evelio Pou y Eli B. César. Luego se designa a Juan Pérez Franco como Secretario de la Jefatura del Comando Militar. Se incorporan también Oscar Alfonso Carol, como jefe de operaciones del Comando Militar 2506 y René García, Eduardo Barea y Gastón Bernal. Pronto, otros combatientes anticastristas llegarán a Angola desde el Congo Leopoldville.

Los contactos iniciales con UNITA se realizan a través de Jeremías Chitundi, Georges Sagumba y el Comandante Antonio Bembo. Con el FNLA las relaciones se mantienen, desde un principio, directamente con Holden Roberto. Con UNITA no cristalizarán las conversaciones iniciales. Las de Roberto avanzarán y se formalizarán en un acuerdo de asistencia mutua.

No eran los primeros contactos de Holden Roberto con cubanos anticastristas. En la década anterior, a través del asesor sindical anticomunista Carlos Kassel, Roberto logró el respaldo de la Liga General de Trabajadores de Angola (LGTA) que respondía, en aquel momento, a la UPA de la que Jonás Savimbi era Secretario General, además de Ministro de Relaciones Exteriores de GRAE.

Eran los años en que el Frente Nacional de Liberación de Angola (FNLA) de Roberto era reconocido como la organización de más peso en la lucha contra la entonces metrópoli portuguesa que, como antes expusimos, había sido reconocido por la Organización de Unidad Africana (OAU) como el gobierno de la República de Angola en el Exilio (GRAE). Tan importante era que, junto con el Premier Congolés Cirilo Adoula, formó parte de las conversaciones para buscar una transición pacífica en Angola cuando terminase la dominación portuguesa.

Cuando cesa en su posición de Secretario de Estado comienza Henry Kissinger a criticar como débil la política de Carter hacia Cuba. Descubre el ya Ex-Secretario de Estado norteamericano que "la invasión china de Vietnam se debe a las innumerables agresiones respaldadas por las armas soviéticas"[143] como si tales agresiones no se hubiesen repetido innumerables veces mientras él ocupaba tan alta posición. Advertía en su discurso Kissinger que los Estados Unidos no debían "censurar a China demasiado" y que no era necesario hacer a diario "comentarios sobre los problemas internacionales". La posición conciliadora de Kissinger hacia China era consecuente con la política de acercamiento de la que Kissinger, junto al Presidente Nixon, había sido factor determinante.

Tropas cubanas en nueva invasión a Zayre

Un año después, ante una nueva y más sangrienta invasión a Zayre, el Presidente Carter informó a los líderes del congreso que "hay 40,000 soldados cubanos en África" por lo que "el departamento de Estado anunció que había comenzado una amplia revisión de su política africana en vista de la creciente influencia soviética-cubana en el área"[144].

Las fuerzas invasoras como en la incursión que se había producido el año anterior, estaban compuestas de antiguos gendarmes katangineses que ahora residían en Angola después de la frustrada secesión de Katanga en la década de 1960, y por tropas cubanas que los habían entrenado.

La lucha se centraba ahora en la antigua provincia de Katanga (ahora Shaba) en el rico enclave de Kolwezi, en la región de Kamina.

---

[143] Cable de la UPI de febrero 28, 1979 cubriendo declaraciones de Henry Kissinger en ciudad México.

[144] Servicio cablegráfico de The Miami Herald de mayo 17, 1978.

Si en Angola el punto neurálgico, por su importancia económica, era Cabinda, en el Congo lo será Kolwezi. En Cabinda (Angola) se encontraban los ricos yacimientos de petróleo explotados por la empresa norteamericana GULF. En Kolwezi (Congo) se hallaban las mayores minas de cobre desarrolladas por consorcios europeos y norteamericanos. Para proteger los primeros y controlar las segundas Castro enviaría a morir a miles de jóvenes cubanos.

En Kolwezi la firma norteamericana Morrison-Nudsen estaba construyendo una poderosa planta eléctrica. Una ley prohibía a los Estados Unidos ofrecer ayuda militar al amenazado gobierno de Zayre (Congo Leopoldville). Le correspondió al Senador Robert Dole, Republicano de Kansas, presentar un proyecto de ley que rechazaría esa ley que prohibía el embarque de ayuda militar a Zayre. De acuerdo a la legislación vigente no se le podía conceder crédito en la venta de armas a naciones que debieran algún saldo en ventas anteriores. En aquel momento Zayre estaba atrasada en el pago $400 mil dólares en su deuda de ayuda militar. Pero Carter no pidió al Congreso cambio alguno en esa legislación.

La legislación presentada le permitiría al presidente autorizar el envío de armas a Zayre si esa asistencia se producía "en los intereses de la seguridad nacional de los Estados Unidos".

En el Congo (Zayre) la prohibición afectaba al gobierno anticomunista de Mobuto. En Angola la prohibición favorecía al régimen marxista del MPLA.

El Senador Dick Clark (Demócrata por Iowa) era el autor de la Enmienda Clark que prohibía el envío de equipo militar norteamericano a Angola; medida que había impedido la ayuda norteamericana a Jonás Savimbi en su frustrada lucha contra el MPLA, organización que recibía sustancial respaldo militar de la Unión Soviética y Cuba.

El Presidente Carter estaba "gravemente consternado por las limitaciones que el congreso le imponía"; pero, no obstante, el mandatario no hizo solicitud alguna específica para cambiar la legislación que restringía la venta de armas y suministros y cualquier otra ayuda militar. De nuevo, funcionarios norteamericanos expresaron que "no había evidencia tangible de que tropas cubanas estuvieran entre las fuerzas armadas que atacaron la provincia de Shaba" aunque admitían que esas tropas habían sido entrenadas por cubanos en Angola. Serán nuevamente tropas belgas y francesas las que vuelan a Zayre a rescatar a más de 2,500 rehenes, entre los que se contaban 14 norteamericanos, que se encontraban en la zona de combate.

Cuando 1,700 paracaidistas belgas, para tomar Kolwezi, se dirigían a la base aérea de Kamina, en el Congo, la administración norteamericana se limitaba a mantener "en estado de alerta, en la base de Fort Bragg, en Carolina del Norte, a 1,500 soldados"[145]. Aunque en Washington los funcionarios gubernamentales lo negaban, la participación de Castro en la invasión de Zayre era evidente y la prensa se hacía eco de tres grandes campos de entrenamiento dirigidos por tropas cubanas en la frontera de Zayre y Angola.

Al recapturar Kolwezi los paracaidistas belgas encontraron los cadáveres de más de 60 europeos muchos de cuyas esposas, heridas, habían sido violadas por las fuerzas invasoras[146].

Castro, sin que muchos lo creyeran, negaba la participación cubana. Tanto interés tenía en darle.seguridades a los Estados Unidos de su no participación que por primera vez desde su designación en septiembre del año anterior recibió a Lyle Lane que dirigía la sección de intereses norteamericanos en Cuba[147].

No obstante, los funcionarios norteamericanos se veían obligados a admitir que las tropas rebeldes habían sido entrenadas por cubanos en Angola[148] y estaban utilizando armamento soviético, aunque continuaban negando toda participación cubana. Para mayo 24 se admitía que "los cubanos habían atravesado la frontera junto con los rebeldes para tomar el aeropuerto de Kolwezi y luego habían regresado a Angola".

---

[145] Servicio cablegráfico del Herald de mayo 19, 1978.

[146] Cable de la AP, mayo 20, 1978.

[147] New York Times, mayo 19, 1978.

[148] Fuentes de inteligencia occidentales reportaban que de 19,000 a 20,000 tropas cubanas mantenían al gobierno de Angola junto con cerca de 6,000 asesores soviéticos y de la Alemania Oriental.

Mientras aquella matanza se producía en la provincia de Shaba, 200 norteamericanos, en sus lujosos yates, participaban en el Torneo de Pesca Ernest Hemingway que se celebraba en La Habana con la participación de las más altas figuras oficiales del gobierno cubano.

No escatimaba gastos el gobierno de Castro en atender con toda esplendidez y ostentación a estos ricos visitantes.

Se apresuraba el mandatario norteamericano a afirmar que él no iba a

solicitar que se levantara la prohibición de enviar armas a las actividades encubiertas en Angola[149]. En una conferencia de prensa en Chicago, Carter volvió a afirmar que no tenía intención de solicitar el levantamiento de ese embargo pero sí quería "la autoridad para ayudar económicamente, con alimentos y otros medios pacíficos, a contrarrestar la participación soviético-cubana en el área"; (Miami News, mayo 26, 1978).

El Presidente Carter hizo conocer a La Habana que la presencia y participación de cerca de 27,000 tropas cubanas en 16 países africanos afectaría las posibilidades de normalizar las relaciones (Quirk), y que la participación de tropas cubanas era "una amenaza a la paz permanente en África"; Castro impugnó estas aseveraciones afirmando que África no tenía nada que ver con Estados Unidos o con establecer relaciones entre Estados Unidos y Cuba.

Pero, en realidad, entre Washington y La Habana se habían iniciado conversaciones de otra naturaleza.

---

[149] Durante las administraciones de Ford y Carter se respaldó el embargo de armas impuesto por las Naciones Unidas al África del Sur como sanción a su política de *apartheid*. Igualmente las dos administraciones rechazaban el gobierno minoritario blanco de Rhodesia. Ambos, Ford y Carter favorecían una Namibia independiente no gobernada por una minoría blanca.

CAPÍTULO IV

La zigzagueante política del Presidente Carter

Comienza a mostrarse temprano la política zigzagueante del Presidente Carter. En la misma fecha en que el vocero del Departamento de Estado afirmaba que Estados Unidos "miraba seriamente la posibilidad de que una vinculación militar en gran escala de Cuba y Etiopía podría ser un impedimento en la mejoría de las relaciones entre Washington y La Habana[150]" la administración norteamericana proponía formalmente que Estados Unidos y Cuba intercambiasen representación diplomática[151].

Esta información que provenía de la influyente Rosalyn Carter, esposa del mandatario, era confirmada por el propio presidente 24 horas después y rectificada al darse a conocer el acuerdo que había sido firmado en Nueva York el lunes 30 de mayo y que había sido mantenido en secreto. El intercambio de notas había sido firmado por el Viceministro cubano de Relaciones Exteriores Pelegrín Torra y el Sub-Secretario de Estado Adjunto William H. Luere.

Se crea la Sección de Intereses

La cancillería de Cuba en un parte de prensa indicaba que ambos gobiernos acordaron "la apertura simultánea de una Sección de Intereses de Estados Unidos en la Embajada de

---

[150] Cable UPI, Mayo 28, 1977.

[151] Cable UPI, Mayo 31, 1977.

Suiza en La Habana y una Sección de Intereses de Cuba en la Embajada de Checoeslovaquia en Washington".

Al frente de la Oficina norteamericana en La Habana estaba Lyle Franklin Lane, como consejero, y Thomas Holladay como Cónsul Actuante (Fuente: José Duarte Oropesa, Historiología Cubana, Tomo IV).

La decisión de distender las relaciones fue duramente criticada por el senador republicano Howard Baker quien consideraba que la participación militar de Cuba en África hacía que éste fuese "el peor momento en la historia" para que los Estados Unidos tratase de reanudar sus relaciones diplomáticas con La Habana. No era una posición aislada la de Baker. Otro senador republicano, Robert Dole, anunció la presentación de un proyecto de resolución contra el reconocimiento diplomático del régimen comunista cubano y el intento de atenuar el embargo comercial estadounidense al gobierno de Castro.

Mientras Castro continúa su recorrido por cuatro estados africanos con gobiernos de extrema izquierda el Senador George McGovern, que respaldaba la imposición de sanciones a África del Sur, continuaba sus gestiones para levantar el embargo impuesto al régimen de Castro. Reiteraba su posición de regreso de uno de sus varios viajes a La Habana[152] Las palabras de McGovern que, en Washington, se entrevistaba con Carter, caían en terreno fértil.

Las declaraciones de McGovern fueron impugnadas por el exilio cubano.

Días después el Presidente Carter afirmaba que podía negociar con el régimen de Castro si el congreso decidía levantar las barreras comerciales que impedían el comercio con aquel régimen.

El intento del Presidente Carter de levantar parcialmente el embargo comercial contra Cuba fue rechazado por el senado aunque sustituyendo la enmienda más enérgica de Robert Dole por

---

[152] El 12 de abril, a la semana de haber regresado de La Habana donde se había entrevistado con Castro y otros funcionarios cubanos, el Senador por Dakota del Sur reiteraba su acostumbrada posición.

una más débil del jefe de la bancada Demócrata, Robert Byrd. El Senador McGovern se vió obligado a retirar su propia moción.

Alentaban a Carter en su intención de acercarse a Castro los senadores Demócratas George McGovern y James Abourezk quienes, de regreso de la isla en el mes de abril, le presentaban al mandatario americano un resumen de la legislación preparada por ellos solicitando un levantamiento limitado del embargo comercial con Cuba. "El presidente parece considerar todos nuestros puntos como asuntos negociables"[153].

El levantamiento de las sanciones era el objetivo que había movido a los senadores en su viaje a Cuba.

Ya, antes, Castro había dado los primeros pasos.

Fue en la reunión celebrada en el Teatro Carlos Marx, en 1977 que en su discurso de más de cinco horas Castro habló como tema principal de las dificultades que se enfrentaban para obtener moneda dura. Como siempre exigió los mayores sacrificios para vencer esa dificultad. El más práctico remedio sería el de disponer que los grandes hoteles de lujo, en las ciudades y en las playas, fueran puestos a la disposición de los turistas extranjeros aunque esto representase negárselo a los cubanos en sus vacaciones[154].

El siguiente paso para la necesaria obtención de dólares fue el de atraer a un número de exiliados que dejarían de ser tratados y calificados como gusanos para ser, ahora, considerados como la "comunidad cubana en el exterior". Para mediados de 1979 más de 50,000 miembros de la "comunidad cubana en el exterior" habían visitado la isla[155].

Para la primera semana de junio Estados Unidos y Cuba daban importantes pasos para el mejoramiento de sus relaciones. El primero de junio el Departamento de Estado informaba que Washington y La Habana estaban a punto de anunciar el

---

[153] Cable UPI, abril 20, 1977).

[154] José Luis Llovio-Menéndez "Insider".

[155] José Luis Llovio-Menénez. Obra citada.

114

intercambio diplomático, lo que quedaba públicamente confirmado el viernes 3 de junio de 1977.

Otros pasos del entendimiento con Castro

A un nivel mucho menos alto que el de las cancillerías se mantenían también conversaciones para disminuir las tensiones entre Cuba y los Estados Unidos que condujesen, luego, a la normalización de las relaciones entre ambas naciones.

Una de ellas, que tomará en los próximos meses creciente importancia, tiene lugar, primero, en el lujoso Hotel Hilton en Panamá y en el no menos elegante restaurante Panamar.

Se reunían allí José Luis Padrón, alto funcionario cubano que gozaba de la absoluta confianza de Castro; Tony de la Guardia, el Coronel que 10 años después moría fusilado; Amado Padrón, Cónsul de Cuba en Panamá, y un cubano exiliado que se encontraba de paso en aquella ciudad y que había sido citado para esta reunión por un compatriota amigo residente en aquella nación[156]. Era una entrevista preliminar en la que se habló con amplitud de la política de Carter sobre Derechos Humanos pero no se abordaron otros temas. Había quedado roto el hielo y establecido una relación personal que conducirá a nuevas reuniones.

Cinco meses después, en enero de 1978 se produce en Nassau una segunda reunión. Tendrá lugar en una suite del Hotel Britania que ya había sido reservada, desde La Habana, por José Luis Padrón y Tony de la Guardia. La agenda era más amplia y los representantes cubanos consideraron que las conversaciones debían iniciarse con un gesto de amistad por parte de cualquiera de los dos bandos litigantes para luego llegar a algún tipo de acuerdo en alguna de las áreas tratadas.

Todo era negociable y para ello era más práctico utilizar canales irregulares no diplomáticos. Por supuesto, para Cuba "era importante levantar, aunque fuera parcialmente, el embargo económico". Se hizo el planteamiento como el que pide poca cosa.

---

[156] Datos que aparecen en memorias no publicadas atribuidas a un conocido exiliado cubano.

Ahora las reuniones serán más frecuentes. La próxima se celebrará en una isla caribeña. El contacto telefónico para la reunión en Kingston, Jamaica la había establecido Ramón de la Cruz, Consejero Político de la embajada de Cuba en aquella isla. El anfitrión lo sería Juan Carbonell el cónsul cubano en Kingston y los interlocutores los coroneles José Luis Padrón, apoderado de Castro, y su ayudante, Tony de la Guardia. Fue una breve conversación para confeccionarle al exiliado cubano un falso pasaporte diplomático.

A las pocas horas partían en un avión Antonov soviético de dos motores hacia el pequeño aeropuerto de Baracoa, cerca de Santa Fé, en La Habana. Horas después se producía la primera reunión con Castro en el viejo Palacio de Justicia. ¿Quienes participaron?: Fidel Castro, el General José Abrantes, su ayudante Pepín Naranjo, José Luis Padrón y su asistente Tony de la Guardia. Por supuesto, de éstas, como de las anteriores reuniones se mantenía informado al Departamento de Estado norteamericano.

Castro consumió la casi totalidad del tiempo. Su planteamiento abarcó varios temas: la libertad de un número elevado de presos políticos; la reunificación familiar; ponerle fin en los Estados Unidos a "las actividades terroristas de los cubanoamericanos"; el levantamiento del embargo comercial y otros tópicos. Aquí José Luis Padrón quedó designado para ostentar la representación cubana en reuniones con representativos del gobierno norteamericano.

Luego de una breve reunión en los últimos días de febrero, en la ciudad de México, con funcionarios subalternos, se producen en marzo de 1978 varias pláticas destinadas a confeccionar un memorándum que le será entregado, en Washington, a Peter Tarnoff, Secretario Ejecutivo del Departamento de Estado. Castro en La Habana y Carter en Washington están de plácemes con estas conversaciones "confidenciales y extraoficiales" de las que ambos están bien al tanto. El exilio, indignado, al conocerlas rechazará las vergonzosas negociaciones.

Fueron estas reuniones preliminares las que sirvieron de base para el Diálogo de 1978 acremente rechazado por el exilio cubano.

Las demás entrevistas y reuniones serán de poca monta, dedicadas a aclarar conceptos y, en las pocas en las que interviene el propio Castro, convertidos los participantes en cautivo auditorio forzado a escucharle que no tenía interés alguno en Etiopía ni en Zayre y cómo tropas cubanas no habían participado en la invasión de la provincia de Shaba en el Congo. Cada afirmación de Castro a los crédulos emisarios era desmentida por los hechos que la prensa reportaba[157].

Desde enero de aquel año miles de soldados cubanos habían sido despachados a Etiopía "y su número crecía continuamente". (Zbig Brzezinski, "Poder y Principios"). Consideraba el asesor de seguridad nacional que la creciente presencia y actividad de las tropas cubanas en Etiopía "iba gradualmente escalando en una crisis". No obstante Castro pretendía ocultar, displicentemente, la masiva participación de sus tropas en el Cuerno de África y en el Congo y Angola.

Carter y las tropas soviéticas en Cuba

El fracaso de una reunión de Vance y Gromyko para tratar sobre las tropas rusas en Cuba fuerza al Presidente Carter a una reunión con el Secretario de Defensa, Harold Brown; el asesor en materia de seguridad nacional Zbigniew Brzezinski; el director de la Agencia Central de Inteligencia (CIA), Stansfield Turnel y otros altos funcionarios. Harán nuevas declaraciones pero las tropas soviéticas permanecerán en Cuba.

Carter continúa sus advertencias a la Unión Soviética. Admoniciones que caen en el vacío.

---

[157] Entre los funcionarios norteamericanos que, en alguna forma, participaron de estas negociaciones "no oficiales" se encontraba David Newsome, funcionario del Consejo de Seguridad Nacional; Peter Tarnoff; Secretario Ejecutivo del Departamento de Estado y David Aaron que, con frecuencia, reemplazaba a Tarnoff en el estas informales conversaciones. Las minutas y resúmenes de ellas llegaban, por conductos oficiales, a Cyrus Vance, Secretario de Estado y a Zbigniew Brzezinski, asesor en materia de seguridad nacional.

El propio Zbig Brzezinsky, Asesor Presidencial para la Seguridad Nacional, alertó al Presidente sobre el aumento de personal militar soviético en Cuba:

> *"A fines de julio yo ví el primer informe que advertía que los soviéticos podrían tener una unidad en Cuba; yo alerté al presidente sobre ésto en julio 24 destacando que podría tener serias repercusiones para el Tratado SALT. Días después, envié un memorándum a Stant Turner, Director de la CIA, solicitando que la Agencia aumentara sus esfuerzos de información sobre Cuba"*[158].

El 29 de julio (1979) el Secretario de Estado Cyrus Vance da a conocer que el Presidente Carter "ha advertido a su colega soviético Leonid Brezhnev que no incremente las fuerzas rusas en Cuba" pero tímidamente aclara que "no hay pruebas de que los rusos hayan violado el entendimiento sobre Cuba que se hizo durante la crisis de los misiles en 1962"[159]. Esquivaba el Secretario de Estado el envío a Cuba de 8,000 soldados soviéticos, denunciado por el Senador por la Florida Richard Stone.

Era cierto el informe. Lo admite el propio Asesor de Seguridad Nacional:

> *"En menos de dos semanas habíamos obtenido la sólida evidencia. En agosto 14 informé al presidente que, de acuerdo a los informes de inteligencia, había ahora en Cuba una brigada soviética con un cuartel general y una organización regular que estaba programada para realizar sus ejercicios de fuego en una semana".*

Dentro del gabinete se sucedían continuos enfrentamientos entre Cy Vance y Brzezinski y otros altos funcionarios.

Los cubanos en el exilio se movilizan para denunciar la presencia en la isla de las tropas soviéticas. A ese efecto se convoca en Miami un "Congreso por la Libertad y la Democracia" en el que participan el ex-canciller de Costa Rica Gonzalo Facio; y otras figuras internacionales.

---

[158] Zbig Brzezinski. "Poder y Principios"

[159] Cable de la UPI, julio 28, 1979.

Para fines de septiembre Castro calificaba al Presidente Carter de deshonesto e inmoral por haber creado artificialmente el tema de los soldados soviéticos en Cuba. No es que Castro negase la presencia de esas tropas soviéticas en la isla. No. Lo que afirma, con total desenfado, el dictador cubano es que "la presencia del personal soviético ya era conocida desde hace 17 años por la CIA y los gobiernos de Washington"[160].

Tan seria era la tensión creada entre Washington y La Habana que el Secretario de Estado Cyrus Vance cancelaba el viernes 28 de septiembre su viaje a Panamá que había estado programado para asistir a la Ceremonia de Transferencia del Canal que se efectuaría el primero de octubre. Carter amenazaba con presentar al público las pruebas fotográficas y de otro tipo que respaldaban su denuncia. Ya, antes, Vance se había reunido en Washington con el canciller soviético Andrei Gromyko para tratar el caso de las tropas soviéticas en Cuba. Castro confirmaba la presencia de tropas en la isla pero se negaba a retirarlas.

El domingo 30 de septiembre los más altos funcionarios del gobierno de Carter se reunieron en la Casa Blanca discutiendo la presencia de la brigada soviética en Cuba.

Formaba parte de ese cónclave el Secretario de Estado Cyrus Vance; el Secretario de Defensa, Harold Brown, el Director General del Servicio Central de Inteligencia (CIA) Stansfield Truner; el Asesor de Seguridad Nacional, Zbigniew Brzezinski; el Subsecretario de Estado Warren Christopher; el Consultor de la Casa Blanca Lloyd Cutler, y el Asistente David Aarom.

Ya antes un panel especial de asesores, que incluía a los ex-secretarios de estado Dean Rusk; William Rogers y Henry Kissinger y otros altos asesores de gobiernos previos, bajo la presidencia del ex-secretario de defensa Clark Clifold se habían reunido para asesorar a Carter respecto a este importante problema de política exterior[161].

---

[160] Cable EFE, Septiembre 29, 1979.

[161] Cable de la UPI, octubre 1o., 1979. Diario Las Américas.

Poca mella hizo estas conocidas reuniones en la posición de Castro quien, el propio día, confirmaba, por primera vez, que la Unión Soviética había tenido 40,000 soldados en Cuba y docenas de misiles nucleares y aviones bombarderos durante la Crisis de 1962. En esas mismas declaraciones afirmaba que Cuba no retiraría las tropas soviéticas que aún se mantenían en la isla.

Dando un gigantesco paso atrás, el presidente norteamericano afirmaba ahora que "la presencia de tropas de combate soviéticas en Cuba no era una amenaza militar para los Estados Unidos". Era una derrota vergonzosa del presidente norteamericano que, sin pudor, afirmaba por televisión al pueblo norteamericano de que "ha logrado seguridades de que los 2,600 soldados soviéticos que están en Cuba no se encuentran en misión de combate, pero que no pudo persuadir a los líderes del Kremlin de que los retiren".

Cede aún más el Presidente Carter. El dos de octubre confirma su aceptación a la vigencia del pacto Kennedy-Kruschev lo que conllevaba seguridades de que no se permitirían acciones contra el régimen de Castro.

En su discurso el Presidente Carter expresaba textualmente que:

"Los soviéticos han reafirmado el entendimiento de 1962 el acuerdo mutuo confirmatorio de estos entendimientos de 1970 y se comprometen a respetarlos en el futuro; nosotros, por nuestra parte, reconfirmamos este acuerdo".

Quedaba reconfirmado por el Presidente Jimmy Carter su aceptación al pacto Kennedy-Khruschev.

Militares cubanos en Nicaragua

El martes 17 de julio (1979) era derrocado el presidente nicaragüense Anastasio Somoza, designándose al Presidente de la Cámara de Diputados Francisco Urcuyo Maliaños como Jefe de Estado Interino hasta la entrega de mando el propio día a la Junta Provisional de Gobierno que estaría compuesta por Violeta Barrios, viuda del periodista Pedro Joaquín Chamorro; Alfonso Robelo, Representante del Frente Amplio de Oposición; Sergio Ramírez, miembro del "Grupo de los Doce"; Daniel Ortega Saavedra, miembro de la Dirección Nacional del Frente Sandinista.

Antes de diez días estaban formalizadas las relaciones entre Nicaragua y el gobierno de Castro. Por la parte cubana el documento de formalización de las relaciones fue firmada por el Canciller Isidoro Malmierca y por los nicaragüenses el miembro de la Junta de Reconstrucción Moisés Hassan Morales. El mismo día viajaba hacia Managua, "en misión de buena voluntad", el hijo del Presidente Jimmy Carter.

Es éste el momento en que se confirma la comparecencia del dictador cubano ante las Naciones Unidas.

Castro en las Naciones Unidas

Millares de cubanos anticomunistas se lanzan el viernes 12 de octubre

(1979) por las calles de Nueva York en impresionante marcha de protesta denunciando la presencia de Castro en las Naciones Unidas.

Prácticamente coincidiendo con la celebración del Congreso Mundial por la Libertad y la Democracia en la misma ciudad de Nueva York, en la que habían participado destacadas personalidades del exilio cubano, llegaba a la sede de las Naciones Unidas Fidel Castro. Era su primer viaje desde la escandalosa visita realizada 19 años antes.

Protegido por cientos de policías y agentes del servicio secreto Castro se dirigió a la bien custodiada misión cubana ante las Naciones Unidas[162]. El despliegue policial, señalaba la prensa, incluía helicópteros y perros sabuesos para descubrir explosivos. La misión cubana permanecía rodeada de centenares de policías y de barricadas que impedían el tránsito por las calles cercanas.

---

[162] La misión cubana se encontraba situada en la avenida Lexington y la calle 38 del este en Nueva York.

Al día siguiente hablando ante la Asamblea Mundial como presidente de las Naciones no Alineadas, Castro soslayó el tema de la presencia de tropas soviéticas en Cuba.

¿De qué habla Fidel Castro en las Naciones Unidas?: Del intercambio desigual que "arruina nuestros pueblos. ¡Y debe cesar!". Del "proteccionismo que arruina nuestros pueblos. ¡Y debe cesar!".

Castro, que recibe millones de la Unión Soviética en armamentos y asistencia militar, denuncia que "los gastos en armamentos son irrazonables.!Deben cesar y sus fondos empleados en financiar el desarrollo!".

Durante dos horas y media fatiga la atención de los oyentes hablando del desequilibrio que existe en la explotación de los recursos marítimos, de los insuficientes recursos financieros que reciben los países en desarrollo; del proteccionismo "que arruina nuestros pueblos"; del sistema monetario internacional que está en bancarrota. Habla de todo, menos de la presencia de tropas soviéticas en Cuba.

Mientras Castro, recluido en la misión cubana, permanece protegido, decía un cable de la UPI, "bajo medidas de seguridad que se estiman son las más estrictas en la historia de Nueva York" (Cable de la UPI de octubre 13), los manifestantes anticastristas eran contenidos a dos cuadras "por un muro de agentes policiales, policía montada y autos patrulleros".

La invasión de Afganistán

La invasión soviética en Afganistán puso, en palabra del presidente norteamericano, en peligro la seguridad de todas las naciones. Toma Carter medidas punitivas contra Moscú, entre ellas una drástica reducción en la venta de cereales y ayuda militar a Paquistán[163]. Era la primera vez que Estados Unidos

---

[163] La Unión Soviética recibiría en 1980 solamente 8 millones de toneladas de granos, en lugar de los 25 millones que Estados Unidos había acordado venderle.

empleaba su agricultura como arma política, según expresaba un funcionario de la Casa Blanca.

Las sanciones se extendían aún mucho más. Se anunciaba la retirada de los Estados Unidos de los Juegos Olímpicos señalados a celebrarse en Moscú.

De la capital soviética llegaban enérgicas declaraciones de su canciller. Afirmaba Andrei Gromyko que su país "protegerá también en el futuro su camino leninista de ayuda internacional".

Se desarrolla en Afganistán una intensa oposición del pueblo a las tropas de ocupación soviética. Las fuerzas aérea y blindada soviética se ven obligadas a realizar extensas operaciones para enfrentarse a la creciente actividad guerrillera. Los cables recogen a diario declaraciones de viajeros procedentes de Afganistán que hablan de las detenciones y ejecución de miles de civiles en aquel país.

Nicaragua y El Salvador

Otros problemas enfrenta el presidente norteamericano. Terminaba el mandato de Carter cuando agentes cubanos habían coordinado en un frente unido a las cuatro organizaciones izquierdistas de El Salvador. Las armas les llegarían de Hanoi provenientes del inmenso arsenal capturado al ejército norteamericano[164].

Para 1980 oficiales cubanos estaban entrenando a cerca de mil doscientos guerrilleros en suelo salvadoreño y, desde Nicaragua, mantenían la potente planta Radio Liberación dirigida a la insurgencia salvadoreña. Finalizaba el año 1979 cuando jóvenes oficiales derrocaron al Presidente Carlos Humberto Romero[165]. Frente a la nueva junta se organizó, en negociaciones celebradas principalmente en La Habana, el Directorio Revolucionario Unido

---

[164] Alexander Haig, "Caveat".

[165] En octubre 15 de 1979 jóvenes oficiales derrocaron al gobierno de Carlos Humberto Romero estableciendo una junta militar que se disolvió en enero de 1980 cuando se constituyó una nueva junta presidida por José Napoleón Duarte.

(DRU) que agrupaba a las organizaciones de izquierda y que en su manifiesto de constitución abogaba por el establecimiento de un régimen marxista en El Salvador. El DRU se negó a propiciar todo acercamiento con la junta que había decretado una amnistía para todos los oponentes dispuestos a rendir sus armas e incorporarse a la vida civil. La violencia, que costaba ya un millar de vidas humanas cada mes, se exacerbaba.

Para celebrar el primer aniversario de la Revolución Nicaragüense viaja Castro a Managua en julio de 1980. Ya, antes, en marzo, el régimen sandinista había anunciado que había logrado con la Unión Soviética un acuerdo comercial y otro de "cooperación entre el Partido Comunista de la URSS y el Frente Sandinista de Liberación Nacional".

Los armamentos y equipos militares provenientes de la Unión Soviética eran desviados hacia las guerrillas en El Salvador. Militares cubanos instruían y asesoraban a las fuerzas armadas nicaragüenses y a las guerrillas salvadoreñas que allí se entrenaban. Para combatir la creciente oposición de los *contras*, que contaban con bases en Honduras y Costa Rica, altos militares cubanos permanecían en Nicaragua. Entre ellos, el de más rango, el Gral. Arnaldo Ochoa. El Héroe de la República de Cuba y los demás oficiales que lo acompañaban disfrutaban de grandes privilegios. Fue para ellos, Nicaragua, terreno fértil donde habrá de germinar la semilla de corrupción que les producirá nefastos frutos en Angola.

El rechazo a la amnistía en El Salvador[166] coincidía con el éxodo del Mariel en Cuba.

A otros dos serios problemas se enfrenta el mandatario norteamericano. Siguen retenidos en la embajada americana de Irán 50 estadounidenses. Quiere el Ayatola Khomeini que los Estados Unidos admita su culpabilidad por un cuarto de siglo "de crímenes cometidos en ese país". La situación de estos rehenes se mantendrá vigente, clavada como una dolorosa espina en el corazón del pueblo norteamericano, durante todo el año.

---

[166] El 15 de octubre, 1980, el gobierno de El Salvador dio a conocer la amnistía.

La Embajada del Perú y el éxodo del Mariel

En abril surge una nueva crisis que se irá agudizando por horas. El día primero de aquel mes se da a conocer que seis personas ingresaron violentamente a la Embajada de Perú en La Habana y que "tres de ellas resultaron heridas al producirse disparos". Comenzaba la crisis de la Embajada del Perú.

Tres días después eran 300 cubanos los que ingresaban en la embajada peruana. El propio Castro se vio obligado a negociar una solución[167]. Para el lunes 7 ya 10 mil asilados se encontraban en la embajada y el gobierno peruano rechazaba terminantemente "tanto la actitud como la declaración oficial del gobierno cubano" respecto a la situación creada en su embajada en La Habana. El gobierno de Venezuela, presidido por Luis Herrera Campins responsabilizaba públicamente a las autoridades cubanas por la "preocupante situación creada en la embajada del Perú". A su vez los cinco países del Grupo Andino –Bolivia, Colombia, Ecuador, Perú y Venezuela– eran duramente atacados por el ministro cubano de Relaciones Exteriores y Cuba calificaba a Perú de "un país de desempleo y enfermedades" (Cables de AFP y UPI, abril 11).

En pocos días empiezan a salir a distintos países los 10,800 asilados, que estaban hacinados en la embajada. El martes 15 de abril se esperaba que partiera hacia Lima el primer contingente de cubanos refugiados pero Cuba suspendió, sorpresivamente, la expedición de los salvoconductos. Costa Rica se ofrece a darle refugio a la totalidad de los refugiados cubanos en la embajada de Perú, pero ya el 18 de aquel mes llegaba a Lima el primer centenar de refugiados y a San José el quinto vuelo del "puente de la libertad" y a Madrid volaba un medio centenar de cubanos.

Pero con la autorización a dos pequeñas embarcaciones para recoger en el puerto del Mariel a refugiados en la embaja-

---

[167] Castro estuvo a las puertas de la embajada en dos ocasiones para hablar con el Encargado de Negocios del Perú Ernesto Pinto Bazuco. Castro deseaba hacerle llegar una carta personal suya al presidente Morales Bermúdez. El canciller peruano Arturo García rechazó esa pretensión. Fuente: Cable EFE, abril 5, 1980.

da se abrió una puerta mucho más amplia. El martes 22 otras 11 embarcaciones llegaban al puerto occidental de la isla recogiendo a otros 300 refugiados. Por días crecía el número de embarcaciones que partía hacia el Mariel en busca de familiares y amigos. Para el primero de mayo se consideraba que podrían llegar a las costas de los Estados Unidos más de 50 mil cubanos.

Se hacen arreglos inmediatos en la Base Aérea de Eglin, en Pensacola, para que los refugiados sean procesados legalmente, de acuerdo a un programa federal que se había puesto en efecto el día anterior. En el Orange Bowl fueron instalados provisionalmente muchos de los miles de cubanos que venían en busca de libertad. Para los primeros días de junio 108,824 personas había arribado a las costas norteamericanas de la Florida en 1700 embarcaciones, pero Castro había forzado el ingreso en esas embarcaciones de hombres convictos de graves delitos[168]. El dictador cubano pretendía manchar con estos delincuentes la imagen de un masivo éxodo de hombres y mujeres honestos y trabajadores.

El lunes 2 de junio las autoridades cubanas ordenaron que todas las embarcaciones ancladas aún en puerto de Mariel lo abandonasen en un plazo de 24 horas. Cerca de un centenar de embarcaciones estadounidenses permanecía en aquel puerto. Terminaba el éxodo del Mariel mientras en Fort Chaffie alrededor de mil cubanos frustrados por la lentitud en el procesamiento de sus casos se amotinaban luchando contra la policía militar y tropas estatales.

La invasión soviética a Afganistán, la suspensión de las olimpíadas que se iban a celebrar en Moscú, la crisis del éxodo del Mariel y la grave situación de los 50 rehenes norteamericanos aislados en la sede de la Embajada Americana en Teherán fueron los temas que movieron a la opinión pública en las elecciones presidenciales de noviembre en la que Ronald Reagan derrotó fácilmente la pretensión reeleccionista de Jimmy Carter.

---

[168] Fuentes diplomáticas norteamericanas informaban a las Naciones Unidas que sólo 850 cubanos entre los 110 mil refugiados eran delincuentes o deficientes mentales.

Conversaciones en México y La Habana

Dos opciones se discutieron en continuas reuniones del Consejo Nacional de Seguridad. Una, planteaba tratar el problema de El Salvador como un problema local con una modesta asistencia militar y económica. La otra, abogaba por una masiva asistencia militar y económica al país centroamericano, consciente de que era Cuba el puente por donde le llegaba las armas y los recursos a la guerrilla salvadoreña. Transcurrían los primeros meses de la Administración de Ronald Reagan.

Se había producido el masivo éxodo del Mariel. Junto a los más de 120,000 cubanos honestos y trabajadores Castro había introducido a varios centenares de criminales y elementos indeseables. En El Salvador el gobierno de Napoleón Duarte se enfrentaba a una aguerrida guerrilla muchos de cuyos integrantes habían sido entrenados en Cuba.

A fines de 1980 y en enero y febrero de 1981 frecuentes contactos se realizaban, en distintos niveles, con figuras prominentes de naciones del área del Caribe. Uno de los impulsadores de estas conversaciones era Jorge Castañeda, el Ministro de Relaciones Exteriores del gobierno de López Portillo, quien en noviembre de 1980 facilitó la reunión, en Ciudad México, de Alexander Haig, Secretario de Estado, y Carlos Rafael Rodríguez[169].

Dos temas se discutieron. El primero, la repatriación de los criminales llegados por el éxodo del Mariel. El segundo, la evidente intervención de Cuba en el conflicto interno de El Salvador. Carlos Rafael afirmaba que Cuba no estaba envuelta en la insurgencia de El Salvador; Haig le mostraba las pruebas de esa participación. No hubo acuerdo.

No hubo testigos en la entrevista entre Carlos Rafael Rodríguez y Alexander Haig. El Secretario de Estado Norteamericano deseaba hacerle comprender a Carlos Rafael, "sin equivocación, como la Administración Reagan veía la situación en El

---

[169] El 22 de noviembre, luego de recibir minuciosas instrucciones del Presidente Reagan, partió hacia México el Secretario de Estado. La reunión se produjo en la residencia particular de Jorge Castañeda. Fuente: Alexander Haig "Caveat".

Salvador y, tan claramente como era posible, que medidas los Estados Unidos podrían tomar para defender los intereses y garantizar la permanencia del gobierno en El Salvador". "Rodríguez habló de la inalienable soberanía de Cuba, su estrecha amistad con la Unión Soviética y su común ideología con Moscú. Estos factores eran compatibles con unas buenas relaciones con los Estados Unidos". Así describe Haig esta entrevista.

Años antes se habían celebrado otras reuniones.

Emisarios norteamericanos a Cuba

Todas las administraciones norteamericanas, sin excepción, han mantenido conversaciones, secretas y extraoficiales, con funcionarios cubanos. Algunas de ellas en la propia Habana; otras en distintas naciones del continente, y, algunas, en los Estados Unidos.

En octubre de 1963 el Presidente John F. Kennedy autoriza a William Attwood, antiguo embajador norteamericano en Guinea y, en ese momento, asesor de Adlai Stevenson en las Naciones Unidas, a realizar contactos informales con Carlos Lechuga, quien presidía la delegación cubana en el más alto organismo multinacional[170].

Attwood informa a McGeorge Bundy sobre sus conversaciones con Lechuga quien "mostró interés y sugirió que alguien de nuestra parte debía ir a Cuba". Se discute la posibilidad, sugerida por Castro a través del propio Lechuga y del Comandante René Vallejo, del viaje de Attwood a un punto en la isla en un avión sin insignias, cuando surge un nuevo mensajero.

Será Jean Daniel, con estrechas relaciones con los más altos colaboradores del Presidente Kennedy, quien, luego de una extensa entrevista con el mandatario norteamericano, recibe la encomienda de viajar a La Habana y expresarle personalmente a Castro el interés de Kennedy de restablecer las rela-

---

[170] Detalles de estas conversaciones aparecen, en extenso, en "Años Críticos: del camino de la acción al camino del entendimiento", del autor.

ciones entre los Estados Unidos y Cuba[171]. Días después Castro y Daniel están hablando en La Habana. Era el 19 de noviembre. Más tarde, viajan hacia una quinta en Varadero. Están conversando el 22 de noviembre cuando les llega la noticia de que el Presidente Kennedy ha sido asesinado en Dallas.

Y si con este gesto de conciliación termina una administración norteamericana, con acciones similares comenzará la próxima. La impulsarán los mismos funcionarios que habían rodeado a Kennedy.

Apenas dos meses después de haber asumido la presidencia, le presenta McGeorge Bundy a Lyndon B. Johnson un memorándum[172] en el que sugiere la suspensión de las pequeñas acciones de sabotaje que se realizaban contra determinadas instalaciones en Cuba y tratar de lograr, en la mesa de negociación ventajas por esa decisión. Escribe el asesor legal: "Me gustaría, entonces, capitalizar con la Unión Soviética esta decisión". Logró, al menos, la confirmación de los "compromisos de octubre" eufemismo con el que los diplomáticos se referían al pacto Kennedy-Kruschev.

Las conversaciones continuarán con Carter.

Forzado a elevar el tono del debate político durante su campaña reeleccionista, Carter acusaba a Cuba de ser un instrumento de la Unión Soviética. Para suavizar la tirante situación, luego de las elecciones de noviembre, Cyrus Vance, Secretario de Estado, se reunió con Carlos Rafael Rodríguez en el Waldorf-Astoria en Nueva York para iniciar conversaciones que condujeran a mejorar las relaciones entre ambos países. Era el momento en que se había responsabilizado públicamente al gobierno cubano de haber participado en la reciente invasión al Congo y en los excesos allí cometidos que costaron la vida a cientos de personas inocentes. La reunión de Cyrus Vance y Carlos Rafael Rodríguez se convertía en el contacto de más alto nivel entre funcionarios cubanos y americanos desde la toma del poder por Fidel Castro.

---

[171] Jean Daniel "Un enviado oficial: un informe histórico desde dos capitales", New Republic, diciembre 14, 1963.

[172] Memorándum de McGeorge Bundy de enero 9 de 1964.

Luego de esta conversación el Presidente Carter encontró en Wayne Smith, que recién había ocupado una posición diplomática en Moscú, un apropiado y conveniente vehículo para lograr "un mejor entendimiento" con el gobierno de Castro. Nadie más indicado que Smith para hacerse cargo de la Sección de Intereses de los Estados Unidos en La Habana.

Una de sus primeras misiones fue la de orientar las conversaciones que, en septiembre de 1978, condujeron a la liberación de 48 presos políticos y, poco después, al inicio de lo que se llamó el "diálogo de 1978" entre figuras del exilio y el propio Castro. Días antes dos prominentes congresistas norteamericanos Stephen J. Solarz, de Nueva York, y Anthony C. Beilenson, de California habían aceptado la invitación de Castro de volar a La Habana. Carter estaba de plácemes.

"López Portillo (el presidente mexicano) no es una persona que cumple su palabra". Con este duro comentario describe el Presidente Carter al gobernante mexicano que, luego de haber ofrecido al depuesto Shah de Irán asilo —en oferta que le había confirmado a través del propio Presidente Carter— negaba ahora aquella invitación creándole al presidente norteamericano un nuevo problema a los muchos que confrontaba en aquel momento: rehenes en Irán, tensiones con países musulmanes, evacuación de norteamericanos de Irán, oposición de sus asesores diplomáticos a concederle asilo en los Estados Unidos al Sha por temor a represalias en Irán contra ciudadanos norteamericanos. "La primera semana de noviembre de 1979 marcó el comienzo del período más difícil en mi vida" manifestaba Carter en su "Memorias de un Presidente".

No sería Wayne Smith el único emisario de Jimmy Carter. En enero de 1980 Robert Pastor, especialista en temas latinoamericanos del Consejo de Seguridad Nacional y Peter Tarnoff, Secretario Ejecutivo del Departamento de Estado viajaron a Cuba para una reunión secreta con Castro. Eran los días de la reciente invasión de la Unión Soviética a Afganistán.

Nada se sacó de aquella entrevista de la que regresaron gratamente impresionados los ingenuos viajeros. Así la describe Carter en su diario:

"Nuestros emisarios a Cuba informaron que hubo una impresionante franqueza en la discusión de 11 horas con Castro;... su deseo de salir ahora de Etiopía, y de Angola más tarde; su participación en los movimientos revolucionarios de América Central pero su aversión a enviar armas u otros medios militares a los países del Caribe. Castro desea mejorar las relaciones con nosotros, pero no puede abandonar a sus amigos, los soviéticos que han respaldado sin vacilación su Revolución"[173].

Aceptaba Carter la "aversión" de Castro a enviar armas o medios militares a los países del Caribe.

Volvamos a Reagan.

Tres meses después de la intrascendente reunión de Haig y Carlos Rafael Rodríguez en México, era el General Vernon Walters quien, a petición del Presidente Reagan, volaba a La Habana para una larga entrevista con Castro. Los temas discutidos fueron los mismos. No hubo, tampoco, solución a los problemas planteados.

La entrevista de Walters con Castro se extendió por más de cinco horas sin la presencia, siquiera, de un intérprete porque Walters hablaba español. Walters demandando que Cuba cesara en su respaldo a los insurgentes en El Salvador y terminara su asistencia militar a Nicaragua y aceptara el regreso de los criminales del Mariel. Castro respondiendo que el tema de los criminales era un problema solucionable pero que lo de "El Salvador y Nicaragua era más dificultoso". Terminó la entrevista y nada se resolvió.

Pero Castro sigue inmerso en su aventura africana.

---

[173] Diario de Jimmy Carter, enero 18, 1980.

CAPÍTULO V

Castro en el cuerno de África

Serán cuatro regiones: Etiopía, Eritrea, Somalia y Ogadén el teatro de la guerra en el Cuerno de África en que se verá envuelta la Cuba de Castro.

Somalia, en la costa este del norte de África, vio por años su territorio dividido en tres colonias: la Somalia italiana, la británica y la francesa. Luego de la Segunda Guerra Mundial las Naciones Unidas aprobaron convertir a Somalia en nación independiente cuando transcurriesen diez años de administración italiana.

Vencido ese plazo las antiguas Somalia británica e italiana se convirtieron, en 1960, en naciones independientes formando la República de Somalia[174]. De inmediato las tribus somalís, por problemas limítofes, chocaron con los soldados etíopes.

Recién constituida la nueva República de Somalia, su gobierno comenzó a organizar una fuerza guerrillera –que llegó a ser conocida como el Frente Occidental Somalí de Liberación (WSLF)– que pudiera mantenerse activo en las fronteras con Etiopía y se convirtiese, con la pronta esperada desaparición del emperador Selassie, en un importante factor para que se le reconociese a Somalia el territorio de Ogadén o, al menos, se le concediese autonomía a esta antigua provincia de Etiopía.

---

[174] La Somalia británica obtuvo su independencia en junio 26 de 1960, y la Somalia italiana en julio 1o. de aquel año.

En continuos choques fronterizos se vieron envueltas las fuerzas armadas de las dos naciones[175]. Las conversaciones entre delegaciones de ambas naciones, Somalia y Etiopía, continuaron y en octubre de 1967 las relaciones diplomáticas fueron restablecidas.

En el decenio que va de la independencia de Somalia a 1970 no existieron profundos enlaces entre el régimen de La Habana y el de Somalia. Éstos se fortalecen cuando un Consejo Revolucionario Supremo proclama en Somalia la construcción de una sociedad socialista. ¿Qué había pasado?.

La revolución somalí (1969-1976)

El 21 de octubre de 1969 un grupo de altos oficiales había dado un golpe de estado asumiendo el poder y constituyendo un Consejo Revolucionario Supremo. El General Muhammad Ziyad Barre, que dirigió el golpe, se convirtió en presidente de la ahora llamada República Democrática Somalí.

El golpe se había producido cinco días después del asesinato del presidente somalí[176] por un miembro de la policía. De inmediato el nuevo régimen disolvió la Asamblea Nacional, abolió la Constitución, impuso el toque de queda y prohibió los partidos políticos, así como las reuniones de más de tres personas.

La prensa cubana fue muy parca al cubrir la noticia del golpe de estado. "Toman el poder en Somalia el ejército y fuerzas policiales" era el titular de la información que aparecía en el periódico Granma del miércoles 22.

En forma muy escueta informa Granma que "un llamado Consejo Revolucionario asumió el poder en Somalia, a conse-

---

[175] Conversaciones para un cese al fuego entre Etiopía y Somalia comenzadas en Khartoum (capital de Sudán) a fines de marzo de 1962 fueron ratificadas en la reunión de El Cairo de la Organización de Unidad Africana (OAU) en julio de 1964, cuando ambos ejércitos se retiraron a sus fronteras.

[176] El Presidente Abd Rashid Shemarke había sido asesinado el 16 de octubre de aquel año.

cuencia del primer golpe de estado militar desde la proclamación de la independencia en 1960.

Se hacen eco de un mensaje difundido por Radio Mogadiscio "firmado por el Jefe del Ejército General Mohammed Ziyad" en el que se da a conocer que el ejército y la policía asumieron el poder para liquidar "las corruptas malas prácticas de las clases dirigentes".

El último párrafo de aquella nota periodística afirmaba que durante el anterior gobierno se había incrementado la ayuda técnica y financiera de Estados Unidos y de otros países occidentales. Pronto al nuevo gobierno le llegará asistencia de otras fuentes.

Algo cambió súbitamente. El general golpista, autodesignándose presidente, proclamaba que "Somalia estaría dedicada al socialismo científico". Convertía al golpe militar en una revolución que ya comenzaba a recibir armamento de la Unión Soviético. Mientras, Etiopía seguía bajo el gobierno conservador y autocrático de Haile Selassie.

En una de sus primeras medidas el Consejo Revolucionario Supremo le cedió el puerto de Berbera a la Unión Soviética y, sin demora, el Kremlin instaló allí la primera base militar soviética en tierra africana. A cambio, Moscú se comprometió a entrenar, equipar y asesorar a las fuerzas armadas somalíes utilizando 4,000 expertos militares soviéticos[177].

Se fortalecían a diario las relaciones del país africano con Moscú y, por extensión, con el régimen de Castro que opera en la órbita soviética. Cuando en una publicitada visita a la isla se reúnen en La Habana las delegaciones somalíes y cubanas en 1972, la cubana "expresa su total respaldo a la política que está siendo desarrollada por el Consejo Revolucionario Supremo de la República Democrática de Somalia"[178].

Para Ziyad Barre la liberación (incorporación) de Ogadén era punto esencial de su política. Por tanto, puede considerarse que, al comenzar la década de los 70, a Somalia, una república

---

[177] Jane Claude Guillebaud, periódico "Le Monde", citado por Carlos Moore.

[178] Granma, agosto 27, 1972.

"dedicada al socialismo científico", Castro le reconoce su derecho sobre Ogadén[179], región limítrofe con la Etiopía gobernada por el conservador y pro-occidental Haile Selassie.

Al terminar la Segunda Guerra Mundial, Inglaterra, cumpliendo los acuerdos anglo-etíopes de 1942 a 1944, había entregado Ogadén a Etiopía, frente a la violenta oposición de Somalia que la reclamaba como propia. Para los somalíes, Etiopía no tenía derecho alguno sobre aquella región que nunca había administrado y sobre la que esgrimía, como único derecho, los acuerdos italo-etíopes de 1897 y 1908[180]. Ogadén, por su composición étnica y por su historia, era parte de Somalia, no de Etiopía. Pero los reclamos de Somalia no encontraban eco en las naciones vecinas.

Era comprensible que Ziyad se refiriese con frecuencia a su compromiso de "liberar las regiones de la nación somalí que sufren bajo gobierno extranjero"; una de ellas, por supuesto, Ogadén bajo el dominio de Etiopía. Pero poco hizo para lograrlo.

El 17 de agosto de aquel año el Presidente Osvaldo Dorticós recibía la delegación de la República Democrática de Somalia presidida por Arteh Ghaleb, el Ministro de Relaciones Exteriores. Junto a Dorticós se encontraban Raúl Roa García, Ministro de Relaciones Exteriores; el Comandante Alipio Zorrilla, embajador en Tanzania; y René Anillo, Sub-secretario de Relaciones Exteriores. Como siempre, "la reunión se celebró en una atmósfera de cordial y mutua comprensión[181]". Se estrechaban, sin cesar, las cordiales relaciones cubanas con Somalia.

---

[179] Ogadén, provincia norteña de Etiopía, era reclamada por Somalia que alentaba su secesión a través del Frente de Liberación de Somalia Occidental (WSLR).

Somalia, por años, había considerado como parte de su territorio la región de Ogadén. Al independizarse Somalia en 1960 resurgió con mayor fuerza ese sentimiento somalí que produjo una confrontación armada en febrero y marzo de 1963 entre Somalia y Etiopía.

[180] I.M., Lewis, "Una Historia Moderna de Somalia".

[181] Granma, agosto 27, 1972. Asistieron también Mauro García Triana, Jefe del Departamento de Países Socialistas; Rafael Hernández, Sub-Director de Protocolo y Lourdes Urrutia, Jefa de la Oficina del Ministro.

Para esa fecha, 1972, Cuba y Somalia tenían establecidas completas relaciones diplomáticas. Raúl Roa, Secretario de Relaciones Exteriores, expresó el "respaldo de su gobierno al deseo de reunificación del pueblo somalí" y el "legítimo derecho del pueblo de ese país a su autodeterminación e independencia"[182].

Cuba había enviado en 1974 decenas de técnicos militares a Somalia y para 1976 ya eran varios centenares de cubanos los que se encontraban en aquella nación[183], respaldando al gobierno de Zayre. Será un respaldo de muy corta duración.

Golpe militar en Etiopía

En la segunda mitad de la década de los 70 la política soviética –y la cubana– cambió con un golpe militar que instauró, poco después, una dictadura marxista leninista en Etiopía, el extenso país vecino[184].

---

[182] Palabras de Raúl Roa, en la recepción ofrecida en La Habana a diplomáticos somalíes el 17 de agosto de 1972.

[183] New York Times, abril 5, 1976.

[184] Durante la década de los 50 y los 60, la Unión Soviética ofreció a Etiopía, en el reinado de Haile Selassie, el equipo militar que la nación africana requiriese. El emperador, para no perjudicar sus buenas relaciones con el mundo occidental, declinó las varias ofertas aunque tratando de mantener cordiales relaciones con los soviéticos.

Tanto se esforzó que en 1959 Selassie se convirtió en el primer dirigente de un estado africano en visitar Moscú donde recibió $102 millones de dólares en préstamos a largo plazo, y a partir de ese momento Etiopía y la Unión Soviética firmaron distintos tratados comerciales, educacionales y técnicos. Pero, al mismo tiempo, la Unión Soviética trataba de atraerse al gobierno de Somalia y a los nacionalistas eritreos que veían en el gobierno central de Addis Abeba su enemigo. Por eso la Unión Soviética entregó más de un millón de dólares en armamentos a Somalia y mantenía de 1000 a 4000 asesores militares soviéticos en el ejército somalí en 1975.

A Eritrea, que no estaba considerada como un estado independiente y no gozaba de la simpatía de las naciones africanas, los soviéticos la asistían a través de estados amigos como Bulgaria, Cuba, Somalia y Vietnam del Sur de cuyas naciones recibió armas hasta 1976. O. Yohannes. Obra citada.

El jueves 12 de septiembre (1974) las fuerzas armadas de Etiopía derrocaron al Emperador Haile Selassie, poniendo fin a una dinastía de 3,000 años. El "Rey de Reyes" y "León de Judá" reconoció la realidad y aprobó la decisión del Comité Coordinador de las Fuerzas Armadas que lo separaba del trono que ocupaba desde 1916. Era –así se consideró en aquel momento– una revuelta palaciega desprovista de connotaciones ideológicas.

El Comité Coordinador dictó luego la orden de arresto del Emperador Selassie, creando el Comité Administrativo Militar Provisional (CAMP) conocido popularmente como el DERG (Reunión de Pares), dejando sin efecto la constitución vigente y disolviendo el parlamento.

Ziyad, el presidente somalí, había colaborado con Cuba en el entrenamiento de fuerzas guerrilleras que formaban parte de los movimientos de la "liberación africana"[185]. El derrocamiento del Emperador Selassie alentó las esperanzas de Somalia de lograr la autonomía de Ogadén. Fue una falsa esperanza.

El "Rey de Reyes" aceptó lo inevitable y, como apuntamos, aprobó el decreto del Comité de las Fuerzas Armadas separándolo del trono. El decreto no ponía fin a la monarquía pero ignora la decisión de Selassie de nombrar a su nieto como su sucesor e invita al hijo del emperador, príncipe Woosan, a asumir el trono como un rey decorativo de una monarquía constitucional[186]. Estas formalidades serán eliminadas tres años después cuando el golpista Mengistu ha consolidado en sus manos todo el poder.

El general que encabezó el golpe de estado había sido, a su vez, sorpresivamente depuesto y encarcelado dos meses después. Quien asumía el mando era el Coronel Mengistu Haile Mariam quien, al frente del "Comité de Coordinación de la Revolución", había procedido con gran cautela encarcelando paulatinamente a un gran número de funcionarios palaciegos.

Los hechos se fueron precipitando. El gobierno militar ordenó la ejecución de 60 de los funcionarios previamente deteni-

---

[185] I.M. Lewis. "Una Historia Moderna de Somalia".

[186] Cable de la UPI de septiembre 12, 1974.

dos e inició un proceso judicial contra otros presos acusados de corrupción. Entre los ejecutados se encontraba un nieto del depuesto emperador, dos ex-primeros ministros y el general Aman Amdon[187] que había encabezado el golpe de estado que derrocó a Haile Selassie.

Tras el derrocamiento del emperador etíope el Gral. Ziyad envió emisarios a Addis Abeba para lograr del Comité Coordinador y del Coronel Mengistu bases aceptables para la autonomía de Ogadén. No surgió forma de avenencia alguna.

El golpe de estado que depuso al Emperador Selassie[188] produjo una confrontación interna en Etiopía que terminó en 1976 cuando Mengistu se consolidó en el poder implantando un régimen marxista leninista.

Haile Selassie había sido mantenido en arresto domiciliario hasta que murió en agosto de 1975, un año antes de que asumiese el poder absoluto Mengistu Mariam.

Ya ambas naciones, Somalia y Etiopía, estaban plenamente en la esfera soviética.

Ante los dramáticos cambios que habían ocurrido en Etiopía desde el derrocamiento del emperador Haile Selassie el Consejo Nacional de Seguridad consideró necesario un estudio sobre los objetivos que perseguían los Estados Unidos en sus

---

[187] El General Aman Mibael Amdon siguió el mismo destino del General Muhammad Naguib quien, junto con el Coronel Gamal Abded Nasser, había derribado al Rey Faruk de Egipto.

[188] No era el primer intento de golpe de estado al anciano emperador.

En diciembre de 1960 un grupo del Cuerpo de Guardia Imperial intentó derrocarlo produciendo una sangrienta represalia por parte de las fuerzas leales a Selassie. Un número apreciable de asesores del emperador pereció durante el golpe y otros fueron arrestados bajo sospechas (Informe SNIE 76.1-61 de enero 24, 1961 de Departamento de Estado de los Estados Unidos).

El emperador expresó sus preocupaciones por la posible participación de países del bloque comunista en la revuelta. Con su natural autosuficiencia el Departamento de Estado expresa en este informe que "nosotros no tenemos evidencia de tal participación, pero Haile Selassie es capaz de volverse obsesionado con esa posibilidad". Unos años después Haile Selassie mostró que tenía razón y que el Departamento de Estado norteamericano pudo haber estado equivocado.

relaciones con Etiopía[189]. El análisis valoraba la política de Etiopía hacia los Estados Unidos, la Unión Soviética, la República Popular de China y los países vecinos de Etiopía.

El estudio que acompañaba al Memorándum señalaba que el gobierno provisional militar (EPLG) tenía "como su principal objetivo completar la transformación del antiguo orden feudal de Etiopía en un estado socialista moderno y altamente igualitario"!!!!

Admitía que el nuevo gobierno militar "ha nacionalizado todas las tierras, rurales y urbanas, y la mayoría de los comercios, incluyendo aquéllos de inversionistas norteamericanos". Y continúa expresando con extraordinaria ingenuidad: "Si lleva a cabo todos sus programas llevará a Etiopía a la vanguardia de los estados socialistas africanos".

Reconocía, como si fuese de poca importancia, que "el extremismo del gobierno militar, las violaciones de derechos humanos, su fallo en admitir civiles en posiciones de autoridad y la incapacidad lo hacen impopular".

La administración norteamericana cierra los ojos ante el creciente suministro de armas soviéticas a Somalia y a Etiopía, ahora bajo gobiernos que se titulan marxistas[190].

El Dergue, las fuerzas militares de Mengistu, recibía en abril de 1976 escuadrones de aviones F-5E, uno de los mayores bombarderos disponibles en el arsenal de los Estados Unidos. La generosidad de Kissinger se tornó más amplia al autorizar la venta de $100 millones de dólares adicionales en equipo militar al régimen del dictador etíope[191].

La primavera y el verano de 1976 se distinguieron por la brutalidad y la violación de los derechos humanos en Etiopía, al extremo que para en julio de aquel año fueron juzgados y eje-

---

[189] Memorándum 248 del Consejo Nacional de Seguridad, Noviembre 13, 1976, desclasificado el 26 de noviembre de 1993, Archivos Nacionales.

[190] Los soviéticos suministraron US$138 millones de dólares en armas a Somalia en el primer quinquenio de la década de 1970, más $50 millones en 1976. Fuente: Richard Deutsch, Africa Report, marzo-abril 1977.

[191] David A. Korn "Etiopía, los Estados Unidos y la Unión Soviética". Korn era el encargado de negocios de los Estados Unidos en Etiopía de 1982 a 1985.

cutados 18 rivales de Mengistu, que pertenecían al propio Dergue, acusados de abrigar simpatías pro-occidentales.

La generosidad de Kissinger la pagó Mengistu expulsando en abril de 1977 al personal de los Estados Unidos en Etiopía. Terminaba así la más antigua relación diplomática de Washington en el continente africano. Somalia, negada la ayuda norteamericana, buscaba el respaldo de los países árabes para contrarrestar el respaldo militar soviético a su poderoso asilo. La ayuda de los países árabes a Somalia sería subvencionada en gran medida por Saudi Arabia.

El Departamento de Estado, dirigido ahora por Cyrus Vance, siguiendo la política de Carter, le cerraba las puertas a Somalia por la continuada presencia de ésta en Ogadén. Para fines de 1977 la intervención soviético-cubana en el conflicto etíope-somalí amenazó con convertir aquel conflicto en una seria confrontación de los dos grandes bloques hegemónicos[192].

Con Mengistu consolidado en el poder, Castro y la Unión Soviética comenzarán a abandonar Somalia para ofrecerle su masiva asistencia militar al dictador etíope.

Carter quiere impedir que aquella región se convierta en un arsenal y se compromete a no suministrar armas sin exigir de los soviéticos

reciprocidad alguna. Posición que impugna nada menos que el Gral. George Brown, Jefe del Estado Mayor Conjunto de las Fuerzas Armadas que consideraba que "la influencia norteamericana en el Cuerno de África es esencial para sostener la posición de los Estados Unidos en el Mediano Oriente"[193].

Participación de Cuba en el conflicto entre Etiopía y Somalia.

La intervención de Castro había comenzado meses antes con el viaje del General Arnaldo Ochoa a la capital etíope donde

---

[192] Peter J. Schraeder, Política Exterior de Estados Unidos hacia África.

[193] Africa Report, marzo-abril 1977, artículo citado.

establece estrechas relaciones con el Coronel Mengistu Haile Mariam cuya formación marxista era conocida. Marginado de esos contactos se encontraba el General Terefi Bante que, junto con Mengistu, formaba parte de la cúpula gobernante del Comité Administrativo Militar Provisional (CAMP), nombre asumido por los golpistas que habían derrocado al emperador Selassie.

El 3 de febrero se produce un nuevo golpe militar en Etiopía. El General Bante es arrestado y sumariamente ejecutado junto con seis de sus colaboradores. El ya indiscutido hombre fuerte es el marxista Mengistu, el buen amigo de Ochoa.

¿De qué acusaban al General ejecutado?. De un "grave" delito: "De estar aliado a las fuerzas contrarrevolucionarias que intentaban hacer girar la orientación del gobierno hacia la derecha". Según Mengistu, el Gral. Bante "pretendía dar un golpe de estado fascista con la ayuda de los imperialistas y regímenes reaccionarios vecinos".

El Gral. Ochoa había permanecido en Etiopía en los meses anteriores al golpe del 3 de febrero. Regresa a Cuba donde el domingo 30 de enero preside el acto en que un regimiento del Ejército Occidental del que es jefe es declarado "Unidad Iniciadora de la Emulación Socialista" y nuevamente vuelve al país africano varias semanas después, encabezando una delegación. Sus valores están en alza. El primero de marzo regresa Ochoa a La Habana para informar personalmente a Castro que su camino está despejado.

Con el poder absoluto en las manos seguras de Mengistu, el dictador cubano podía incluir a Etiopía en su anunciado e inminente viaje a Somalia. A la capital etíope llega y saldrá "secretamente"[194]. Luego de la visita se dará a conocer un "comunicado conjunto cubano-etíope".

La activa participación de Cuba en el conflicto entre Etiopía y Somalia se inicia, sólo aparentemente, con el viaje de Castro a las dos capitales, Mogadishu y Addis Abeba[195] en marzo de

---

[194] The Miami Herald, marzo 17, 1977. (Washington Post Service).

[195] Terminaba febrero de 1977 cuando Castro vuela a Argelia y más tarde a Trípoli para asistir a la primera sesión del Congreso del Pueblo de Libia. Permaneció tres días en Libia y luego siguió a Adén, la pequeña capital de Yemen

1977; el mismo camino que ha de recorrer, días después, Nikolai Podgorny, el presidente soviético. La presencia de Podgorny era la primera visita al África del Sur de un alto funcionario soviético. Pretendía con ella eliminar y desplazar la influencia china en aquel continente.pasada una semana, Castro y Podgorny se reunirán en Moscú y coordinarán sus esfuerzos para respaldar las pretensiones de Etiopía sobre Ogadén. El presidente somalí, Ziyad Barre, a pesar de haber "dedicado su república al socialismo científico", será relegado por los soviéticos y cubanos que le darán todo su respaldo al más confiable, Mengistu, de Etiopía.

Mientras Castro llega a Etiopía para ultimar los detalles de la próxima agresión a Somalia, el congreso norteamericano está reinstalando la prohibición de importar cromo de Rhodesia debilitando, así, al régimen de África del Sur. La decisión del Congreso dejaba sin efecto la llamada Enmienda Byrd que, desde 1971, permitía a las compañías norteamericanas importar cromo de Rhodesia en desafío de las sanciones impuestas por las Naciones Unidas. El Senador por la Florida Lawton Chiles votó por restablecer la prohibición en las importaciones, Richard Stone votó por continuar las importaciones.

Poco antes de la llegada de Castro a Etiopía, Mengistu dio a conocer la formación del Frente Unido de Organizaciones Etíopes marxistas leninistas que agrupaba a las distintas organizaciones que respaldaban su gobierno.

La creación del Frente Unido perseguía dos propósitos. La liquidación de las organizaciones existentes y sentar las bases para la formación de un solo partido. Los dos pasos eran similares a los que Castro había tomado con la creación de las Organizaciones Revolucionarias Integradas (ORI) que reunió en una sola organización al Partido Comunista, el Directorio Revolucionario 13 de Marzo, el Movimiento 26 de Julio, y los Jóvenes Pioneros, paso previo a la formación del Partido Unido de la Re-

---

del Sur en la Península Arábica; pero su destino era otro. Llegaba dos días después a Somalia donde 700 cubanos servían de entrenadores en un programa de guerrillas para "asistir" a los movimientos de liberación africana, y cuyo gobierno estaba envuelto en una disputa territorial con Etiopía.

volución Socialista (PURS) que tuvo como objetivo la constitución del Partido Comunista Cubano en octubre de 1965.

Este Frente Unido no sólo eliminaba a las organizaciones hasta ese momento existentes –como en Cuba lo hizo la ORI y el PURS– sino que era, como en Cuba, el camino para la creación de un Partido Único. En el caso de Mengistu fue la formación del Partido de los Trabajadores (COPWE); por supuesto, marxista leninista.

En su viaje, Castro presidía la delegación compuesta –mencionaba la prensa oficial– de "Carlos Rafael Rodríguez, Miembro del Buró Político del Comité Central del Partido Comunista de Cuba y Vicepresidente del Consejo de Estado y del Consejo de Ministros; Osmany Cienfuegos, Miembro del Comité Central del Partido Comunista de Cuba y Vicepresidente del Consejo de Estado y Secretario del Consejo de Ministros y de su Comité Ejecutivo; General de División Arnaldo Ochoa, Miembro del Comité Central del Partido Comunista de Cuba; Raúl Valdés Vivó, Miembro del Comité Central del Partido Comunista de Cuba y Jefe de su Departamento General de Relaciones Exteriores; Lionel Soto, Miembro del Comité Central del Partido Comunista de Cuba; y José Pérez Novoa, embajador de la República de Cuba en Etiopía", según aparecía en el Comunicado Conjunto Cubano Etíope[196].

La comitiva que había visitado Somalia tenía una composición similar. La comisión presente en las conversaciones somalo-cubanas había estado compuesta, además, por José A. Naranjo, en aquel momento Ministro de la Industria Alimenticia; por José Miyar Barruecos, Diputado a la Asamblea Nacional del Poder Popular, y Luis González Maturelos, Embajador de Cuba en Somalia. El informe sobre estas conversaciones terminaba con la coletilla de siempre: "las conversaciones se desenvolvieron en un clima cordial y amistoso". Esta "cordialidad y amistad" no impediría que las tropas de Castro atacasen dentro de pocos meses a la República Democrática de Somalia.

Apenas ocho años antes del viaje de Castro a Somalia el General Ziyad Barre había reincorporado a Ogadén a la nueva

---

[196] Granma, sábado 19 de marzo 1977.

nación de Somalia, cuando ésta se convertía en un estado socialista. Tres años después, en agosto de 1972, Castro y el General Ziyad firmaban un acuerdo por el que Cuba ofrecía total respaldo a Somalia. Quedaban sembradas las semillas de futuros conflictos militares.

Por años, los grupos insurgentes nacionalistas de Ogadén habían combatido a las tropas etíopes, durante el reinado de Selassie, logrando ocupar la mayor parte del territorio de aquella región.

En mayo, luego de sólo meses de las separadas visitas de Podgorny y Castro, continúan las fuerzas nacionalistas de Ogadén capturando más territorio. Preocupado, Mengistu viaja ese mes a Moscú y logra "una solemne declaración de colaboración mutua" y una denuncia de "las fuerzas imperialistas y reaccionarias que agravan las tensiones en el nor-este de África". Días después arribaban a Etiopía miles de rifles AK-47. Para junio, más de 70,000 campesinos, armados por soviéticos y entrenados por cubanos, se encontraban en Addis Abeba.

Moscú presentó en julio una nueva proposición: Ceder el territorio de Ogadén a la República de Somalia buscando la unificación de todo el pueblo somalí dentro de un solo estado, pero la proposición fue rechazada por Mengistu por considerar que el conflicto se basaba en problema de fronteras y no en diferencia de grupos étnicos[197].

En julio Ziyad Barre ordenó una mayor ofensiva en el Ogadén. Las tropas de Etiopía eran derrotadas. Para septiembre, Somalia controlaba la mayor parte de Ogadén (cerca de una tercera parte del territorio nacional de Etiopía). Es cuando Mengistu vuela nuevamente a Moscú y a La Habana en busca de mayor ayuda, y Raúl Castro viaja a la capital soviética para coordinar el envío de tropas cubanas por vía aérea a Etiopía.

Somalia pedía a la Administración norteamericana suministros militares. La poca asistencia que había recibido en los primeros meses de 1977 fue totalmente suprimida en junio de aquel año por Carter quien siguiendo la recomendación de su

---

[197] Dawit Walde-Giolgis, Red Tears, citado por A. Tiruneh, "La Revolución Etíope: 1974-1987".

Secretario Cyrus Vance, había decidido evitar toda participación directa en el conflicto.

La decisión del gobierno norteamericano, hecha pública, facilitó el masivo respaldo militar cubano-soviético a Etiopía que inició de inmediato una violenta contraofensiva[198]. Ante la acometida soviética Carter se limitó a proponer un cese al fuego y negociar, básicamente, un fin al conflicto. Ningún éxito obtuvo.

"Globalización y regionalismo"

Predominaba en la mente del Secretario de Estado Vance y del embajador Andrew Young el concepto "regionalista" en la política hacia África. Para ambos, al igual que para el Presidente Carter, los Estados Unidos debían abstenerse de tomar partido en esos conflictos regionales. La evidente intervención soviética no modificaba ese criterio.

La tesis del "quietismo" esgrimida por el Secretario Vance era rechazada por Zbigniew Brzezinski, asesor presidencial de seguridad nacional.

Preguntado si Andrew Young hablaba por el Presidente, Carter contestó con firmeza: *"Sí. Yo no creo que en momento alguno el Secretario de Estado Cy Vance, Andrew Young y yo hayamos estado en desacuerdo sobre nuestra política en África. Nuestro enfoque ha sido bien expresado por el Embajador Young".[199]*

La presión norteamericana sobre Somalia iba en aumento. Querían, insensatamente, someter a la pequeña nación africana a las ambiciones expansionistas de Mengistu. Luego de la reunión del Consejo Nacional de Seguridad de 23 de febrero (1978), el presidente Carter impartió precisas instrucciones al Departamento de Estado, al Departamento de Defensa, al Director de la Agencia Central de Inteligencia y al Jefe del Estado Mayor Conjunto del Ejército de que diesen a conocer a Saudi Arabia, Irán, Egipto y Pakistán que transferir armas de origen

---

[198] La contraofensiva etíope comenzó en enero de 1978.

[199] Entrevista de U.S. News and World Report, junio 6, 1977.

norteamericano a Somalia violaría los acuerdos de armas con esas naciones y enfatizarles la importancia que para los Estados Unidos tendría que presionaran a Somalia a retirarse de Ogadén[200].

La presencia de tropas cubanas en Etiopía era admitida por los más calificados funcionarios de la Administración de Carter. Al tiempo que impedían toda asistencia militar a Somalia, el asesor presidencial sobre seguridad nacional Zbigniew Brzezinskai, reconocía que el número de tropas cubanas en Etiopía se había elevado de 10 mil a 11 mil soldados.

Ignorado, relegado, por la Unión Soviética el gobierno de Ziyad rompe con Moscú el 13 de noviembre. Ya, de Cuba, se había antes distanciado. Para el dictador cubano lo que antes eran "fuerzas nacionalistas de Ogadén que buscaban su independencia" se convertían en "fuerzas agresoras que atacaban el sagrado suelo de Etiopía". Castro unía su voz a la del Coronel Mengistu "instando al pueblo etíope a defender la integridad territorial que estaba siendo violada por las fuerzas invasoras extranjeras en el norte y en el este".

Al romper Somalia relaciones con Cuba y la Unión Soviética pide ayuda a los Estados Unidos y a los países de la Europa Occidental.

Cuando el General Ziyad Barre asumió el poder en Somalia "dedicándola al socialismo científico" el gobierno cubano expresó su respaldo al propósito de reunificación territorial del nuevo mandatario. Es decir, a lo que consideraba el legítimo derecho de Somalia a la región de Ogadén, poblada por somalíes. Luego del golpe militar de Mengistu en Etiopía y su inmediata petición de armamentos a la Unión Soviética, Castro le dio la espalda al reclamo somalí sobre Ogadén y ofrece su apoyo a las sangrientas pretensiones de conquista del gobierno de Mengistu.

Aunque los que han escrito sobre la visita de Castro a Etiopía en marzo de 1977 la han calificado como un viaje realizado con el propósito de mediar para resolver las diferencias

---

[200] Memorándum NSC-32, de febrero 24 de 1978, desclasificado el 19 de diciembre de 1990. Archivo Nacional.

que existían entre Somalia y aquella nación nos parece evidente que otro era el propósito de Castro: radicalizar la política de Mengistu.

a)   Veamos las siguientes medidas que comienzan a tomarse en marzo y meses subsiguientes:

b)   Un plan para desarmar la población civil (cerca de 9 millones de pistolas y rifles se encontraban en manos civiles)[201].

Grupos de escuadrones de defensa se dedicaron a registrar las casas de la capital del 23 al 27 de marzo y, luego, durante el mes de mayo. Buscaban armas y vehículos de elementos de la oposición. Estos escuadrones fueron utilizados para tomar las medidas revolucionarias necesarias contra toda persona sospechosa.

Por supuesto la aplicación del terror sería una de esas "medidas revolucionarias". No menos de mil personas fueron asesinadas y más de 10 mil detenidos de diciembre de 1977 a febrero de 1978, cuando el régimen militar de Mengistu comenzó su campaña de "terror rojo" contra todos los que fuesen calificados de oponentes[202]. No intervienen para evitar esta masacre ni el militar cubano de más alta graduación en aquel momento, el Gral. Arnaldo Ochoa, ni la persona que ostentaba la más alta posición diplomática, el Embajador José Pérez Novoa.

En Washington muchos observaban con indiferencia los ajusticiamientos indiscriminados en las calles de Addis Abeba y el aniquilamiento, con armamentos soviéticos y tropas cubanas, de la población de Somalia. El Embajador Andy Young y los más altos oficiales del Departamento de Estado como Richard Moose, Marshall Shulman y Anthony Lake consideraban que Somalia era la agresora y que "los cubanos, si no hiciesen nada más, realizarían un trabajo útil expulsando a Somalia de Ogadén"[203].

---

[201] A. Tiruneh. "La Revolución Etíope".

[202] James Pringle, Newsweek, febrero 20, 1978.

[203] Raymond Caroll, Newsweek, marzo 13, 1978.

THE WHITE HOUSE

WASHINGTON

UNCLASSIFIED

SECRET/SENSITIVE XGDS

February 24, 1978

Presidential Directive/NSC-32

TO: The Vice President
          The Secretary of State
          The Secretary of Defense

        ALSO: The Director of Central Intelligence
               The Chairman, Joint Chiefs of Staff

Following the National Security Council meeting of February 23
regarding U.S. policy towards the Horn of Africa, the President
has directed the following:

1. Diplomatic Steps

The United States will temporarily defer pressing our
U.N. Security Council resolution on the Horn, while
encouraging the Nigerians to undertake a diplomatic
initiative at the OAU summit in Tripoli based on our
resolution. Should the OAU approach stall, we will
encourage the Africans to bring the issue back to the
United Nations as their own initiative. This matter
is to be expedited.

2. Illicit Arms Transfers

The United States will seek consultations with the
governments of Saudi Arabia, Iran, Egypt and Pakistan
with the following objectives:

-- To inform them that transfer of U.S.-origin equip-
ment to Somalia without U.S. authorization would
be contrary to our arms sales agreements.

-- In the case of Saudi Arabia, also to present evi-
dence of the transfer by Saudi Arabia of U.S.-
origin weapons to Somalia, to underscore our
concern about such transfers as contrary to our
bilateral arms sales agreements and as posing a
potentially adverse impact on Congressional approval
of the sale of F-15s to Saudi Arabia.

previously

Declassified/Released on 12-19-90
under provisions of E.O. 12356
by S. Tilley, National Security Council

UNCLASSIFIED XGDS (B) (2) (3)

SOMALIA QUEDA INDEFENSA FRENTE A MENGISTU
Cuando Mengistu, el dictador etíope, arrecia su ataque sobre Somalia, el
Presidente Carter hace causa común con la nación agresora suspendiendo
toda ayuda a la acorralada Somalia. Instrucciones emitidas en la Directiva
Presidencial/NSC-32 de febrero 24, 1978, desclasificado el 19 de diciembre
de 1990.

El mes anterior, en febrero, Brezhnev se reunía en Moscú con Raúl Castro para coordinar las actividades militares de los cubanos en los dos teatros africanos de guerra: Etiopía y Angola.

Apoyo militar de Castro a Etiopía

La visita de Castro a las dos naciones no obedecía a otro propósito que al de forzar al dirigente somalí a un acuerdo con Mengistu, que ya se había declarado marxista leninista, recibía considerable ayuda militar de la Unión Soviética y se distanciaba de la administración del nuevo presidente Jimmy Carter. Si Ziyad no cedía, ya los planes estaban trazados para someterlo por la fuerza.

La decisión de respaldar militarmente a Etiopía la había tomado Castro con anterioridad a su viaje. No lo afirma un "contrarrevolucionario" cubano. Lo admite uno de los más altos y fieles oficiales que participaron en aquel conflicto:

"Tomé parte de la delegación que en marzo de 1977 acompañó al Comandante en Jefe en su viaje... También formaba parte de la comitiva el General de División Ulises Rosales que, en unión de otros compañeros trabajamos en los planes de ayuda militar que daríamos a Etiopía, a solicitud del presidente de ese país"[204].

En mayo firma Mengistu un nuevo acuerdo con los soviéticos recibiendo $500 millones de dólares. Al suscribir el convenio el Presidente Podgorny declaró que existía una conexión entre el "secesionismo" de Eritrea y el imperialismo internacional de naciones occidentales.

Para aplastar la presencia somalí en Ogadén, donde las fuerzas nacionalistas tenían ocupada prácticamente toda la región, la Unión Soviética transportó para ser utilizadas por los cubanos de Castro toneladas de armas en continuos vuelos. Más de 10 mil soldados cubanos arribaron a Etiopía.

---

[204] Entrevista del General de División Ramón Espinosa Martín con Luis Báez. "Secretos de Generales", La Habana, 1996.

Desde enero (1978) pilotos rusos y cubanos habían comenzado a bombardear las posiciones de las guerrillas destruyendo con napalm pueblos y aldeas[205]. Así fue destruida la ciudad de Tessenei. Para abril la Unión Soviética enviaba a Etiopía otros MIG-23s. Las fuerzas etíopes, con el respaldo soviético y cubano, iban en aumento y en los primeros días de mayo Mengistu concentró 150,000 hombres armados en la frontera con Eritrea iniciando la ofensiva final frente a los nacionalistas en la que participaron generales y altos oficiales del ejército soviético, ahora comandado por el General Petrov de regreso de su criminal ofensiva contra Ogadén.

En abril las tropas cubanas en Etiopía, que ascendían a más de 17,000 hombres, dirigidas por el General Ochoa, fueron colocadas bajo el comando del General Petrov[206] (W. Leo Grande, obra citada).

Para ese mes, Mengistu había cerrado todas las instalaciones norteamericanas en Etiopía. Expulsaba al personal norteamericano y, para mayo, visitaba Moscú. No eran sólo palabras. En junio su ejército, entrenado por cubanos y armado por los soviéticos, era la fuerza dominante en el Cuerno de África. El General Ziyad, menospreciado por Breznev en su infructuosa, breve y repentina visita a Moscú, sólo podría obtener respaldo de las naciones del mundo occidental.

El gobierno de extrema izquierda de Mengistu rompió, como hemos visto, todas sus relaciones con el mundo occidental, mientras que Somalia –antes respaldada por Moscú– solicitó ayuda de los Estados Unidos. Le fue negada.

Para Zbig, asesor de Seguridad Nacional norteamericana, la situación entre los etíopes y los somalíes era mucho más que un conflicto fronterizo porque representaba una seria amenaza a la posición de los Estados Unidos en el Medio Oriente, sobre todo en la península arábiga. Para Brzezinski esto significaba un

---

[205] Cable de Raymond Wilkinson, corresponsal de la UPI (citado por O. Yohannes).

[206] El Gral. Vasily Ivanovich Petrov comandó en 1969 las fuerzas soviéticas en el conflicto fronterizo con China. Luego fue nombrado al Comité Central del Partido Comunista. Era el segundo del Gral. Iván Pavlovsky.

serio retroceso en el propósito de establecer con los soviéticos ciertos lineamientos para enfrentarse a la turbulencia del Tercer Mundo. El Secretario Vance mantenía una posición totalmente opuesta. Para el Secretario de Estado el tema era, sencillamente, un conflicto local. Eran ambas opiniones la expresión de los opuestos conceptos del "globalismo" y del "regionalismo".

Crecía la presencia de tropas cubanas en África pero el Asesor de Seguridad Nacional encontraba cada vez menos respaldo en su intento de responder con una acción enérgica a la creciente participación soviética en esa región africana porque las promesas soviéticas no se cumplían sin que el incumplimiento conllevase una mínima sanción.

Una fuente de fricción entre Vance y Zbig fue el envío de tropas cubanas, plenamente respaldadas por los soviéticos, al Cuerno de África.

El embajador Dobrynin le había asegurado que "los etíopes no cruzarían la frontera somalí una vez que hubiesen recapturado Ogadén". Tropas cubanas, con armamento soviético, penetrarían al interior del país vecino.

Cuando, a mediados de enero, miles de soldados cubanos llegaban a Etiopía la Administración del Presidente Carter se sentía más cohibida de tomar una acción. Lo expresa con claridad el asesor de Seguridad Nacional que al convocar frecuentes reuniones del Consejo de Seguridad no encontraba respaldo:

"Todos están temerosos de producir una crisis y, por eso, la tendencia general es la de pretender disminuir la seriedad de la situación... uno puede sentir la ansiedad en la habitación cuando mencionaba la posibilidad de una acción más directa para hacer imposible a los cubanos y soviéticos no sólo transformar Etiopía en un asociado soviético sino también obstaculizar su lucha contra Somalia. Si Etiopía y Yemén del Sur se convierten en aliados soviéticos, no sólo amenazarán el acceso a Suez si la línea de petróleo de Saudi Arabia e Irán sino que se convertirían en una directa y seria amenaza a Saudi Arabia[207].

---

[207] Zbigniew Brzezinski. "Poder y Principios".

Al pueblo cubano no se le informa de la guerra en Eritrea

Cuba ocultó durante todo el año 1977 y parte de 1978 la presencia de tropas cubanas en Etiopía. País cuya ambición territorial era la causa del conflicto con Somalia y con Eritrea.

Cuando las guerrillas eritreas capturaron tres cuartas partes de Massawa, dos barcos soviéticos se unieron a cuatro embarcaciones etíopes para bombardear las posiciones de la guerrilla y evitar la total captura del puerto. Militares soviéticos se estacionaron en Massawa para operar la artillería pesada, los cohetes BM-21 y otras armas sofisticadas[208].

Las fuerzas aéreas de Etiopía, dirigidas por rusos y cubanos, comenzaron a bombardear las posiciones de las guerrillas usando napalm y otras bombas incendiarias.

El movimiento de tropas contra Eritrea comienza en mayo de 1978 cuando más de 150 mil soldados etíopes avanzan sobre la frontera. Para agosto han recapturado gran parte del territorio ganado por los nacionalistas eritreos. Para ello han contado con la participación de las tropas cubanas.

A fines de 1978 cuando Castro y Carlos Rafael Rodríguez aseguraban al mundo que Cuba no desempeñaba papel militar alguno en Eritrea, las tropas cubanas estaban combatiendo por el control de Massawa, Ghinda, Dongollo y otras áreas alrededor de Asmara[209].

La mediación de Castro, lo hemos visto, era sólo para consumo de las galerías. Ya sus tropas estaban preparadas para participar en el conflicto armado que se iniciaba y cuyos primeros encuentros se estaban produciendo en la frontera. Para junio más de 2,500 cubanos se encontraban en Etiopía.

En septiembre aviones MIGs, tanques y armas pesadas soviéticas llegaron masivamente a Addis Abeba, cuando las fuerzas insurgentes de Somalia tomaban Jijiga, ciudad donde se

---

[208] Okbazghi Yohannes. "Eritrea, una marioneta en la política mundial".

[209] Tekie Fessehatzion. "Una posición Eritrea". Nelson P. Valdés. "Participación de Cuba en el Cuerno de África".

encontraban los cuarteles militares etíopes más importantes de Ogadén, y que, en pocos meses, será recapturada con la participación de tropas cubanas[210].

La guerra de Ogadén, porque la región representaba un pedazo de su suelo, era una obsesión para el pueblo somalí. Para Etiopía, era una guerra de conquista. Y al invasor, que le arrebataba a una nación un pedazo de su territorio, se unió Castro. Las fuerzas cubanas fueron factor esencial en aquella guerra de conquista.

Estados Unidos, mostrando una vez más su pobre visión, sólo respaldaría a Somalia si ésta dejaba de apoyar a los nacionalistas de Ogadén. En otras palabras, si se sometía a la ambición territorial del régimen marxista de Mengistu aunque Ogadén, en 1978, estaba prácticamente en manos de los nacionalistas somalíes.

Utilización por Castro del negro cubano

La notable participación de oficiales y soldados cubanos negros en Angola hizo que, de acuerdo a Carlos Moore, el negro cubano se sintiera como un elemento importante en la toma de decisión de la política del régimen.Considera el sociólogo Moore que hubo un definido sentido de orgullo racial al ser considerados como verdaderos cruzados que iban a redimir la tierra de donde habían partido sus ancestros. Pero la intervención en Etiopía quebró esa imagen.

Cinco de seis posiciones de embajadores en el Caribe estaban ocupadas por diplomáticos negros cubanos. Quince de veintiún embajadores cubanos acreditados en estados africanos eran negros. Sin embargo, apunta certeramente Moore, sólo 5 ministros de un total de 74 eran negros. Estos 5 ministros eran: Héctor Rodríguez Llompat, Armando Torres Santrayl, Nora Promet, Rafael Francis Mestre y Sergio del Valle Jiménez; y sólo 4 de los 14 hombres que componían el Buró Político del Partido Comunista Cubano eran afro-cubanos (Juan Almeida,

---

[210] Fuerzas cubanas y etíopes recapturaron Jijiga el 31 de marzo de 1978. Fuente: New York Times, abril 1o., 1978.

Blas Roca, Sergio del Valle y Miguel José Cano Blanco), y de los 146 miembros del Comité Central sólo 16 eran negros.

En ese año de 1979 ni un solo negro había sido ascendido al grado de general o almirante. Todos los jefes del Estado Mayor Conjunto eran cubanos blancos, pero la inmensa mayoría de los soldados de infantería enviados a Angola y Etiopía (de 30 a 35 mil hombres) eran afro-cubanos[211].

Cubanos en Etiopía

En marzo 14 de 1978 Granma dio a conocer, lo que todos sabían, que las fuerzas armadas cubanas estaban otra vez combatiendo en África.

Si antes Andrew Young consideraba como una fuerza estabilizadora la presencia militar en Angola, ahora, en relación a Etiopía, volvía a repetir tal afirmación. Para el antidiplomático Young "los etíopes están dando muerte a gente por todos lados. Los cubanos podrían portarse de una manera un poco más racional que los etíopes". Consideraba el antiguo agitador, convertido en el más alto embajador del cuerpo diplomático norteamericano, que "si los asesores militares cubanos pueden poner fin al derramamiento de sangre en Etiopía, no sería malo que se encuentren en ese país".

Más de un billón de dólares en armas habían aportado los soviéticos a Etiopía, incluyendo cientos de ligeros PT-76 y tanques medianos T-62, no menos de 50 aviones MIG-21 y MIG-23 y una flotilla de gigantes helicópteros MI-6.

Bajo el comando supremo del Gral. Petrov los cubanos lanzaron continuos ataques contra las líneas somalíes cerca de las ciudades de Hareri y de Dire Dawa con el objeto de limpiar el área para la concentración de las tropas de Petrov y forzar a las fuerzas somalíes a adentrarse en Jijiga para destruirlas en un ataque final.

Ese mes una completa brigada cubana de 60 a 70 tanques atacaron Jijiga mientras MIGs rusos, piloteados por cubanos,

---

[211] Carlos Moore, "Castro, los negros y África".

atacaban la población. La prensa oficial en los primeros días ocultó la participación de las tropas castristas en la "liberación de la ciudad de Jijiga" realizada por "las fuerzas armadas y las milicias populares que habían rechazado" a "las fuerzas invasoras de Somalia".

Sin verguenza alguna el régimen cubano calificaba de invasores a los somalíes de Ogadén: "las fuerzas etíopes habían defendido la integridad territorial del estado" (Granma, marzo 12, 1978). La acción era descrita en detalle, sin mencionar la participación cubana (ver Granma, marzo 12, 1978), que demandaba "como única forma de llevar paz y seguridad a las naciones en el Cuerno de África la total e incondicional retirada de las fuerzas somalíes del suelo etíope". La demanda sería escuchada en Washington.

A las 48 horas, asegurado ya el triunfo, comienzan las loas a "los abnegados y heroicos pilotos, tanquistas y artilleros cubanos que combatieron (en Jijiga) junto a las fuerzas revolucionarias" (Granma, marzo 14, 1978). Consolidada la victoria, afirmaba la prensa oficial que en "la operación decisiva sobre Jijiga y el impetuoso avance ulterior participaron también batallones de infantería militar integrados por intrépidos combatientes internacionalistas cubanos".

Ante esta situación, el Presidente Carter tomó una medida propia de su carácter al solicitar la retirada de las tropas.

Respondiendo a la petición del mandatario norteamericano las tropas somalíes se vieron forzadas a retirarse de todo Ogadén lo que también estan comprometidas a realizar las tropas cubanas y soviéticas. Era, de hecho, una victoria para los invasores etíopes. Los somalíes se retiraron; pero los soviéticos y cubanos se mantuvieron en Ogadén y, por supuesto, en Etiopía. No hubo reacción alguna por parte del Presidente Carter.

Ogadén había sido "reconquistada". La atención de Castro se dirigía ahora a Eritrea a la que el dictador cubano había respaldado en su lucha cuando estaba federada a Etiopía, bajo el reinado de Selassie.

Los combatientes de Eritrea tenían ya control de prácticamente todo su territorio con excepción de la ciudad de Asmara y del puerto de Massawa que seguían en poder de la metrópoli etíope.

Etiopía, ya convertida en un satélite soviético, le había cercenado, con la ayuda de Castro, la región de Ogadén a Somalia. Ahora, volvería Castro a aplastar otro movimiento independentista para servir al régimen de Mengistu[212].

---

[212] Las conversaciones de paz entre Somalia y Etiopía sobre la región de Ogadén, que habían comenzado en 1986 terminaron finalmente en un acuerdo en 1988. Somalia aceptó suspender su respaldo a los grupos etíopes antigubernamentales; y Etiopía, a cambio, aceptó retirarse de la región cercana a la frontera que había ocupado desde 1983 y retirar todo su respaldo al Movimiento Nacional Somalí (SNM) que por siete años mantenía su rebelión frente al gobierno de Somalia.

CAPÍTULO VI

La lucha del pueblo eritreo

La región norte de Etiopía, cuya costa descansaba en el Mar Rojo, luego de estar dominada por distintos poderes extraños se convirtió, por el Tratado de Ucciali de 1898, en una posesión italiana. Fue, en esa fecha, que la región recibió el nombre de Eritrea. Desde allí Italia, en dos ocasiones, invadió Etiopía. La primera en 1896 y, la segunda, en 1935 cuando las tropas de Benito Mussolini derrocaron al emperador Haile Selassie quien, en vano, imploró a la Liga de las Naciones por ayuda militar.

Al iniciarse la Segunda Guerra Mundial aquella área fue administrada por los británicos hasta que, restablecido Selassie en el trono, Eritrea fue federada a Etiopía en 1952, como una unidad autónoma. Diez años después se convirtió de nuevo en una provincia del imperio etíope. Con esa fecha surgieron los primeros grupos guerrilleros que se enfrentaban al emperador Selassie, el León de Judá. Uno de éstos fue el Frente Popular de Liberación, de orientación marxista, iniciando una lucha que se prolongó por más de 20 años.

La nueva traición de Castro: Eritrea

Para Castro, durante el reinado de Selassie, Eritrea no era parte integral de Etiopía; era, sólo, una colonia, un territorio arbitrariamente anexado por el emperador. El pueblo eritreo tenía derecho a luchar por su independencia.

Desde 1966 Cuba comenzó a establecer cordiales relaciones con los nacionalistas eritreos considerándolos como un movimiento indígena auténtico y, en tal sentido, recibieron las guerrillas eritreas entrenamiento en Cuba[213]. La prensa cubana informaba en aquella época sobre el movimiento eritreo y elogiaba en los términos más elevados la lucha de aquel pueblo contra el colonialismo etíope.

Para 1978 todo cambió. Más de 10 mil soldados cubanos habían llegado al Cuerno de África; un mes antes cerca de 13 mil cubanos habían sido aerotransportados a Asmara donde comenzaron a combatir las guerrillas eritreas. Era una verguenza para Castro que carecía, en el caso de Eritrea, de la excusa esgrimida en Angola cuando hablaba de una intervención externa de África del Sur en aquel país. Castro, sometido a los intereses de la Unión Soviética, traicionaba a los nacionalistas eritreos.

Como pago de este sometimiento de Castro los soviéticos aumentaban su comercio con la isla del Caribe. El intercambio comercial soviético cubano se elevó de $2.5 billones de pesos en 1975 a $4 billones en 1978. Entre 1977 y 1980 el promedio del intercambio comercial entre ambas naciones representó el 66% del comercio internacional de Cuba.

En 1977, cuando Mengistu asumía poderes absolutos en Etiopía, los movimientos de liberación de Eritrea[214] ocupaban gran parte de aquel territorio y sus principales ciudades y provincias. Pero Castro, que en las tribunas de Latinoamérica aparecía como el líder de todo movimiento de liberación, se uniría a la dictadura de Mengistu para aplastar el movimiento de liberación eritreo.

Tras el golpe de estado de Mengistu cambia radicalmente la posición de la Cuba de Castro en relación a Eritrea. Ahora, estando el gobierno etíope en las manos amigas de un coronel marxista, Eritrea, repentinamente, deja de ser una colonia, deja de ser un pueblo que busca su independencia. Ahora, para Castro, Eritrea es una parte integral de Etiopía y, por tanto, los

---

[213] O. Yohannes. Obra citada.

[214] El Frente de Liberación Eritreo; el Frente de Liberación del Pueblo Eritreo; la Unión Democrática Etíope y el Frente de Liberación del Pueblo Tigrae. Fuente: A. Tiruneh. Obra citada.

que hasta ayer se consideraban independentistas serán calificados de contrarrevolucionarios.

Es cuando llega a Etiopía el General de División Arnaldo
Ochoa Sánchez que estaba organizando programas de asistencia técnica militar en distintos puntos de África. Su misión será la
de aplastar a las fuerzas nacionalistas que buscan independizarse de la metrópoli etíope.

¿Quiénes componían el Movimiento de Liberación de Eritrea?:

El Frente de Liberación Eritreo (ELF), un organismo moderado que se había constituido en 1960 oponiéndose a que
Eritrea fuese absorbida por Etiopía.

El Frente de Liberación del Pueblo Eritreo (EPLF), una
agrupación más radical respaldada por los sectores izquierdistas de África y de Asia como el de la Organización de Liberación Palestina (OLP) y los grupos de Siria y Yemen del
Sur, que contaba con el apoyo de los estudiantes eritreos
que se educaban en Addis Abeba y que al iniciarse el conflicto abandonaron aquella ciudad para regresar a su región,
incorporándose al EPLF.

Para enero de 1978 estas dos organizaciones controlaban
el 90% del territorio y la población de Eritrea, mantenían sitiada
la capital de Asmara y contaban con el respaldo de varios de los
más radicales estados árabes con quienes, a su vez, Castro y la
Unión Soviética deseaban mantener cordiales relaciones[215].

Pero la presión de Mengistu sobre los soviéticos y Castro
aumentaba. En abril de aquel se realiza el viaje del coronel etíope a La Habana donde se le rinden los más altos honores.

Mengistu quiere forzar la mano de Castro y de los soviéticos, recelosos éstos de la crítica internacional que recibirían de
los países socialistas si le ofrecían al dictador etíope un respaldo abierto en su lucha contra los nacionalistas eritreos. Para lograr una solución favorable a su ambición, una vez que ha rechazado la presencia somalí en Ogadén, Mengistu se hace in-
vitar a La Habana.

---

[215] William M. Leogrande. Obra citada.

El 20 de abril, tras la victoria de Jijiga, y en el viaje a Cuba del dirigente etíope, el Consejo de Estado acordó "conferirle la Orden Nacional de Playa Girón, la más alta distinción a dirigentes extranjeros, al Teniente Coronel Mengistu Haile Mariam, Presidente del Consejo Militar Provisional y del Consejo de Ministros de la República Socialista de Etiopía" en una ceremonia a celebrarse en La Habana el sábado 22 de aquel mes.

Llega el 21 de abril (1978) a la capital cubana donde es recibido con todos los honores.

"Cientos de miles de residentes de La Habana, representando todo el pueblo cubano, salieron en la tarde del 21 de abril para darle un extraordinario, entusiasta, caluroso recibimiento al Teniente Coronel Mengistu Haile Mariam, Presidente del Consejo Administrativo Militar Provisional y del Consejo de Ministros de la República Socialista de la República Socialista de Etiopía".

Así lo describía con grandes titulares el periódico Granma en su edición en inglés de abril 30 de 1978. Cobertura similar lo daba en su edición diaria en español. Era recibido en el aeropuerto por toda la jerarquía cubana. De manos de Fidel Castro recibió la Orden Nacional Playa Girón, "la más alta distinción revolucionaria que podemos conferir"[216].

Durante más de una semana Mengistu —que se mantenía en el poder por medio del terror— fue homenajeado en su recorrido a lo largo de la isla. Los elogios se prodigaban: "Mengistu es el eslabón mágico entre la Revolución Cubana y la Revolución Etíope... con esta concentración de hoy nuestro pueblo y nuestro partido expresan su confianza ilimitada en él y su profunda solidaridad" exclamaba Fidel en la concentración de Santiago de Cuba. El periódico Granma, tanto en su edición en es-

---

[216] "A la ceremonia, celebrada el sábado abril 22, asistieron, además de Fidel y Raúl Castro, los Miembros del Buró Político Ramiro Valdés, Guillermo García, Blas Roca, Carlos Rafael Rodríguez, Osvaldo Dorticós, Armando Hart, Sergio del Valle y Pedro Miret; Miembros del Secretariado y del Comité Central; Vicepresidentes del Consejo de Ministros y Representativos de Organizaciones de Masas". La prensa mencionaba que la ceremonia fue atendida también por miembros de los cuerpos diplomáticos acreditados en Cuba.

pañol como en la de inglés, llenaba sus páginas con numerosas fotografías del triunfal recorrido del dirigente etíope.

De regreso de su repentino viaje a La Habana, Mengistu –y desde el Caribe lejano, el régimen de Castro– comenzaron a condenar "las reclamaciones individuales de algunos grupos que formulaban planteamientos sobre bases étnicas" y que utilizaban esta "oportunidad única para presionar por la autonomía y, en algunos casos, por la secesión". Los nacionalistas eritreos eran, ahora, secesionistas y, "agitadores de la cuestión racial". Castro, de acuerdo con los soviéticos, comenzó a calificar al Movimiento Independentista de "reacción contrarrevolucionaria si abogaba por la secesión".

Cuatro años después un batallón cubano de infantería inició una campaña de limpieza contra los nacionalistas eritreos para destruir, definitivamente, el movimiento de liberación eritreo.

Había alcanzado Mengistu con su visita los resultados deseados.

De todos los gobiernos que se convirtieron en instrumento de los soviéticos para aplastar el movimiento nacionalista de Eritrea y el legítimo derecho de Somalia a Ogadén, ninguno se rebajó más que el gobierno de Castro que, en el pasado, tanto había alentado la lucha de estos grupos contra el gobierno central de Etiopía.

A nombre del "internacionalismo proletario" Castro había defendido la lucha de los pueblos de Eritrea y Ogadén contra el dominio imperial de Addis Abeba. Para justificar, ahora, su nueva posición de respaldo al régimen de Mengistu, Castro culpaba a los eritreos y somalíes de presentar injustas demandas a Etiopía.

La complicidad de Castro en aplastar con las armas a los nacionalistas eritreos es la más repudiable de todas las intervenciones –serviles e indecorosas– del régimen cubano en África. La total ausencia de fuerzas extranjeras en aquel territorio deja sin la más débil justificación la participación de Castro en ahogar y destruir el sentimiento nacionalista de un pueblo.

El régimen cubano y sus voceros intentan justificar esa agresión exponiéndola como una demostración del "espíritu ejemplar que ha materializado la solidaridad internacionalista con aquel pueblo hermano"[217], como se expresa en una de las tantas obras publicadas por la Editorial de Ciencias Sociales, de La Habana.

Distinta en su lengua materna (la tigriña), con un desarrollo económico superior al resto del país y un más alto nivel de educación y una más desarrollada organización política y sindical[218], Eritrea constituye una nacionalidad diferente al resto de Etiopía.

Admite David González López, el panegirista del castrismo, que todo esto influyó en el hecho de que haya sido en Eritrea donde surgieran, desde la época de Selassie, los primeros grupos que propugnaban "la separación de un territorio de Etiopía por la vía de la lucha armada". A la lucha por la independencia la califica este vocero del castrismo de "separación de un territorio".

Eritrea estaba formada por grupos amháricos mientras que gran parte de la población etíope era de origen oromo. Haciendo juegos malabares con la dialéctica marxista González López justifica la agresión etíope a Eritrea como un proceso de unidad sociocultural que va de la "tesis amhárica" y la "antítesis oromo" para producir la "síntesis etíope".

Era impresionante el respaldo a los independentistas eritreos de sectores nacionales y de los países vecinos. Lo admitía el propio régimen al expresar que "por lo general las diferentes agrupaciones contrarrevolucionarias regionales apoyaban a los secesionistas eritreos" que, "como norma tratan el caso eritreo como algo ajeno a otros problemas etíopes".

El desplome del régimen de Mengistu

Hemos visto como por años Castro mantuvo su respaldo al régimen sanguinario de Mengistu Mariam que ahogaba los indomables movimientos separatistas de Eritrea y Somalia.

---

[217] David González López. "Etiopía: La Oposición Contrarrevolucionaria".

[218] David González López. "Etiopía: La Oposición Contrarrevolucionaria".

Durante la década de los años 80 centenares de tropas cubanas permanecían en Etiopía, junto a millares de "asesores militares" soviéticos, en aquella cruenta lucha. En octubre (1982) Mengistu voló a Moscú para firmar un nuevo acuerdo de cooperación, militar y comercial con la Unión Soviética al tiempo que aumentaba la actividad insurgente en Eritrea y Ogadén.

En septiembre de 1984 se celebró en Addis Abeba un congreso para la constitución del Partido de los Trabajadores al que asistieron jefes de estado de países africanos y representantes del países del mundo comunista. Ausente estuvo Castro. Para entonces el Frente de Liberación del Pueblo Eritreo (EPLF)se unía a otros grupos nacionalistas y con el Frente de Liberación de Somalia Occidental que continuaba su lucha en Ogadén. Mengistu se enfrentaba, por primera vez, a un frente unido en el norte del país.

La Asamblea Nacional Etíope proclamó el 10 de septiembre (1987) la República Popular Democrática de Etiopía y eligió a Mengistu Haile Mariam, su presidente. La prensa cubana destacaba el acontecimiento donde se daba a conocer, oficialmente, la disolución del Consejo Administrativo Militar Provisional (CAMP) que había dirigido el país desde 1974.

Allá iría el Vice-Presidente Cubano Juan Almeida Bosque para destacar como "una dirección firme, con las ideas más avanzadas, es capaz de ejercer el triunfo y consolidación de un proceso de liberación nacional".

Toda una página, además de varias notas en días anteriores y sucesivos, dedicaba Granma para destacar los "trece años de luchas y victorias" del máximo dirigente etíope" que en menos de cuatro años tendría que huir sigilosamente de aquel país.

Ni con la ayuda militar cubano-soviética, podía Mengistu aplastar a los separatistas eritreos. En marzo de 1988, el Frente de Liberación Eritreo capturaba la base de Afavet, al norte de Asmara, produciendo más de 20,000 bajas a las tropas etíopes. La derrota alentó a elementos disidentes dentro del régimen a intentar un golpe de estado en mayo (1989).

Más de 30 altos oficiales de las tropas armadas que habían participado en el fracasado golpe fueron ejecutados. De "tiro errado de altos oficiales" calificaba el Granma Semanal de mayo 28 de 1989 el golpe de estado intentado por un grupo de oficiales del Ejército Revolucionario Etíope (ERE). Expresaba indignado el periódico Granma que "los oficiales rebeldes, *al relacionarse con los independentistas eritreos, tenían la intención de desmembrar la nación y violar la integridad territorial*". Pero las guerrillas separatistas de Eritrea y Somalia seguían ocupando un número creciente de poblaciones. De poco le ha valido a Mengistu la presencia de las tropas cubanas.

Las fuerzas secesionistas reciben respaldo, moral pero no material o militar, de algunos miembros de la Organización de la Unidad Africana (OAU) y de los Estados Unidos. Se hacía evidente que Mengistu, y a distancia Castro, iban quedando aislados en el Cuerno de África.

La situación le resultaba insostenible al dictador etíope. Las fuerzas separatistas mantenían el control del puerto de Massawa. Viéndolo perdido La Habana y Moscú abandonaban al sanguinario Mengistu quien, a su vez, pretendía, en el informe presentado ante el Comité Central del Partido de los Trabajadores, rechazar "el camino del socialismo" en favor de una economía mixta. Difícilmente podría sobrevivir el régimen de Mengistu.

En mayo de 1991 capturada Addis Abeba por las fuerzas del Frente Democrático Revolucionario del Pueblo Etíope (EPRDF) y Asmara, capital de Eritrea, por el Frente de Liberación del Pueblo Eritreo (EPRF), Mengistu huyó del país. La noticia de la huida de Mengistu fue recogida en tono muy mesurado por la prensa cubana.

El Granma en su edición de 22 de mayo de 1991 publica un cable de Prensa Latina con el siguiente encabezamiento. "Reciben con calma en Addis Abeba renuncia de Mengistu", refiriéndose en el texto a que la "renuncia" de Mengistu había sido recibida por la población de aquella capital como una noticia desprovista de sorpresa. Asumía el gobierno Gebre Kidane quien había sido nombrado el mes anterior como Vice-Presidente del Consejo de Estado[219]. Dos años después, en 1993[220] Eritrea se convirtió un estado independiente.

---

[219] En diciembre de 1994 la Corte Suprema de Etiopía inició un juicio contra más de 60 funcionarios y oficiales del régimen de Mengistu, incluyendo a éste

Cerrado el capítulo de Eritrea, tropas cubanas permanecen en Angola, Congo Brazzaville y Etiopía cuando se convoca, para celebrarse en La Habana, la Conferencia de Países No Alineados.

---

que fue juzgado en ausencia (se asiló en Zimbawe). Los crímenes imputados incluían el asesinato del emperador Haile Selassie quien, de acuerdo a lo abogado por la corte, fue estrangulado en su cama el 26 de agosto de 1975.

[220] En mayo 24 de 1993 luego del referéndum celebrado en abril Eritrea se convirtió en estado independiente.

CAPÍTULO VII

Los países no alineados, la ONU y las sanciones a África del Sur

Conferencia en La Habana de países no alineados

El lunes 3 de septiembre (1979) comienza en La Habana la VI Conferencia Cumbre del Movimiento de Países No Alineados. Previamente, la semana anterior había tenido lugar, como reunión preparatoria, la Conferencia de Ministros de Relaciones Exteriores de esos países que designaron a Isidoro Malmierca como presidente de la reunión.

Las primeras declaraciones de Malmierca al asumir la presidencia de la conferencia, fue la de denunciar a Estados Unidos y a China como fuerzas enemigas que intentaban dividir el movimiento de las naciones que en La Habana se reúnen.

La presencia del Secretario General de la Organización de las Naciones Unidas (ONU) Kurt Waldheim para dar inicio a las sesiones le concedía cierto prestigio a la reunión multinacional que contaba, también, con la presencia del Presidente de Yugoeslavia Josip Broz (Tito); Saddam Hussein, Presidente de Iraq; Yasser Arafat, Presidente de la OLP; Al Assad y, por supuesto, de Michael Manley, de Jamaica; Maurice Bishop; Daniel Ortega y Sergio Ramírez, de Nicaragua. Cerca de seis decenas de jefes de estado participaron de aquella VI Cumbre, en la que se le dio ingreso, como miembro, a Nicaragua que recién había formalizado sus relaciones diplomáticas con Cuba[221] al consti-

---

[221] Las relaciones se establecieron el 28 de julio. La Junta de Reconstrucción Nacional asumió el poder el 19 de aquel mes.

tuirse la "Junta de Reconstrucción" pronto dominada por los sandinistas.

El inicio en La Habana de la Conferencia de Ministros de Relaciones Exteriores de los Países No Alineados coincide con la sustitución de Andrew Young como Embajador de los Estados Unidos en las Naciones Unidas. El controversial funcionario, que tantas fricciones causó a la Administración del Presidente Carter, era reemplazado por Donald McHenry, joven diplomático negro de carrera que se había desempañado como el más alto asistente de Young.

McHenry, aunque no había participado en el histórico movimiento de la pasada década en favor de los derechos civiles, había ejercido una influencia determinante en las negociaciones iniciadas entre Washington y Luanda para normalizar las relaciones entre Estados Unidos y Angola. Su designación no causó sorpresa en los medios políticos y diplomáticos de Washington.

Nefasta había sido la posición asumida por Andrew Young hacia África. Las fuerzas cubanas –llegó a afirmar este improvisado diplomático– constituían el poder estabilizador en Angola. Un respetado analista norteamericano, Mathew Conroy, afirmaba en la publicación "News World" que la política exterior de Estados Unidos en África parecía el desfile de un circo surrealista, encabezado por Andrew Young. "Su ignorancia política lo ha convertido en un bufón"[222].

Durante la Administración de Carter la atención se concentraba en Namibia y no en Angola. Preocupaba más el colonialismo de África del Sur sobre Namibia que la presencia de miles de tropas cubanas en Angola. Sentimiento que también predominaba en los diplomáticos europeos.

Para una fórmula de paz los dirigentes angolanos exigían, primero, la retirada de Namibia de las tropas de África del Sur; mientras que África del Sur planteaba como condición previa la salida de las tropas cubanas de Angola. Las relaciones de Washington y Luanda nunca fueron establecidas. Carter condicio-

---

[222] Andrew Young había renunciado a raíz de las controversias originadas por su reunión, no autorizada, con un dirigente de la Organización para la Liberación de Palestina (OLP).

naba las futuras relaciones con el retiro de las tropas cubanas. La Habana no aceptaba sacar esas tropas mientras no se retirasen de Namibia las fuerzas de sur-africanas.

En su propio patio Castro recibía consejos de mesura. Tito[223], Presidente de Yugoeslavia, en su intervención durante la VI Conferencia Cumbre de las Naciones No Alineadas conminaba a los líderes de esos países a "no ser títeres de nadie" clara referencia a Cuba que se inclinaba sin freno hacia Moscú.

Al terminar la VI Conferencia de Jefes de Estados de Naciones no Alineadas, Castro fue designado presidente por un período de dos años.

Se clausuraba la VI Conferencia en La Habana cuando se da a conocer el fallecimiento, en Moscú, del presidente angolano Agostino Neto. El Consejo de Estado acordó decretar duelo oficial e izar a media asta la bandera nacional[224].

No era conocido en aquel momento que en julio Neto había solicitado del presidente de Senegal durante la Reunión Cumbre de la Organización de Estados Americanos celebrada en Monrovia, Liberia, que propiciase una entrevista con Savimbi en Dakar en el mes de septiembre. Neto comenzaba a abandonar a Castro. La reunión con Savimbi en Dakar no se produjo. Días antes Neto había viajado a la Unión Soviética para ser atendido de una repentina dolencia en las vías digestivas. Dos días después de ingresar en el hospital se conoció el fallecimiento de Agostino Neto.

La petición de Neto de una entrevista con Savimbi la confirma Chester Crocker, quien afirma que en 1979 Neto, para impedir el entendimiento de Savimbi con Sur África, había iniciado conversaciones con el dirigente de UNITA. La súbita muerte de Neto puso fin a estas conversaciones.

---

[223] Será una de las últimas comparecencias públicas del mariscal yugoeslavo que habrá de morir el 4 de mayo del siguiente año.

[224] Agostino Neto moría a consecuencia de una grave enfermedad luego de una intervención quirúrgica a la que había sido sometido el 11 de septiembre de 1979. Neto había llegado a la Unión Soviética el 6 de septiembre en grave estado de salud.

AGOSTINO NETO EN LA HABANA
Fidel Castro, Raúl Castro y Osvaldo Dorticós rodeando a Agostino Neto en la visita a La Habana del dirigente del MPLA.

AGOSTINO NETO
En sus últimas semanas de vida, Agostino Neto, presidente de la República Popular de Angola sintió honda desconfianza hacia Fidel Castro e inició conversaciones con Jonás Savimbi.

Como en Bolivia diez años antes, son los cubanos los que llevan el peso de la lucha en la lejana Angola. Ayer, en el altiplano boliviano en una absurda aventura guerrillera. Hoy en la nación africana protegiendo instalaciones petroleras de empresas capitalistas. Apagados los acordes de los himnos nacionales de los países que asistieron a la VI Conferencia la atención de Castro vuelve a centrarse en el África meridional.

Primeras medidas de la ONU sobre África Meridional

Dos importantes resoluciones fueron adoptadas por el Consejo de Seguridad de las Naciones Unidas en febrero 4 de 1972. La primera, por votación de 14 a 0 con la no participación de China, sentaba las bases para iniciar contacto con todas las partes relacionadas con Namibia (África Sur Occidental) que llevara a concederle al pueblo de Namibia su derecho a la autodeterminación e independencia.

La segunda resolución, aprobada por votación de 13 a 0, con Francia e Inglaterra absteniéndose, condenaba las medidas tomadas contra campesinos en Namibia y pedía la retirada de esa región de fuerzas militares de África del Sur.

Para entonces, las distintas regiones de África se habían independizado de sus antiguas metrópolis. Al finalizar la década de los 70 sólo quedaría Namibia, bajo la autoridad de África del Sur[225].

Resolución 435

El tema que absorbía la mayor atención en el organismo internacional a fines de la década de los 70 era el de lograr la independencia de Namibia. En septiembre de 1978 el Consejo de Seguridad de las Naciones Unidas aprobó la Resolución 435 que garantizaba la independencia de aquella nación.

---

[225] En Rhodesia (Zimbawe) un grupo gobernante, blanco, se había separado de Gran Bretaña en 1965. Por su política racialmente discriminatoria las Naciones Unidas impusieron sanciones económicas al régimen de Ian Smith.

Tomó cerca de tres años lograr la aceptación por África del Sur de esta Resolución 435. Su implementación sería un largo camino que culminaría con un acuerdo tripartito firmado en Nueva York en 1988 que obligaba a la retirada de Angola de las tropas cubanas, y de Namibia las del África del Sur.

Los cubanos saldrían de Angola y los sur-africanos de Namibia. La retirada de una de las fuerzas estaría inevitablemente unida a la salida de la otra. Ambas regiones quedarían liberadas de la presencia de fuerzas extranjeras.

Se planteaba por la administración norteamericana la retirada de las tropas cubanas de Angola como paso previo al establecimiento de las relaciones diplomáticas con aquella nación; pero Angola y, a través de ella Cuba, exigía la no intervención en Angola, desde Namibia, de fuerzas militares de África del Sur.

Para 1980 Namibia, ya el último territorio colonial, alcanzaba su independencia lográndose, un año después, un acuerdo entre SWAPO, la guerrilla de los nacionalistas negros, y las fuerzas militares del África del Sur. Quedaba creada una zona desmilitarizada en las fronteras con Angola y Zambia donde se encontraban las bases de las guerrillas de SWAPO.

Antes de un año aquella zona desmilitarizada era violada por ambas partes.

África del Sur, a su vez, bajo la dirección del Primer Ministro Botha[226] comenzaba, con mucha lentitud, a distanciarse de la política del *apartheid* nombrando un consejo asesor compuesto de personas de distinta extracción étnica. Un paso tímido pero prometedor de otros más firmes.

Es en ese momento que, en enero de 1981, Ronald Reagan tomaba posesión de la presidencia.

Rechazando la doctrina Brezhnev sobre la irreversibilidad de los logros alcanzados por los comunistas, la estrategia de

---

[226] Peter Willem Botha había sucedido como Primer Ministro de África del Sur a B. J. Vorster en 1978. Abogaba por una gradual abolición de las regulaciones discriminatorias.

Reagan se habrá de basar en la convicción de que el comunismo había de ser derrotado no, sencillamente, contenido[227].

En su discurso inaugural el Presidente Reagan afirmaba:

"Nosotros no podemos abandonar a aquéllos que arriesgan sus vidas en cualquier región desde Afganistán a Nicaragua para desafiar la agresión soviética y para garantizar derechos que hemos tenido nosotros desde que nacimos como nación".

Cuando asume la presidencia da a conocer la nueva política de "compromiso constructivo que buscaba paz y reforma en el sur de África y la salida de Angola de fuerzas cubanas"[228]. De acuerdo a Peter Duignan la política de "compromiso constructivo", perseguía cuatro objetivos:

a)	Alentar movimientos hacia un sistema de gobierno basado en el consentimiento de la población y lejos de la política racial de separación;

b)	acceso continuo a minerales estratégicos necesarios para los Estados Unidos y otras naciones altamente desarrolladas;

c)	asegurar la seguridad estratégica de la ruta marítima del Cabo Hornos, pasaje vital para el petróleo; y

d)	seguridad regional en el sur de África frente a la amenaza soviética-cubana.

Para lograr estos objetivos era necesario, entre otros pasos, iniciar las negociaciones para forzar la retirada de las tropas cubanas de Angola. Las naciones del mundo occidental sólo reconocerían al gobierno de Angola después que las tropas extranjeras –cubanas, alemanas y soviéticas– hubieran salido de aquella nación y el MPLA hubiese formado un gobierno de coalición con las otras dos organizaciones (FNLA y UNITA).

El Subsecretario de Estado para Asuntos Africanos, Chester Crocker, –ya es Reagan quien ocupa la presidencia–

---

[227] Peter Duignan. Más Allá del Compromiso Constructivo, editado por Elliot P. Skinner.

[228] Ibid.

afirma ante el Congreso[229] que la presencia de 20,000 soldados cubanos en Angola no contribuía a la seguridad regional.

El nuevo Subsecretario de Estado admitía que el conflicto de Angola no se podría resolver en el campo de batalla sino en la mesa de negociaciones. Y hacia esa meta dirigió sus esfuerzos en los meses y años subsiguientes. Su presencia y tesón se harán notar.

En enero de 1982 Savimbi declara que había sido contactado por el gobierno de Angola para llegar a un acuerdo y que UNITA ponía como condición previa la retirada de Angola de todas las fuerzas cubanas pero Castro afirmaba en julio de aquel año que las tropas no saldrían de Angola hasta que las fuerzas de Sur África se retirasen de Namibia, posición que no era compartida por el gobierno de Angola encabezado por Dos Santos.

La posición norteamericana se fortalecía con la aprobación por el senado en agosto de 1982 de la Enmienda Symms que reconocía el derecho de los pueblos a luchar por su libertad. La Junta Patriótica Cubana, presidida por Manuel Antonio de Varona, y otras organizaciones revolucionarias el exilio expresaron su respaldo a la medida presentada por el Senador Steve Symms que facilitaba al poder ejecutivo contrarrestar la influencia castrista en el hemisferio.

El Departamento de Estado informaba en esa fecha que Cuba disponía de un ejército de 225 mil hombres perfectamente adiestrados y equipados, medio millón de milicianos, una brigada de paracaidistas de 2,600 combatientes, 200 cazas MIG y dos submarinos[230].

Para los gobiernos de África del Sur y de Angola resultaba vital llegar a un acuerdo para forzar la retirada de las fuerzas extranjeras. Sur África exigía la retirada de las tropas cubanas como una precondición a la independencia de Namibia aunque

---

[229] Audiencia del Subcomité de África de la Cámara de Representantes, septiembre 21, 1981.

[230] Cable EFE, Washington, agosto 12, 1982. Diario Las Américas.

para el gobierno angolano la presencia cubana en su territorio era un problema interno que nada tenía que ver con Namibia.

La permanencia de tropas cubanas producía escisiones internas entre el propio MPLA. Para muchos de sus dirigentes los soldados cubanos representaban un serio obstáculo para lograr la unidad nacional a través de un entendimiento con UNITA. Otros consideraban que forzar la salida de esas fuerzas sería someterse a la presión norteamericana. Presionado por estas posiciones extremas José Eduardo Dos Santos, que había sustituido a Agostino Neto, se esforzaba en mantener estrechos contactos con los dirigentes soviéticos. En mayo (1983) viajó a Moscú para sostener una extensa conferencia con el presidente soviético Yuri Andropov.

Bajo la evidente influencia del régimen de Castro, el Secretario General de las Naciones Unidas, Javier Pérez de Cuéllar, intentó a mediados de 1983 implementar la Resolución 435 omitiendo tan sólo uno de los puntos. Por supuesto, el punto a omitir sería el de la salida de Angola de las fuerzas cubanas.

Esas tropas eran fuente de discordia en los intentos de lograr paz en el África meridional. África del Sur exigía como condición previa para entrar en negociaciones la retirada de los cubanos de Angola mientras que ésta última nación exigía que se aplicara la Resolución 435 con la interesada limitación sugerida por Pérez de Cuéllar.

En marzo (1984) el presidente angolano José Eduardo Dos Santos, en su visita a Cuba preparó, junto con Castro, el borrador de un acuerdo para la retirada gradual de las tropas cubanas si África del Sur aceptaba la independencia de Namibia. Jonas Savimbi demandaba ser parte en las negociaciones que se relacionaban con Namibia.

Por primera vez Castro aceptaba la retirada gradual de sus tropas. Es decir, aceptaba que en un plazo de uno, dos o tres años las tropas cubanas habrían salido de Angola. En la tribuna pública continuaría hablando de grandes batallas, de victorias militares, pero ya había convenido con el presidente angolano y, a través de éste, con la delegación negociadora norteamericana, las condiciones para esa retirada. Las dará a conocer el presidente Dos Santos.

Como vemos, ya desde 1984 Castro había aceptado la salida de las tropas cubanas; proponía dejar sólo una fuerza de 10 mil hombres. En noviembre de 1984 el MPLA presentó por escrito esta proposición, que no fue aceptada por la administración norteamericana. (Fuente: Audiencia del Comité de Relaciones Internacionales del Senado de Estados Unidos, febrero 18, 1986).

La pretensión de dejar permanentemente 10 mil tropas cubanas en Angola fue rechazada. Es importante destacar que las conversaciones, y la aceptación por Castro, sobre el retiro de las tropas cubanas de Angola datan de antes de 1984.

Para disipar cualquier duda sobre su posición "ideológica", en enero (1985) Dos Santos reafirmó ante la Conferencia Nacional del MPLA su identificación con el marxismo leninismo. Era un "marxismo" muy similar al aplicado por Castro. Ambos hacían gala del "internacionalismo proletario" al tiempo que sus respectivas fuerzas militares, las angolanas y las cubanas, eran utilizadas para proteger las instalaciones petroleras de las corporaciones norteamericanas e inglesas.

Paz y estabilidad, en lugar de libertad y democracia

A los pocos días de su discurso en la Conferencia Nacional del MPLA, el Presidente Dos Santos se reunía con los más altos representantes de la GULF Oil y de la Chevron para discutir las garantías que se ofrecía a estos grandes consorcios económicos.

Políticos y funcionarios conservadores expresaban su rechazo a estos entendimientos.

El senador por Virginia, Paul S. Trible en un debate con el también senador Clairborne Pell, de Rhode Island, denunciaba que era inconcebible que "mientras nuestra nación respalda a Savimbi, una corporación norteamericana esté haciendo negocios junto con un gobierno marxista y ofreciéndole a ese gobierno marxista fondos y dólares para respaldar la ocupación, o presencia, de asesores y personal militar cubanos y soviéticos"[231].

---

[231] Audiencia del Comité de Relaciones Exteriores del Senado, Febrero 18, 1986.

En la misma audiencia senatorial, Chester Crocker, Subsecretario de Estado para Asuntos Africanos durante la administración del Presidente Ronald Reagan, denunciaba que "el MPLA había recibido cerca de $4 billones desde 1976 en equipo militar y tecnología que procedía, en gran medida, de la Unión Soviética".

La mitad de esa inversión, $2 billones de dólares, había sido recibida en los dos últimos años.

El 90 por ciento del presupuesto del gobierno angolano se cubría con ingresos procedentes del petróleo. El gobierno cubano recibía en "moneda dura" el pago de su personal además de un subsidio de la Unión Soviética para solventar sus costos de transporte y otros gastos, (Chester Crocker, Audiencia del Senado, febrero 18, 1986).

El gobierno de Angola pagaba al de Cuba $700 millones de dólares por año, como retribución a los servicios militares que la isla del Caribe le presta, y, en adición, Castro obtenía beneficios económicos por parte de los grandes intereses petroleros de capitales extranjeros (norteamericanos en especial) por la garantía, respeto y protección que las tropas cubanas les ofrece... y parte del producto de ciertas ventas de petróleos de las compañías que allá la explotan se traduce también en aporte económico para el gobierno cubano"[232].

"Han sido necesarios 35,000 soldados cubanos mercenarios pagados por la GULF Oil a través de sus concesionarios en Cabinda para mantener en el poder al régimen marxista leninista del MPLA respaldado por los soviéticos" afirmaba Jack Wheeler en las audiencias especiales convocadas por el Comité de Asignación de Fondos de la Cámara de Representantes en mayo de 1985[233].

Responsabiliza Wheeler a Chester Crocker y al Departamento de Estado por no exigir, en sus negociaciones, "libertad y

---

[232] Información del delegado de UNITA, Aníbal Kandeya a Angel Cuadra en el Congreso de la Sociedad Internacional para los Derechos Humanos celebrada en Alemania en marzo de 1988. Diario Las Américas, Abril 3, 1988.

[233] Jack Wheeler de la Fundación de Investigación sobre la Libertad. Informe Cámara de Representantes 99-315.

democracia" en vez de "paz y estabilidad" en la búsqueda de un cese al fuego y de la celebración de elecciones internacionalmente supervisadas en Angola.

La política internacional de los Estados Unidos en esos momentos descansaba en la "contención". Wheeler se preguntaba: "¿Por qué no en la victoria?".

Figueiredo Paulo, representaba a UNITA en el Congreso de los Estados Unidos en los círculos oficiales norteamericanos. Al menos, en aquellos que lo aceptaban. En una de sus comparecencias ante el Congreso[234] declaraba que la GULF Oil le pagaba cada año al gobierno marxista del MPLA en Angola $2 billones de dólares. Afirmaba que, además de la GULF, "los bancos americanos a través del Chase Manhattan, Morgan Guarantee, Citibank y otros le han facilitado más de $200 millones de dólares"[235]. Denunciaba Paulo que para hacer la situación más crítica a UNITA, la Enmienda Clark prohibía al gobierno norteamericano ayudar a aquéllos combatientes.

Pero más cerca de nuestras fronteras, en el mismo hemisferio occidental, en las tranquilas aguas del Caribe, se habían desarrollado acontecimientos de gran interés.

---

[234] Mayo 8, 1985.

[235] Audiencia Sub Comité de Asignación de Fondos, Senado de Estados Unidos, mayo 18, 1985.

CAPÍTULO VIII

La invasión de Granada

A mediados de octubre (1983) llegan noticias, confusas y alarmantes, sobre la situación política en la pequeña isla del Caribe.

El sábado 15 la prensa da a conocer que el Primer Ministro de Granada, Maurice Bishop, había ordenado la detención del jefe de su guardia personal y que el Vice Primer Ministro, Bernard Coard, había presentado su dimisión, tras un fracasado intento de golpe de estado. El cable aportaba un dato de gran interés:

"La conjura fue realizada con apoyo cubano, señaló la emisora estatal Radio Free, de Granada".[236]

Existía gran confusión. Los autores de la conjura habían difundido varios mensajes en los que informaban a la población que Bishop se encontraba bajo arresto domiciliario y que Coard había asumido las funciones de gobierno[237].

---

[236] Cable de EFE de octubre 15, 1983. Diario Las Américas.

[237] Maurice Bishop había llegado al poder el 13 de marzo de 1979 al dirigir un golpe de estado contra el entonces Primer Ministro Eric Gairy. Enseguida proclamó un gobierno revolucionario popular que fue inmediatamente reconocido por Jamaica, Guayana y Barbados. Luego, por Cuba. Los Estados Unidos y la Gran Bretaña reconocieron también, días después, al gobierno de Bishop. Bishop, estudió la carrera de Derecho en Londres y fue influenciado por los elementos radicales del Poder Negro de los Estados Unidos en la década del 60. Regresó a Granada en 1970 y abrió un bufete de abogados con Bernard Coard.

Destituido y preso Maurice Bishop

Dos días después, el lunes 17, quien aparece destituido y preso es Maurice Bishop y quien ocupa el gobierno era el Vice Primer Ministro Coard marxista de línea dura partidario de estrechar los vínculos con Moscú(Cable de la UPI, octubre 17). Algo resultaba claro: el Vice Primer Ministro, Coard, "marxista de línea dura, partidario de estrechar los vínculos con Moscú" asumía el poder manteniendo a Bishop bajo arresto domiciliario.

¿Quién era Coard?. Bernard Coard estudió Derecho en Inglaterra manteniendo muy estrechas relaciones con el Partido Comunista Británico donde formó, con jóvenes estudiantes, el grupo marxista OREL[238]. Entre los jóvenes más afines a Coard se encontraba León Cornwall, quien por su íntima vinculación con el marxismo, llegaría a ser el embajador de Granada en Cuba.

Ni para la extrema izquierda en Granada ni para Castro, Bishop había sido lo suficientemente radical. Era un marxista moderado; para ellos, un no-marxista. Bishop se había convertido en un estorbo que debía ser eliminado.

¿Cómo había surgido este gobierno marxista en la diminuta isla de Granada que ahora se debatía en tan profunda querella interna?. Cuatro años antes, el 13 de marzo de 1979 el Movimiento Nueva Joya, dirigido por Bishop había tomado control del gobierno de la pequeña isla aprovechando la breve ausencia del impopular y despótico Erick Gairy. Junto a Bishop se encontraban Coard, Austin Hudson y Cornwall. Todos ellos estarán, en el próximo futuro, más vinculados a Castro que a Bishop.

Antes de que Granada se convirtiese en estado independiente, en febrero de 1974, ya Bishop era la primera figura política del pequeño país. En 1976 fue electo al Parlamento.

Luego de asumir el poder en 1979 Bishop se negó a celebrar nuevas elecciones, pero mantuvo una posición moderada que lo distanció de su antiguo asociado y Viceministro Bernard Coard.

[238] Organización para la Educación y Liberación (OREL).

MAURICE BISHOP Y CASTRO TRES MESES ANTES
En julio (1983) Bishop era tratado en La Habana como un huésped amigo.
En los meses que transcurren de julio al 15 de octubre elementos radicales,
hostiles a Bishop, han controlado el partido. Arrestado y asesinado Bishop,
Castro trata con respeto y mesura a los ejecutores del Primer Ministro de
Granada. Vencidos los complotados, Castro reanuda sus elogios al
mandatario asesinado.

Del grupo, Coard, de profundas convicciones marxistas leninistas, era la figura más poderosa y, por supuesto, la más cultivada por la Unión Soviética.

De aquel 13 de marzo al 19 de octubre de 1983 la vida política de Granada estuvo controlada por el Movimiento Nueva Joya. Ningún otro grupo político era permitido. Dirigido por un Comité Central de 16 miembros, las ocho personas que componían su Buró Político tomaban todas las decisiones. Bishop era la figura carismática; el Comité Central, y su Buró Político, eran el poder. Pronto Bishop lo habrá, muy tardíamente, de comprender.

Cuando en mayo y junio de 1983 Coard permanecía en Moscú estrechando, aún más, sus relaciones con la metrópoli soviética, Bishop, a través de la embajada de Granada en Washington, buscaba una entrevista con Ronald Reagan. No la consiguió. Tuvo que conformarse con hablar con el Subsecretario de Estado Lawrence Eagleburger.

Era evidente que se estaba desarrollando un profundo conflicto en la dirección y en el seno del Partido Nueva Joya, la organización marxista que detentaba el poder. Gran desconfianza sentía ya Bishop hacia el gobernante cubano.

Para septiembre ya Bishop estaba rodeado en su propio partido, de los más hostiles y agresivos sectarios de la línea dura. Entre ellos, el ahora general Austin; Cornwall, ya embajador en Cuba; y Phyllis, la esposa de Bernard Coard, aún más sectaria que su extremista esposo. El miércoles 14 de septiembre, controlado por ellos el Comité Central, le impusieron a Bishop condiciones que éste se vio obligado a aceptar.

La primera, compartir con Coard las responsabilidades del gobierno, pero Coard presidiría las reuniones del poderoso Buró Político. Para el viernes 23 Bishop acorralado por los extremistas que dominaban el Comité Central, se vio forzado a aceptar la imposición antes de partir a un viaje que lo llevaría a Budapest, Praga y La Habana, a donde llegó el viernes 9 de octubre. A través de Julián Torres Rizo, el embajador cubano en Granada y del marxista León Cornwall, el embajador granadino en La Habana, Castro se mantenía al tanto de las luchas internas –para todos, visibles– que se desarrollaban dentro del Movimiento Nueva Joya.

En su visita de 36 horas a La Habana, nada había conversado con Castro sobre los problemas internos del Partido Nueva Joya[239].

Al regreso de su viaje a La Habana, Bishop ya nada significaba para los complotados que querían implantar en la pequeña isla un régimen marxista leninista que respondiese disciplinadamente a los designios de Moscú y de La Habana. En el pequeño aeropuerto de Pearls era recibido por una sola persona[240].

Desposeído de toda protección personal, acusado de rechazar el concepto del centralismo democrático y de la estricta obediencia a las decisiones del Comité Central, Bishop fue colocado bajo arresto domiciliario por órdenes del Comité Central que, de inmediato, dio a conocer un manifiesto en el que, sin mecionar la situación en que se encontraba Bishop, concluía: "!Larga vida al partido!; ¡larga vida al leninismo!".

No obstante las precauciones tomadas, el pueblo conoció del arresto de Bishop. Centenares de personas, que se convirtieron en horas en 3 ó 4 millares, se lanzaron a las calles en respaldo de Bishop y demandando su libertad.

Otro extremista de línea dura, el Gral. Hudson Austin, luego de responsabilizar, a través de la radio, al propio Bishop por la crisis que se encaraba, ordenó a sus tropas disparar sobre la multitud que ya había liberado a Bishop. Uno de los primeros en caer fue Maurice Bishop.

Orgulloso, el Comité Central dio a conocer un comunicado a la población para celebrar la victoria obtenida sobre los oportunistas de derecha y las fuerzas reaccionarias.

---

[239] Declaración del Partido Comunista y del Gobierno Revolucionario de Cuba. Periódico Granma, octubre 21, 1983.

[240] Ningún miembro del partido, ni del gobierno, controlado ya por el viceministro Bernard Coard fue a recibirlo. Sólo se encontraba allí Selwin Strachan, Ministro de la Movilización Nacional, que formaba parte del grupo hostil a Bishop.

MAURICE BISHOP
En los tres meses anteriores a su destitución, Bishop mostraba marcada desconfianza hacia Castro. En una breve visita a La Habana el 9 de octubre –una semana antes de su detención– no le hizo mención al dictador cubano de las tensiones internas en su propio partido.

BERNARD COARD
Coard, marxista de línea dura, dirigió el golpe que culminó con el arresto y asesinato de Bishop, Primer Ministro de Granada. Coard mantenía estrechos vínculos con Moscú.

El último párrafo del comunicado decía:

"Camaradas, hoy miércoles 19 de octubre, se ha hecho de nuevo historia. Todos los patriotas y revolucionarios nunca olvidarán este día cuando la contrarrevolución, los amigos del imperialismo, fueron aplastados. Esta victoria de hoy asegurará que nuestro glorioso partido el Movimiento de la Nueva Joya vivirá y se fortalecerá dirigiendo y guiando a las fuerzas armadas y la Revolución".

Firmaban el comunicado estrechos y conocidos colaboradores de Fidel Castro: Bernard Coard; General Hudson Austin; León Cornwall, el embajador granadino en La Habana; Selwyn Strachan y otros. Por ellos, y por su embajador Julián Torres Rizo, Castro se mantenía informado de los sangrientos acontecimientos.

El propio miércoles 19 Hudson Austin, con la complicidad de los otros que formaban el Comité Central, constituyó un Consejo Militar Revolucionario (RMC). Prominentemente, entre los miembros del Consejo Militar Revolucionario aparecía León Cornwall el embajador en Cuba y Nicaragua.

Desde Moscú llegaban palabras de confianza y de respaldo. Un despacho de la agencia oficial de noticias TASS decía en su último párrafo:

"Se produjo un choque armado que costó la vida del Primer Ministro y de varios miembros de gabinete. El Consejo Militar Revolucionario asumió el poder en el país y afirmó su determinación de sostener la causa de la Revolución".

Fijemos con claridad las fechas para comprender la complicidad, o al menos el respaldo ofrecido por Castro al Consejo Militar Revolucionario cuyos miembros tenían manchadas sus manos con la sangre de Bishop desde el miércoles 19 de octubre. Han transcurrido uno, dos, tres, cuatro, cinco días cuando el lunes 24 de octubre el Coronel Tortoló vuela desde La Habana, acompañado por Carlos Díaz Larrañaga el experto cubano en asuntos de Granada.

Las islas del Caribe han denunciado el crimen. Castro, no. Castro envía a un militar y a un político para apoyar a los criminales.

NSC/ICS-400763

THE WHITE HOUSE

WASHINGTON

National Security
Decision Directive 110   October 21, 1983

GRENADA: Contingency Planning (S)

The coup and subsequent disorders on Grenada have created a
situation that could seriously jeopardize the lives and safety of
American citizens. Furthermore, the murders of former government
leaders and the apparent breakdown of control have created a
situation which could lead to the further radicalization of
Grenadan society and increased Cuban/Soviet presence and
activities on the island. (S)

All prudent measures should be taken to protect the lives and
safety of American citizens on Grenada, should the situation so
require. The United States should also be prepared to
participate in a multi-lateral effort to restore order on Grenada
and prevent further Cuban/Soviet intervention/ involvement on the
island. Accordingly, the following actions recommended by the
SSG are directed:

- U.S. military units and, particuarly, U.S. Naval air
  and Marine amphibious forces will move immediately to
  reduce response time for the conduct of non-combatant
  evacuation operations (NEO) on Grenada. The Secretary
  of Defense and the Chairman of the Joint Chiefs of
  Staff will ensure that all possible measures are taken
  to preserve the security of these activities and
  reduce the possibility of pre-emptive action by the
  Soviets/Cubans. The Secretary of Defense, in
  coordination with the Secretary of State and the
  Director of Central Intelligence, will also commence
  planning for U.S. participation in a multi-lateral
  effort to restore order on Grenada and deter Cuban
  military intervention. (TS)

- The Secretary of State, in concert with the Secretary
  of Defense and the Director of Central Intelligence,
  will initiate contact with Allies and other regional
  governments, as appropriate, to determine their
  assessment of the situation on the island and their
  willingness to participate in a multi-lateral force to
  restore order on Grenada. The Department of State will
  also prepare associated diplomatic, legislative, and
  public affairs plans regarding this contingency. These
  will be implemented, as appropriate, in coordination
  with the Secretary of Defense and the Director of
  Central Intelligence. (TS)

UNCLASSIFIED
Declassify on: OADR

UNCLASSIFIED
TOP SECRET

SENSITIVE
Partially Declassified/Released on 2/6/96
under provisions of EO 12958
by J. Saunders, National Security Council

EO 12958
1.5
(C) & (D)

/S)

S)

Ronald Reagan

UNCLASSIFIED
TOP SECRET

TOP SECRET
UNCLASSIFIED

SENSITIVE

GRANADA: PLAN DE CONTINGENCIA

Nada ha tenido que ver la aún no efectuada invasión norteamericana con el asesinato de Bishop ni con la formación del funesto Consejo Militar Revolucionario.

Silencio de Castro

La Habana ha pretendido suponer que las diferencias existentes en Granada durante la primera quincena de aquel mes de octubre eran, "más que conflictos de fondo, conflictos de personalidades y de concepciones sobre métodos de dirección". Pero Castro mantuvo silencio sepulcral esperando el resultado de aquella lucha interna. Ni siquiera en las horas críticas en que Bishop por presión popular había sido liberado de su arresto domiciliario Castro emitió palabra alguna de respaldo al dirigente granadino tan frecuentemente homenajeado, antes, por el gobierno cubano.

A las 48 horas Bishop y tres de sus ministros son asesinados al asumir el poder un "Consejo Militar Revolucionario" encabezado por el Comandante Hudson Austin. La prensa cubana había silenciado sobre estos hechos que están siendo cubiertos, en detalle, por la prensa internacional.

La Habana rompe su silencio "sobre la muerte del Primer Ministro..." el viernes 21 al publicar el Granma la "Declaración del Partido y del Gobierno Revolucionario de Cuba sobre los sucesos de Granada".

El jueves 20, al dar a conocer la muerte de Maurice Bishop la prensa oficial cubana se limitaba a expresar que "la situación es sumamente difícil y compleja... no nos precipitaremos en dar ningún paso relacionado con la colaboración técnica y económica... seguiremos atentamente el desarrollo de los acontecimientos". Pero el lunes 24 destacaba, sin crítica alguna, la posición del Consejo Revolucionario de Granada, el organismo militar que detentaba el poder desde el miércoles 19 a la muerte de Bishop. Y vuelve a mencionar con gran respeto, al día siguiente, a este Consejo Militar Revolucionario.

En el comunicado oficial de octubre 20, el siguiente día en que Bishop y tres miembros de su gabinete habían sido ultimados por miembros del ejército, el gobierno cubano adoptó una cuidadosa posición. Lamentaba la muerte de Bishop, figura popular en Cuba, pero dejaba abierta la posibilidad de trabajar con el nuevo gobierno militar revolucionario[241].

Para el sábado Castro consideraba la alternativa de una aceptación pasiva de una posible invasión norteamericana o la solidaridad revolucionaria con un dudoso aliado. La decisión fue otra, distinta a esas dos opciones.

Castro desde su seguro santuario de La Habana exigiría a los más de siete centenares soldados y obreros cubanos que se encontraban en aquel momento en Granada que "su obligación descansaba con el patriotismo y con la solidaridad internacional revolucionaria". Afirmaba Castro que le resultaba imposible considerar el envío de recursos a Granada, mientras que la evacuación sería desmoralizadora y deshonrosa para nuestro país. En otras palabras, desde La Habana condenaba a una muerte segura a los siete centenares de cubanos en Granada.

En un comunicado posterior, inminente ya el desembarco de tropas norteamericanas y aliadas, declara Castro que "después de la muerte de Bishop y las declaraciones de Cuba, las relaciones de nuestro partido con la nueva Dirección de Granada eran sumamente frías y, en cierto modo, tensas". Informa, entonces, que el sábado 22 de octubre había solicitado a la representación cubana en Granada que transmitieran a Austin y Layne *verbalmente*, que "por una cuestión de honor, moral y dignidad de nuestro país, mantenemos allí el personal cubano cuando poderosas fuerzas navales yanquis se acercan a Granada" y que "si Granada es invadida por Estados Unidos, el personal cubano defenderá sus posiciones... con toda la energía y el valor que es capaz".

El Presidente Reagan ordena plan de contingencia

El golpe y los desórdenes subsiguientes que se produjeron en Granada llevaron a los Estados Unidos a trazar planes de contingencia. Con fecha octubre 22 el Presidente Reagan envió un plan de contingencia delineado en el memorándum

---

[241] Guy Gugliotta, Miami Herald, octubre 27, 1983.

110 de esa fecha en el que expresaba su preocupación de que los hechos acaecidos condujeran a una mayor radicalización y a aumento de la presencia cubano-soviética y sus actividades en la isla.

Pedía que todas las medidas prudentes fuesen tomadas para proteger la vida y la seguridad de los ciudadanos norteamericanos en Granada si la situación así lo requiriese. Igualmente que los Estados Unidos debían estar preparados para participar en un esfuerzo multilateral para restaurar el orden en Granada y prevenir una mayor intervención cubano-soviético en la isla. A ese efecto ordenaba que unidades militares norteamericanas se moviesen inmediatamente para la evacuación, en el menor tiempo posible, de personas no combatientes.

El 22 de octubre la Organización de Estados Caribeños del Este (OECS) se reunió en Barbados y por unanimidad acordó formar una fuerza multinacional para remover al régimen ilegal que se había constituido en Granada y restaurar la democracia "por todos los medios, incluyendo el uso de las armas".

El 23 el Presidente Reagan informaba a la Administración de la solicitud de los países caribeños y señalaba los tres objetivos perseguidos por los Estados Unidos:

Garantizar la seguridad de los ciudadanos norteamericanos en Granada.

En cooperación con los estados caribeños y otros gobiernos amigos participantes, restaurar un gobierno democrático en Granada y,

La eliminación de la presente intervención cubana en Granada y evitar otras en el futuro.

Llega a Granada el Coronel Tortoló

El lunes 24, a los 5 días del asesinato de Bishop, llegaba a Granada el Coronel Pedro Tortoló, como "jefe del personal cubano en combate" afirmando "que ellos no se rendirían en ninguna forma y esperaban instrucciones del comandante en jefe". Fue ensalzado por Castro quien lo exhortó –desde la lejana Habana– a resistir heroicamente: "Los felicitamos por su heroica resistencia. Pueblo cubano orgulloso de ustedes. No rendirse bajo ningún concepto".

La respuesta del Coronel Tortoló era dramática:

"Comandante en Jefe, cumpliremos sus orientaciones y no nos rendiremos. Patria o Muerte".[242]

El Coronel Pedro Tortoló, nacido el 28 de junio de 1945, había asistido, de 1966 a 1970 a la Academia Militar Frunze, en la Unión Soviética. Ocupa luego distintos cargos en las Fuerzas Armadas Revolucionarias. A mediados de 1983 comandaba la misión militar cubana en Granada. En el momento en que se inició la crisis en aquella isla ocupaba una posición importante en el Estado Mayor del Ejército Central de Cuba.

El martes 25 tropas combinadas de Estados Unidos y seis países caribeños[243] desembarcan en Granada "a fin de restaurar el orden y la democracia, y proteger a los extranjeros en medio del sangriento golpe que derribó al gobierno" según expresaba el Presidente Ronald Reagan.

Había recibido el mandatario norteamericano un pedido formal de cinco naciones de la Organización de Estados del Este del Caribe[244]. El desembarco ocasionó bajas en ambos grupos: dos norteamericanos muertos y 23 heridos; tres soldados granadinos y doce cubanos muertos. El Secretario de Estado George Shultz afirmaba en una conferencia de prensa que "cerca de 600 cubanos en la isla están resistiendo y disparando sobre nuestras fuerzas". En las primeras horas no se conocía la situación del General Austin, dirigente del Consejo Revolucionario.

Castro describe con tintes heroicos los combates que se libraron en la pequeña isla caribeña. El primer comunicado denunciaba el ataque de "las fuerzas estadounidenses a los campamentos y áreas de trabajo del personal cubano que construía el Aeropuerto de San Jorge". El segundo informaba que los cu-

---

[242] Periódico Granma. Octubre 26, 1983.

[243] El contingente militar estaba compuesto de tropas de los Estados Unidos, Saint Vincent, Antigua, Barbados, Dominica, Jamaica y Saint Lucie.

[244] Cable de la UPI de octubre 25, 1983.

banos "resistían heroicamente los ataques del ejército y la marina norteamericana".

Los cubanos, bajo el comando del Coronel Tortoló, se concentraron en Point Salines de donde fueron pronto desalojados por 500 rangers transportados en 10 aviones Hércules. Tortoló, cercado en Point Salines, logró evadirse. Según su propia declaración[245] estuvo indeciso si, al frente de la docena de soldados cubanos que con él habían evadido el cerco, marchaba hacia las montañas para iniciar una lucha de guerrilla. Pero tomó otra decisión. Respondiendo más a la prudencia que al heroísmo se dirigió a la embajada cubana y al encontrarla rodeada de tropas norteamericanas, se encaminó a tomar refugio en la sede soviética. Su rápido recorrido de un punto a otro en la pequeña isla de Granada le valió al pobre Tortoló ser comparado con Juantorena, campeón cubano de carreras.

Planes de invasión

La decisión de invadir Granada la había tomado el Presidente Reagan luego de una extensa reunión con el Consejo Nacional de Seguridad el domingo 23 en horas de la noche, según declaraba el Secretario de Estado Shultz, 24 horas antes de que 162 infantes de marina y 34 soldados franceses murieran en el Líbano cuando comandos suicidas estrellaron dos camiones cargados con toneladas de explosivos en dos instalaciones militares en aquel país.

En la esfera doméstica altas figuras de la política norteamericana asumían posiciones divergentes. El Presidente de la Cámara Tip O'Neill, demócrata de Massachusset, daba a todos una lección:

"No es el momento para la prensa norteamericana o para los que estamos en la vida pública criticar a nuestra nación cuando nuestras tropas están siendo movilizadas".

---

[245] Hugh O'Shaughnessy. Grenada.

Declaraciones parecidas eran formuladas por el Senador Charles Percy, republicano de Illinois, que presidía el Comité de Relaciones Exteriores del Senado y por Reubin Askew, antiguo gobernador de la Florida y, en esos momentos, aspirando a la nominación presidencial demócrata.

La nota discrepante fue ofrecida por el entonces Senador Lawton Chiles, de la Florida, que criticaba la invasión de Granada como una acción encaminada a "una guerra que podemos ganar"[246].

El martes 24 un boletín del gobierno cubano informaba que "el comandante cubano en Granada estaba pendiente de recibir instrucciones desde La Habana", clara admisión a la presencia de tropas cubanas en aquella isla, al frente de las cuales se había enviado al Coronel Tortoló Comas.

El gobierno de Granada, encabezado "por un marxista de línea dura" pide refuerzos y la formalización de un acuerdo ante la inminencia de la invasión. Lo admite el propio gobernante cubano:

"Una vez conocidos los acuerdos adoptados por un grupo de satélites yankis en el área del Caribe de enviar tropas a Granada, la nueva dirección de ese país reiteró su solicitud de que Cuba enviara refuerzos".

Pero Fidel le dará la espalda a estos incómodos demandantes. Utiliza el expeditivo método que ya antes había empleado. Pide a la representación cubana en Granada que "transmita a la Dirección Granadina *"verbalmente"* que "Cuba no puede enviar refuerzos... porque políticamente si se trata de una simple lucha entre *caribeños*, no debe hacerlo para no justificar con ello la intervención de Estados Unidos"[247]. Y rechaza la petición de alianza del antiguo, y ahora amenazado, amigo:

---

[246] En una alocución por radio dirigida a Cuba el Presidente Reagan afirmó que el gobernador general de Granada y la mayoría de los gobiernos de habla inglesa del Caribe le pidieron a los Estados Unidos invadir Granada por el temor que sentían del gobierno cubano.

[247] Granma, octubre 26, 1983. "Declaración del Partido y el gobierno de Cuba sobre la intervención imperialista en Granada.

"No hace falta ningún acuerdo formal entre nosotros".

Castro abandona a sus soldados

Castro, desde La Habana, a cientos de millas de Granada, ensalzaba la "heroica resistencia de los cubanos" y les ordenaba "que no se rindieran"[248], recordando las dramáticas palabras del Coronel Tortoló.

Por supuesto, las teatrales frases de Tortoló eran simples palabras. Al comenzar la batalla vimos que el coronel cubano corrió por todos los rincones de la pequeña isla. Rendido al adversario regresó a Cuba el heroico combatiente. Tortoló fue el primero en descender la escalerilla del IL-62 de Aeroflot que lo conducía a La Habana junto a 53 cubanos que se encontraban en la embajada de la URSS. Tortoló había permanecido en la embajada y no en el campo de batalla.

Cuadrándose ante Castro, exclama:

"Compañero Comandante en Jefe, la misión planteada por el Partido, el gobierno y el pueblo de Cuba ha sido cumplida".

Sin sonrojo alguno la prensa cubana ensalzaba a "los patriotas que pusieron el nombre de Cuba en alto frente a los invasores imperialistas".

Se encontraron en Granada arsenales para armar a 10,000 hombres. El aeropuerto en construcción sería utilizado para el tráfico de armas hacia África y Sur América. Granada serviría como puente para la subversión en el Caribe.

El viernes 5 de noviembre los Estados Unidos publicaba dos documentos secretos capturados en el desembarco que probaban la existencia de una infraestructura militar que habría permitido a la Unión Soviética utilizar la isla como base de operaciones en la subversión de la región (Cable de AFP de noviembre 5, 1983).

---

[248] Miami Herald, octubre 26, 1983.

REGRESO DE ESTUDIANTES NORTEAMERICANOS
Besan suelo norteamericano estudiantes que se encontraban en la
Universidad de Saint George; en Granada.

Humillados el Coronel Tortoló y la tropa bajo su comando, el gobierno cubano realiza el 8 de noviembre un análisis de la situación. Ahora acusa a Coard –a quien la agencia cablegráfica UPI había calificado de "marxista de la línea dura partidario de sellar los vínculos con Moscú"– de haber "ordenado al ejército disparar contra el pueblo" y haber asesinado a Bishop y a otros dirigentes revolucionarios, y afirmaba muy tardíamente que las relaciones de gobierno de Castro con el de Austin "donde el verdadero jefe era Coard, habían sido frías y tensas".

Ahora Castro quería desligarse de toda responsabilidad en Granada. Todo aquello que antes elogiaba era, de súbito, repudiable:

"En Granada el gobierno era moralmente indefendible, y el país, donde se había producido un divorcio del Partido, el Gobierno y el Ejército con el pueblo, era también militarmente indefendible, porque una guerra revolucionaria sólo es posible y justificable en unión con el pueblo"[249].

Al despedir el duelo de los cubanos caídos en Granada[250] Castro hace un interesado recuento de lo acontecido en el pequeño país caribeño.

Niega que el buque "Vietnam Heroico" que se encontraba en el puerto de Saint George el día de la invasión llevase armas y calificaba de calumniosas varias de las imputaciones que habían aparecido en la prensa internacional. Pero sus principales dardos envenenados irán dirigidos a los que, fugazmante, ocu-

---

[249] Discurso de Fidel Castro en la Plaza de la Revolución el 14 de noviembre de 1983. Periódico Granma.

[250] Veinticuatro cubanos murieron en la breve lucha de Granada: Carlos A. Díaz Larrañaga, Lázaron Ramón Alpízar Hernández, Jorge Amarán Venco, Sergio Au Menéndez, Romilio Ávila Sánchez, Armando Figueroa Crossler, Vicente Reinol Fundora Algazava, Emilio García Arzola, Sergio Grandales Nolás, Jorge Jesús Hernández Trimeño, Pedro Herrera García, Víctor Leal Rivera, Jorge Enedy Malagón Real, Casto Regino Martínez Monte de Oca, Evelio Moreno Cartaya, Oscar Núñez Gil, Lázaro Orgaz Reyes, Fidel Ramón Orlega Moreno, Nelson Ramón Cala, José Angel Rivero Sifontes, Carlos Manuel Rodriguez Larrinaga, Amado Romero Noa, Sixto Rubén Sosa Rodríguez y Helio Vásquez Batista.

paron el poder en Granada a la destitución y muerte de Bishop. A los mismos que había calificado con gran mesura en aquellos inciertos momentos.

En los días siguientes a la invasión, el General Austin fue arrestado y el Consejo Revolucionario Militar disuelto. El gobierno lo asumió, provisionalmente, Paul Scoon[251], el gobernador general, quien designó a un consejo asesor de nueve miembros y señaló nuevas elecciones que fueron convocadas para el mes de diciembre del próximo año[252]. Diez miembros del Partido Nueva Joya junto con el Viceministro Bernard Coard fueron sometidos a un juicio en Agosto de 1984 acusados del asesinato de Maurice Bishop[253].

Los oficiales que se rindieron en Granada, empezando por Tortoló, fueron degradados y enviados como soldados rasos a Angola[254]. Tres años después aún se encontraba en Angola pasando su castigo para reincorporarse, según el gobierno cubano, a la sociedad, no para regresar a las Fuerzas Armadas.

Documentos reveladores

Cuando las fuerzas armadas norteamericanas desembarcaron en Granada en octubre de 1983 confiscaron un gran número de documentos. Estos incluían record de los ministerios

---

[251] Granada era un estado parlamentario dentro de la comunidad británica. Aún luego de obtener su independencia en 1974 funcionaba, aunque nominalmente, un gobernador general. En 1983 éste era Paul Scoon.

[252] En las elecciones de diciembre 3 de 1984 triunfó mayoritariamente una coalición de partidos de centro derecha derrotando al anterior Primer Ministro Eric Gairy que había regresado de su exilio en los Estados Unidos. En 1995 volvió Gairy a ser derrotado y murió en agosto de 1997.

[253] Luego de repetidas posposiciones en diciembre 4 (1986) el antiguo Viceministro Coard, el anterior Jefe del Ejército Hudson Austin y otros 12 antiguos miembros de la Junta Revolucionaria que había depuesto a Bishop fueron condenados a la pena máxima. Condena conmutada posteriormente a cadena perpetua.

[254] Declaraciones del antiguo General Rafael del Pino a la periodista Mirta Ojito, julio de 1987.

del gobierno de Granada, Archivos del Movimiento Nueva Joya (el brazo político del régimen) y documentos privados de prominentes funcionarios de Granada. Particular importancia tenían los documentos que mostraban las relaciones entre Granada y otros países, especialmente Cuba y la Unión Soviética.

Estos documentos pasaron a la Agencia de Inteligencia y de Defensa en Washington donde se sacaron copia de los mismos devolviendo, luego, los originales a las autoridades del nuevo gobierno de Granada. Las copias, en forma de microfilm, en número aproximado de 14 mil, se encuentran hoy en el edificio de Archivos Nacionales disponibles para investigadores históricos.

Aparece como el General Austin, Jefe de las Fuerzas Armadas de Granada y Ministro de Defensa, luego de crear un Comando Supremo que estaría formado por miembros del Comité Central del partido, se encargaría de la formación marxista de los miembros del ejército y de otros funcionarios. A ese efecto había elaborado las directivas que debían seguir los miembros de las fuerzas armadas "como nos enseñó Lenín".

El primer párrafo de esas instrucciones expresaba que "los fundadores del comunismo científico, Karl Marx y Federico Engels, probaron científicamente la necesidad de que la clase trabajadora tuviese su propio partido independiente para cumplir con el paper de organización y de dirección en su lucha por la emancipación".

Allí, en el tercer párrafo, se refería a las fuerzas armadas: como "con la claridad de los genios, Marx y Engels presentaban al partido de los trabajadores estos objetivos: la formación de un ejército del proletariado; el derrocamiento de la burguesía, la captura del poder político por el proletariado, y la construcción de una sociedad comunista".

Luego detallaba todo lo que un militar debía cumplir; los informes que debía rendir a su oficial superior, y éste a su vez al suyo. Todo terminaba en manos del Secretario de Defensa. Es decir del propio General Austin. El objetivo era asegurar una "disposición combativa permanente".

A juzgar por la pobre actuación durante la invasión de las fuerzas militares a su mando, el Gral. Austin además de sus otros muchos fiascos había fracasado en asegurar la necesaria disposición combativa.

Pero ya la atención vuelve a centrarse en África. Castro continúa protegiendo las empresas petroleras en Cabinda y denunciando las incursiones dentro de Namibia de las fuerzas militares de África del Sur. La prensa norteamericana se hace eco de la política de *appartheid* de Sur África y de sus encuentros con las guerrillas de Namibia, pero silencian la actuación mercenaria en Angola de Castro y sus tropas.

CAPÍTULO IX

De nuevo: África

Sanciones a África del Sur

En junio 5 (1985) la Cámara de Representantes aprobó[255] una medida imponiendo una inmediata prohibición a nuevas inversiones en África del Sur. En julio 11 el Senado respaldó una medida similar.

Los Republicanos conservadores se oponían a las sanciones impuestas al África del Sur al tiempo que se organizaban esfuerzos para rechazar la Enmienda Clark de 1976 que prohibía la ayuda militar norteamericana a UNITA.

Un muy importante factor para este cambio fue el fuerte cabildeo de grupos cubano-americanos en Washington que lograron el apoyo del influyente congresista Claude Pepper y otros. La Fundación Nacional Cubano Americana encabezó estos esfuerzos.

El debate originado por la proposición de Claude Pepper para rechazar la Enmienda Clark enfrentaba una fuerte oposición en el Subcomité de Asuntos Africanos del Comité de Relaciones Exteriores. El Subcomité estaba dominado por miembros del grupo afroamericano y congresistas liberales, pero el Comité lo presidía Dante Fascell, prestigioso congresista que mantenía una posición liberal en temas sociales pero conservadora en política exterior.

---

[255] La votación fue 295 (incluyendo 56 Republicanos) a 127. La votación del Senado fue de 80 a 12.

198

Al hacer pública su posición, el Subcomité de Asuntos Africanos convocó a distintas audiencias sobre Angola durante los meses de octubre y noviembre de 1985 y en abril de 1986. ¿Deben los Estados Unidos proteger las inversiones de empresas norteamericanas en Angola? ¿Debe ofrecerse ayuda a las fuerzas que luchan contra un gobierno marxista impuesto por la fuerza? ¿Debe impedirse que esas fuerzas anticomunistas ataquen empresas norteamericanas?. ¿La ayuda a las fuerzas antimarxistas debe ser directa o encubierta?.

Todos estos temas se discutían libremente en el congreso norteamericano y eran cubiertos por la prensa.

Rechazo de la Enmienda Clark

Ese año la Cámara de Representantes, controlada por los Demócratas, rechazó por amplia mayoría (236 a 185 votos), la Enmienda Clark vigente desde 1975. 60 Demócratas votaron con los Republicanos. Era un evidente logro del inteligente cabildeo de personalidades y agrupaciones del exilio cubano.

Lo mismo había sucedido un mes antes en el Senado dominado por los Republicanos que votó 63 a 34 por el rechazo de la Enmienda Clark. Un sobresaliente vocero de la posición Republicana lo fue el Senador Steve Symms quien, el año anterior, había visitado a Savimbi en el territorio por él dominado en Angola[256].

Tras el rechazo de la Enmienda Clark los congresistas Pepper y Jack Kemp presentaron un proyecto de ley que fue aprobado ofreciéndole una modesta contribución de $27 millones de dólares de asistencia a UNITA.

La derogación de la Enmienda Clark por ambos cuerpos legislativos culminaba un esfuerzo de los elementos conservadores anticomunistas de Estados Unidos, que por años se vio bloqueado por la fortaleza de los cabilderos de poderosas compañías financieras y petroleras norteamericanas y europeas.

---

[256] En 1981 el Senado, con mayoría Republicana, había votado por rechazar la Enmienda Clark, pero la Cámara, dominada por los Demócratas, lo había impedido.

Estas empresas habían combinado sus intereses con los de la Unión Soviética utilizando las tropas cubanas que custodiaban los pozos petroleros de esas compañías en el enclave de Cabinda, expresaba el columnista Ariel Remos al cubrir para Diario Las Américas la sesión de la Cámara.

En la misma fecha el congreso respondió a la amenaza del terrorismo de algunos países, negándole la ayuda norteamericana a las naciones que lo promueven[257].

El rechazo a la Enmienda Clark era, en palabras del congresista Sam Stratton, de Nueva York, "la primera manifestación abierta de rechazo al síndrome de Vietnam". Tras la guerra en Vietnam, los congresistas negaron –bajo la citada enmienda– el apoyo encubierto de Estados Unidos a las guerrillas anticomunistas de Angola, para evitar la participación militar norteamericana en el extranjero. Esperaba Stratton que, con el rechazo de la Enmienda Clark quedaría superada aquella falacia; e hizo notar que los Estados Unidos "debería tener capacidad para responder al espíritu aventurero de Cuba y la Unión Soviética".

La ayuda al exterior y el rechazo de la Enmienda Clark reflejaba la ideología conservadora de la Casa Blanca y recogía "las intenciones de la Administración del Presidente Ronald Reagan de ayudar a los movimientos anticomunistas del Tercer Mundo y de combatir la expansión del terrorismo"[258].

Honda significación tuvo el rechazo de esa enmienda que por diez años obstaculizaba la ayuda a los combatientes por la libertad.

El Congresista Dante Fascell, Demócrata de la Florida, elogió la acción tomada por la Cámara de Representantes:

"El pueblo de Angola tiene derecho a vivir en libertad. Nosotros, como nación amante de la libertad, no debemos imponernos restricciones de proveer ayuda adecuada a ellos si el Presidente decidiera que esto es necesario en cualquier momento futuro.

---

[257] Los legisladores concedieron $5 millones de dólares a las guerrillas no comunistas que luchan contra el gobierno pro-vietnamita de Camboya.

[258] Charo Gasca, EFM, Diario Las Américas, sábado 13 de julio 1985.

Cuba comunista tiene 25 mil soldados en Angola y la Unión Soviética ha enviado mucho equipo militar a ese país. Mientras, los Estados Unidos ha estado impedido por la Enmienda Clark de ayudar a los angoleños en su lucha por la libertad".

El Secretario de Estado George Shultz declaraba que:

"El pueblo americano tiene una larga y noble tradición de respaldar la lucha de otros pueblos por la libertad, democracia e independencia... si damos la espalda a esta tradición, estaríamos concediéndole a la nación soviética que las revoluciones comunistas son irreversibles".

En sus declaraciones ante el Subcomité de Asignación de Fondos del Congreso de los Estados Unidos, el 8 de mayo de 1985, el Subsecretario de Defensa Richard L. Armitage abogaba por la ayuda a los "peleadores por la libertad" afirmando que "éstos anticomunistas merecen nuestro respaldo y asistencia no sólo porque nosotros como nación estamos en favor de la libertad sino, también, porque en la lucha de ellos a la expansión de los regímenes comunistas es inevitable para nosotros y para esos grupos que resisten, la doctrina Brezhnev está muerta: el socialismo no es irreversible".

En septiembre 9, 1985 el Presidente Reagan firmó la Orden Ejecutiva 12532 estableciendo un programa de sanciones contra África del Sur como expresión de condena a la política de apartheid.

Comenzaba a difundirse lo que sería conocida como "Doctrina Reagan" que expresaba que los Estados Unidos debían ayudar a los combatientes por la libertad que se enfrentaban a gobiernos totalitarios dominados por los soviéticos. Sostenía aquella doctrina que la "colonización soviético cubana de Angola era reaccionaria y que la liberación anticolonial en África era categóricamente imperativa para la democracia", afirmaba el Congresista Jack Kemp.

Abogaba el Congresista Kemp y otros parlamentarios por la ayuda encubierta a las fuerzas leales de Savimbi:

"Nosotros, los norteamericanos, no tenemos el derecho de sentirnos tranquilos mientras soldados de Cuba y coman-

dantes de la Unión Soviética aplastan las aspiraciones de cinco millones de negros africanos"[259].

Para Jack Kemp ésta era la segunda guerra de independencia de Angola en los últimos diez años:

"Jonás Savimbi y su movimiento UNITA ayudaron en 1975 a liberar a su país del colonialismo portugués, y, ahora, está combatiendo para liberar a Angola de las fuerzas soviéticas y cubanas que se adueñaron del poder en el vacío dejado por la retirada portuguesa"[260].

Jack Kemp no sobreestimaba lo que podría realizarse con el modesto aporte de $27 millones de dólares. Al aprobarse la medida afirmaba el congresista Republicano que esa modesta contribución no podía mantener a UNITA combatiendo a la FAPLA, el brazo armado del gobierno angolano. Su propósito era, afirmaba en forma no muy convincente, humanitario.

"Estas personas y las tribus que están unidas a los peleadores por la libertad han sido excluidas enteramente de la poca ayuda social que les era proveída hace una década por el estado. Medicinas, alimento, educación y entrenamiento son, desesperadamente, necesitadas para esta pobre gente africana. Nuestros programas de asistencia nunca llegan a ellos. Esta modesta contribución de emergencia de $27 millones de dólares tiende a corregir esta omisión" afirmaba en su artículo el congresista Kemp.

La iniciativa Namibia-Angola fue, de acuerdo a Crocker, la primera demostración de una política a nivel regional. Era el inicio del "compromiso constructivo" enunciado por Reagan.

Castro comprende que no puede vencer

Para enero de 1986 Castro sabía que UNITA contaba ya con el abierto respaldo del Presidente Reagan. Podría el De-

---

[259] Jack Kemp, "La Doctrina Reagan en Angola", Africa Report, enero-febrero 1986.

[260] Jack Kemp, artículo citado.

partamento de Estado u otros organismos mantener públicamente una posición distinta, pero la Administración tenía interés
en que todos, incluyendo a la Unión Soviética, conociesen cual
era su posición.

Así, en enero, Reagan recibió con todos los honores, en la
propia Casa Blanca, a Jonás Savimbi.

Tan impresionante y efectiva para la opinión pública fue
aquella recepción que casi dos años después, al hacerse eco de
la firma de los acuerdos definitivos para lograr la paz en África
Sudoccidental, Castro se refirió al: "fariseismo de Washington al
recibir en 1985 (realmente fue en 1986) a Jonás Savimbi, cabe-
cilla de la UNITA" que llevó a la "continuación de la escalada
militar sudafricana"[261].

Luego de la visita Reagan dio a conocer que su intención
era la de ofrecer ayuda militar encubierta a Savimbi, enfrentándose, si fuese necesario, a los elementos liberales del congreso
que, dirigidos por Lee Hamilton[262], presidente del Subcomité de
Relaciones Exteriores de la Cámara, se oponían a toda ayuda a
UNITA. Castro sabía que la orfandad de UNITA había terminado. Por tanto, era necesario buscar una salida que no fuese la
pretensión de una inalcanzable victoria militar.

Momentáneamente Angola retiró sus delegados de la mesa de negociaciones con la delegación norteamericana pero la
fracasada ofensiva de FAPLA (las Fuerzas Armadas de Angola)
a mediados de aquel año y la reducción del respaldo militar que
estaba recibiendo de la Unión Soviética, hicieron a los angolanos regresar en abril de 1987 a la mesa que habían abandonado. Vendrían con un importante mensaje: Castro deseaba enviar
representantes a la mesa de negociación.

¿Qué otros factores habían influido en este cambio?. Que
en los círculos oficiales norteamericanos se discutía libremente
si la ayuda a UNITA debía hacerse abiertamente o en forma encubierta. Pero todos coincidían en aceptar que, en una for-

---

[261] Granma, viernes 23 de diciembre de 1988.

[262] En septiembre de 1986 la intención de impedir la ayuda fue derrotada en la
Cámara por votación de 220 a 187.

ma u otra, habría respaldo militar a las fuerzas de Savimbi si no se encontraba una fórmula de paz.

Castro, entonces, vio con claridad el escenario de Angola. El respaldo militar soviético al MPLA disminuiría como consecuencia de la previsible crisis económica de la URSS y la nueva política de apertura y reestructuración de Gorbachev; y, por otro lado, la firme determinación del mandatario norteamericano de respaldar abiertamente o, con asistencia encubierta, a las fuerzas de Savimbi. La opción era clara para Castro. Su salida, y la de las tropas cubanas, del incierto escenario angolano no podía lograrse a través de un triunfo militar. Sólo lo podría conseguir en la mesa de negociaciones donde le era imperativo estar presente. Hacia allá se habrá de dirigir.

La administración continuaba sumamente preocupada con la "directa amenaza a los importantes intereses norteamericanos en el sur de África y la creciente confrontación militar en Angola". Los intereses políticos, comerciales y estratégicos de los Estados Unidos y sus aliados estaban siendo amenazados por la política de línea dura del régimen angolano del MPLA[263]. A ese efecto la Administración del Presidente Reagan consideraba necesario reconsiderar y afirmar los objetivos de la política norteamericana en el África Meridional.

Para lograr esos objetivos (la eliminación de la influencia soviética y de sus subordinados, alentar cambio de la política de apartheid, promover la estabilidad regional y buscar una solución internacionalmente aceptable al problema de Namibia y a la retirada de las tropas cubanas de Angola) Reagan expresaba con claridad meridiana que era necesaria la ampliación de los contactos con UNITA y la asistencia política a esa organización para aumentar su estatura internacional.

La política norteamericana delineada en este memorándum expresaba diáfanamente que "la paz no podía lograrse en Angola suprimiendo a UNITA o ignorando los intereses de esa organización". Y, más importante, pedía informar al EXIMBANK que no podría buscar ni aceptar nuevos negocios en Angola que

---

[263] Memorándum #212 de febrero 10 de 1986, de la Casa Blanca, desclasificado el 17 de mayo de 1991. Archivo Nacional.

podrían aumentar la capacidad del MPLA para continuar sus operaciones militares. E informarle a la institución crediticia que los Estados Unidos utilizaría todos los medios disponibles, incluyendo la negación de licencias de exportación, para prevenir la exportación de equipos norteamericanos, tecnología y otros proyectos de servicio que tuvieran una aplicación militar[264].

Un año después, en enero 22 de 1987 vuelve a plasmarse en otro memorándum los objetivos de la política norteamericana en África del Sur. Poco se había logrado desde el análisis realizado el año anterior. Pero Castro, aunque ignorante de estos documentos internos, estaba consciente del cambio en la política exterior norteamericana hacia Angola.

El conflicto militar en aquel país se había estabilizado. Ni el MPLA ni UNITA se encontraban en una posición para lograr una victoria militar[265], a pesar de la inversión de más de $1 billón de dólares en nueva asistencia militar soviética al MPLA. Los objetivos de la estrategia enumerados en el memorándum 212 de febrero 10 de 1986 se mantenían igual año y medio después.

En febrero de 1986 ya era de público conocimiento que la Administración del Presidente Reagan no permitiría, como solución a la crisis de Angola, que como una precondición a un acuerdo de paz Castro mantuviese tropas en aquel país. Así lo expresó el Subsecretario de Estado en su comparecencia ante el Comité de Relaciones Exteriores del Senado[266]:

"Hemos dicho con absoluta claridad que no permitiremos que queden 10 mil soldados cubanos en Angola".

Agregó más, mucho más, Chester Crocker:

"Deseamos dejar claro que aquellos que resisten el aventurerismo soviético y su pretensión de resolver militarmente conflictos internos, no van a estar solos; que ellos tendrán

---

[264] Las inversiones de Cabinda GULF ascendían a $1.3 millones de dólares en junio de 1986 (The Washington Post, julio 31, 1986).

[265] Memorándum #274 de la Casa Blanca de mayo 7 de 1987, desclasificado el 20 de diciembre de 1991. Archivo Nacional.

[266] Audiencia del 18 de febrero de 1986.

el respaldo de este país. Yo creo que este es un mensaje muy importante y que va mucho más allá del sureste de África".

Castro comenzó a acomodarse a las nuevas directivas de Washington. En febrero de 1986 el dictador cubano pronunció un largo discurso supeditando el retiro de las tropas cubanas de Angola a un acuerdo para terminar el apartheid en África del Sur. Ya era un paso de avance para una solución política.

Esfuerzos en el congreso para impedir la ayuda a UNITA

Muchos miembros liberales del congreso norteamericano realizaban notables esfuerzos para impedir o, al menos, obstaculizar toda ayuda encubierta a UNITA.

Así, Lee Hamilton, congresista por Indiana, y presidente del Comité Permanente Selecto sobre Inteligencia convocó el 27 de febrero de 1986 una audiencia pública para discutir el proyecto de ley H.R. 4276 que prohibía la ayuda a las organizaciones, como UNITA, que combatían al gobierno marxista de Angola.

Era poco usual que el Comité de Inteligencia convocase a una audiencia pública en un tema que correspondía al Comité de Relaciones Exteriores. Así lo hizo constar el congresista Bob Stump, de Arizona.

El panel, compuesto de 4 distinguidos expertos[267], estaba, para crédito al congresista Hamilton que presidía la audiencia, balanceado. Dos (Dimitri Simes y Richard Bissell) expusieron sus criterios contrarios a la aprobación del proyecto que impediría toda ayuda a UNITA. Los otros dos panelistas, Profesor Robert Rotberg y Richard Moose, el antiguo Subsecretario de Estado de la Administración de Carter, favorecían la medida.

---

[267] Richard E. Bissell, editor de la revista Washington Quarterly; Profesor Robert Rotberg, profesor del Instituto de Tecnología de Massachusett (MIT), Dimitri Simes, del Centro Internacional de Paz de Carnegie, y Richard Moore.

PILOTOS SOVIÉTICOS CAPTURADOS
Jonás Savimbi habla a sus tropas luego de la captura de dos pilotos soviéticos en 1986.

EN JAMBA, ANGOLA
Savimbi, Secretario General de UNITA, llegando a Jamba, su cuartel general en el sureste del país.

Dimitri Simes, del Centro Internacional de Paz, se oponía a la aprobación del proyecto HR4276 que prohibiría la ayuda a UNITA afirmando que la intervención de la Unión Soviética en Angola había sido alentada por la derrota norteamericana en Vietnam, el problema moral generado por Watergate y el cambio que se había producido en el sentimiento de la población norteamericana por esos eventos. Situación utilizada por la URSS, afirmaba Simes, para ampliar sus ambiciones imperiales en el continente africano.

Richard Bissell consideraba que el proyecto de ley resultaría en la legitimización de la guerra civil en Angola, negándole ayuda a las fuerzas que se oponían a aquel régimen dictatorial, y prolongaría la presencia de las tropas cubanas que ejercían una función desestabilizadora allí como antes lo hicieron en Zayre. Posición también defendida por el Congresista Stump para quien aprobar el nuevo proyecto H.R. 4276 sería "volver a tener nuevamente la Enmienda Clark. Un grave error".

En junio 1987 el Congreso, por unanimidad, aprobó una resolución conjunta condenando la participación soviético-cubana en Angola[268], la violación de los derechos humanos por el MPLA y solicitando un acuerdo entre el MPLA y UNITA que llevara a elecciones.

Castro acepta retirar las tropas cubanas

En el mes de diciembre (1986) las tropas angolanas se habían replegado al margen este del Río Cuito Cuanavale, después de haber fracasado en una ofensiva contra las bandas de UNITA que habían sido apoyadas por el ejército territorial namibiano y fuerzas de África del Sur. Las fuerzas angolanas habían sufrido grandes bajas, tanto en personal como en material de guerra y perdido gran cantidad de armamento[269].

---

[268] Ese año la asistencia económica-financiera de la Unión Soviética a Cuba había ascendido a $5 billones de dólares.

[269] Ernio Hernández Rodríguez, Jefe de las Tropas Cubanas en Cuito Cuanavale. Secretos de Generales. Obra citada.

El 13 de enero (1987) las fuerzas de UNITA se lanzaron en un ataque directo sobre las posiciones de la 21 Brigada Angolana, que ya tenía la asesoría y el respaldo cubano, derrotándola y forzándola a abandonar sus posiciones. La posición fue recobrada por las fuerzas cubano angolanas días después.

Durante el mes de junio le llegaban a Castro claros mensajes de la precaria situación en que se estaba quedando en el país africano. Los responsables de dirigir la economía en la Unión Soviética expresaron ante el Comité Central del Partido Comunista su inconformidad con la dirección impartida por Castro a la economía cubana[270].

El informe reflejaba el criterio de la segunda figura del Partido Comunista Soviético Egor Ligatchev, Miembro del Buró Político y Secretario del Comité Central, que presidió la reunión. Estaba haciendo crisis la ayuda soviética para sus aventuras militares. Aprovechará Castro la primera oportunidad para suavizar su posición.

La visita de cinco días de Dos Santos a La Habana en julio 30 de 1987 produjo un cambio notable en el cuadro político de África dando inicio a una nueva fase en la situación de Angola, Namibia y Sud África. Castro y Dos Santos firmaron un comunicado comprometiéndose a modificar la proposición presentada por Dos Santos en 1984[271] en su interés de proseguir, ahora conjuntamente, las negociaciones que días atrás se habían reiniciado en Luanda.

Castro, hasta ese momento excluido de las conversaciones de paz, utiliza al dirigente angolano como vehículo para participar en las negociaciones que luego de 18 meses recién se estaban restableciendo. Para conseguirlo ofrecía apreciables concesiones.

---

[270] Cable de AFP, fechado en Moscú, junio 23 1987.

[271] La reunión se produjo en Cabo Verde, en el mes de julio de 1984. Manuel Alexander Rodríguez (Kito), Ministro del Interior, y antiguo Teniente Coronel de las Fuerzas Armadas de Angola, presentó la proposición de retirar el 75% de las tropas cubanas al concedérsele la independencia a Namibia. Esa proposición, como todas las presentadas por Cuba y Angola, demandaba la permanencia de un alto porcentaje de tropas cubanas.

PIEZA DE ARTILLERÍA EN CAZOMBO
Tropas de UNITA emplazan piezas de artillería para detener, con éxito, el avance de las fuerzas del MPLA.

HELICÓPTERO RUSO DESTRUIDO EN MAVINGA
Uno de los cientos de equipos militares perdidos por los soviéticos en la costosa derrota de Mavinga.

MIG-21 DERRIBADO EN LA OFENSIVA DE MAVINGA
Fuerzas de UNITA trasladan piezas de un MIG-21 de fabricación soviética derribado durante la fracasada ofensiva de Mavinga.

LA PRENSA CUBRE LA GUERRA
Savimbi, al iniciarse las hostilidades, luego de la firma del Acuerdo de Alvor, habla con un perioodista francés.

Ofrecía una reducción de tres años a dos años en el tiempo fijado para retirar los más de 20 mil cubanos que se encontraban en el sector sur, pero el comunicado no mencionaba a los más de 15 mil cubanos que se encontraban en el norte de Angola. La proposición había sido enviada el 4 de agosto (1987)[272].

Pero días antes de la llegada de Eduardo Dos Santos[273], que había sustituido al fallecido Agostino Neto, a La Habana, y sin conocer de esta proposición, la delegación norteamericana había recibido un mensaje de Castro proponiendo que Cuba participara de las conversaciones entre el MPLA y los Estados Unidos[274], comprometiéndose a trabajar con los Estados Unidos y los angolanos para llegar a una solución. Castro quería la respuesta antes de que Dos Santos llegase a La Habana en las próximas 48 horas. Era evidente que el gobernante cubano pretendía elevar su propia imagen internacional en el proceso de paz africano convirtiéndose en participante de las conversaciones.

Mavinga: desastre soviético

Mientras semana tras semana continuaban las negociaciones en Washington, Luanda y Bruselas[275], aviones militares soviéticos de transporte, realizaron viajes continuos a las bases de Angola llevando equipos militares por un valor superior a $1 billón de dólares. Un general soviético planeó y dirigió el asalto que se inició en agosto 14 partiendo de la Base de Cuito de Cuanavale hacia Mavinga, punto estratégico dominado por Savimbi.

---

[272] El 4 de agosto Alfonso Van Dunem (Mbinda), Canciller de Angola, presentó la proposición para la retirada de las tropas cubanas en aquel territorio.

[273] Eduardo Dos Santos había estudiado en Moscú donde se casó con una rusa y siguió como representante en Yugoslavia del MPLA antes de formar parte del Buró Político de esa organización en septiembre de 1974.

[274] Chester A. Crocker., obra citada.

[275] Reuniones informales entre norteamericanos y angolanos se estaban produciendo en esas tres ciudades desde julio a octubre de 1987.

Pero una fuerza combinada de 8 mil hombres de UNITA Y 4 mil de Sud África destruyeron varias brigadas de FAPLA[276] (las fuerzas armadas del MPLA) compuestas de más de 18 mil hombres dirigidos por altos militares soviéticos. Gigantescas cantidades de equipo bélico fueron destruidas o cayeron en manos de UNITA y de Sud África. La ofensiva, trazada por la Unión Soviética, fue aplastada en el río Lomba, cerca de Mavinga, forzando a una retirada de 250 millas hasta Cuito Cuanavale desde donde se había iniciado.

La ofensiva soviético-cubana se llevó a cabo, confirma el delegado Kandeya, empleando una enorme cantidad de material de guerra altamente sofisticado y costoso que incluía tanques T-55, carros blindados BMP-1, vehículos blindados de reconocimiento BM-14 y BM-21, enormes misiles antiaéreos incluyendo el moderno sistema de radar SA-8, así como un aumento de la aviación militar. Todo ese material bélico ascendía a un billón y medio de dólares. Su objetivo era tomar Mavinga para seguir a Huambo, la capital provisional de UNITA[277].

Fue para los soviéticos un verdadero desastre. La derrota de Mavinga se había producido poco después de iniciadas las conversaciones de la delegación cubana con la norteamericana.

Tan aplastante fue el descalabro sufrido que Castro públicamente se distanció del desastre. "Creo que un día la historia lo dirá todo: qué errores se cometieron y por qué. Yo sólo diré que Cuba no tuvo responsabilidad en esos errores", manifestará Castro en el discurso que pronuncia el 26 de julio del siguiente año con motivo de un nuevo aniversario del asalto al Cuartel Moncada.

Luego de la catástrofe de Mavinga y el ataque aéreo a la represa de Calueque todos coincidían en que el mejor camino era el de una paz negociada. Así lo aceptaron Cuba y Angola; también, África del Sur. Por eso, en Governor Island, en Nueva York, se reunieron a fines de julio para discutir la retirada de las tropas cubanas de Angola y fijar una fecha para la independencia de Namibia. Durante varios días, pendientes del resultado de

---

[276] Fuerzas Armadas Populares de Liberación de Angola (FAPLA).

[277] Angel Cuadra. Artículo citado.

las elecciones de noviembre de 1988, las conversaciones quedaron suspendidas.

Ya para entonces era evidente que la economía soviética estaba en crisis. Su presupuesto militar comenzó a ser drásticamente reducido y, como consecuencia, el subsidio a Cuba[278]. La perestroika y el glasnost de Gorbachev lo distanciaban de Castro que se negaba a todo cambio en las estructuras y a toda posibilidad de apertura[279].

Fue en ese momento que Castro presentó a Angola y Moscú su plan de enviar 15 mil tropas adicionales a Angola, las primeras de las cuales arribarían en noviembre 15 para permitirle a las fuerzas de FAPLA sostenerse en Cuito Cuanavale.

Cuito Cuanavale: la verdadera historia

En el episodio de Cuito Cuanavale es necesario distinguir entre la batalla militar y la batalla política. En la primera, Castro resultó derrotado. En la segunda, triunfador.

Sus derrotas militares Castro las convertía en victorias estratégicas. Así ante la acometida de las fuerzas de UNITA las tropas de Castro, sometidas a tan fuerte presión, se vieron obligadas a desplegarse al sur del Paralelo 15. Era una retirada, una derrota, pero veamos como describe Granma este repliegue: "Fuerzas cubanas, angoleñas y de la SWAPO, que se hallaban en el Paralelo 15 *tomaron posición 200 kilómetros más al sur*". La estampida era sólo "una toma de posición".

La verdadera campaña militar y su resultado es muy diferente al cuadro que Castro ha pretendido mostrar.

Las operaciones de UNITA y de África del Sur de enero a marzo de 1988 estaban dirigidas a sacar a FAPLA (las fuerzas

---

[278] En 1987 la asistencia económica-financiera de la Unión Soviética a Cuba había ascendido a $5 billones de dólares.

[279] Esto se hará aún más evidente en la visita de Gorbachev a La Habana en abril de 1989 cuando Castro pretendió darle lecciones de marxismo leninismo al Secretario General del Partido Comunista de la Unión Soviética y Presidente del Soviet Supremo.

militares del MPLA) de sus posiciones. Mientras estos encuentros se producían continuaban las conversaciones de paz que se aceleraron de junio a agosto y en cuyas pláticas las fuerzas de África del Sur en Cuito se convirtieron en una pieza negociable.

¿Cómo, entonces, la batalla de Cuito Cuanavale se tornó en una heroica leyenda de las fuerzas cubanas?. Sencillamente proclamando a un mundo crédulo que la población de Cuito Cuanavale –que estaba bajo el control de las fuerzas comunistas del MPLA desde 1976– era el valioso objetivo sobre el cual se libraba toda la campaña. Y considerando una victoria el hecho de no haberla perdido[280].

En otro frente, la frontera de Namibia estaba desocupada. No se encontraban en aquella franja fuerzas militares. Castro presentó como un extraordinario triunfo el ocupar aquel espacio vacío.

Para desenmascarar la falsa versión de Castro sobre "la victoria militar de Cuito Cuanavale" es necesario que fijemos con claridad las fechas y los acontecimientos.

Castro se encontraba en la Unión Soviética el 7 de noviembre celebrando el 70 Aniversario de la Revolución Bolchevique. Regresa dos días después.

Entre el 7 y el 15 de noviembre se produce la escalada sud-africana con un ataque a la Agrupación de Tropas angolanas en Cuito Cuanavale. Es cuando Castro toma la decisión de reforzar la aviación enviando los mejores pilotos, y a su más calificado militar.

Las batallas alrededor de Cuito Cuanavale comenzaron cuando las fuerzas de África del Sur y UNITA hicieron retroceder a FAPLA, ya reforzada con tropas cubanas, 250 millas hasta el río Cuito. Continuaron distintos encuentros durante cuatro meses en los que las unidades de artillería y el ejército de África del Sur, fuerzas especiales y de infantería de UNITA enfrentaron y derrotaron a las tropas de Castro y de FAPLA en un terreno difícil.

---

[280] Chester Crocker. Obra citada.

SAVIMBI ARRIBA AL AEROPUERTO DE LUIANA
Poco antes de iniciarse las batallas de Cuito Cuanavale, Jonás Savimbi se
encuentra activo en el área. Aquí aparece al llegar al aeropuerto de Luiana,
cerca de la frontera de Zambia.

Luego de la desastrosa ofensiva dirigida por los generales soviéticos Konstantin y Shagnovitch que había estado planeada por dos años y se convirtió en una vergonzosa derrota que forzó la retirada de las tropas angolanas hasta internarse en el pequeño pueblo de Cuito Cuanavale[281] a Ochoa se le nombra Jefe de la Misión en Angola.

Es decir, no fue Leopoldo Cintra (Polo)[282]; era Ochoa el Jefe de la Misión. Era de hecho y por designación, el jefe militar de las fuerzas militares soviéticas y angolanas que combatían en Angola a las guerrillas de UNITA respaldadas por Sud-África

Fue un momento crucial en la guerra de Angola.

A mediados de aquel mes Castro ya ha enviado al Gral. Ochoa para que se haga cargo de reforzar la "agrupación de tropas" y comience la construcción del aeropuerto de Cahama que "tomará 90 días". Se terminará a fines de febrero de 1988.

Se desarrollaría en el corazón de África la primera gran batalla mecanizada desde la Segunda Guerra Mundial. Las brigadas cubanas de infantería y las unidades de tanque y artillería se concentraron en Menongue luego de la precipitada retirada de Mavinga, al tiempo que Castro reforzaba su fuerza aérea con la incorporación de sus más experimentados pilotos[283].

Los mejores pilotos cubanos de los MIGS-23 llegaban, en diciembre 5, al aeropuerto de Cuito Cuanavale. Las batallas, varias, se entablarán en febrero y marzo.

En febrero, cerca de 3,500 soldados cubanos se han movido al sur hacia la provincia de Cunene; con la llegada de más tropas establecen un nuevo frente sur.

---

[281] Andrés Oppenheimer.

[282] A Ochoa se le designa jefe de la misión militar en los primeros días del mes de noviembre. No envían a Polo que había estado muchos años en Angola... "a los compañeros del alto mando les pareció un abuso enviar a Polo otra vez para allá... no estaba la situación tan crítica, la situación se agravaba pero no estaba tan crítica". (Fidel Castro. Julio 9, 1989).

[283] The Maldon Institute, Nov. 1988.

Se encontraba en Angola, también, el regimiento de artillería antiaérea Mariana Grajales que permaneció en Lubango de marzo a junio y fue luego trasladado a Cahama responsabilizado con la custodia del aerodromo, entonces en fase final de construcción.

Una historia de cables

En su intervención de la reunión del Consejo de Estado, del 9 de julio de 1989, Fidel hace mención a distintos cables enviados a Arnaldo Ochoa indicándole el movimiento de tropas que aquél debía efectuar. Quiere hacer ver el dictador cubano que él, y sólo él, ha dirigido la guerra en Angola:

"Desde mediados de noviembre de 1987 hasta fines del año 1988 nosotros no nos ocupábamos del gobierno; nosotros le dedicábamos todo el tiempo a esa lucha, a esa guerra".

Castro, desde La Habana, pretendía dirigir la Operación de Cuito Cuanavale, terreno y situación que no conocía. El mismo error que cometió con Ernesto Guevara cuando lo envió a hacer una guerra de guerrillas en el altiplano boliviano desconocido por él.

Intentando desacreditar la capacidad militar de Ochoa, Castro comienza a leer algunos de los cables que afirma fueron enviados por él a Ochoa.

Fidel mencionó cables del 20 de diciembre de 1987, del 21 de diciembre, del 12 de enero de 1988, del 26 de enero.

El 12 de enero Ochoa, según la versión de Castro, afirma que los sud-africanos se están retirando, que ya no hay una situación de crisis allí; de que, por eso, pueden hacer de nuevo un movimiento de tropas en otra dirección.

El mismo día Castro le expone: "La situación de Cuito Cuanavale no está resuelta todavía, a pesar de los optimistas indicios que ustedes informan", y luego le instruye a no mover las brigadas angolanas 58 y la 10 ya que si son trasladadas de Menongue a Kwanga se debilitaría el frente.

En forma inconexa Castro menciona 5 cables del mes de enero, 4 de febrero, 1 de marzo, 2 de junio, 1 de octubre. Es decir, en los más de 300 días que transcurren de enero a octubre Castro sólo puede hacer gala –aunque sin fundamento– de sus habilidades estratégicas en apenas 15 de las trescientas jornadas.

El 12 y el 13 de enero y el 14, ocurre un fortísimo ataque sud-africano. El día 17 comienza lo que Castro llama la batalla por juntar las líneas al este del río. Hay cables y más cables de Castro a Ochoa –continúa afirmando en su soliloquio– criticando las decisiones que éste toma o pidiendo información sobre otras operaciones. Molesto con esta situación se le pide a Ochoa que viaje a Cuba.

Comprensiblemente, Ochoa tiene que desestimar muchas de las instrucciones del mandatario cubano. Veamos algunas de ellas.

El 17 se inicia "nuestra batalla por reajustar las líneas al *este* del río". (Cuito Cuanavale, un pequeño poblado está al oeste del río). El 26 le envía otro cable en el que le dice: "No comprendo las cosas que se hacen en Cuito". Sus instrucciones las envía el 17 y el 26 pero "todavía no se ha hecho nada, era una cosa desesperante". Es cuando decide que Ochoa viaje a Cuba el 31 de enero regresando a Luanda el 5 de febrero.

Llega el 31 de enero para discutir con Castro la situación de Cuito. Es un viaje sumamente corto. Regresa a Angola el 4 de febrero a donde arriba el 5 con instrucciones de reajustar inmediatamente la línea al este del río; "aquella línea que estaba 18 kilómetros al este, casi más allá de la distancia entre la artillería cubana, situada al oeste con brechas de 5 kilómetros entre brigada y brigada", declara Fidel en el juicio, presumiendo de estratega.

Y agrega:

"El 14 de febrero se produce el gran ataque sud-africano; esta vez, contra la 59 brigada: rompen las líneas, más bien cruzan por la brecha de 5 kilómetros entre la 21 y la 59. Se crea una situación muy difícil. Prácticamente perdimos los 7 tanques de la compañía, sólo uno pudo regresar, perdieron la vida 14 cubanos". Siguen los cables pidiendo información sobre el número de tanques disponibles y localización de las tropas. Castro pide a Polo Cintra que permanezca en Cuito. En marzo envía para Cuito Cuanavale al General Miguel A. Lorente León.

Más cables el 15 de febrero, el 20, el 21. En el del día 20 le envía este mensaje: "Pensamos en la conveniencia de reforzar el este con algunos tanques angolanos de los que quedaron al *oeste* del río... ustedes deben de tener presente los peligros de la situación al *este del río*".

Era para Castro de gran importancia hacerse fuerte al *este* del río. "Si el enemigo logra romper las defensas, las fuerzas angolanas quedarán de espaldas al río y podrían ser incontables las bajas... si esto ocurriera, difícilmente se podría sostener Cuito".

Al día siguiente, febrero 21, transmite otra queja: "Para nosotros resulta incomprensible la lentitud conque se procede en Cuito... todavía no se han pasado al *oeste* del río más que dos batallones de la veintiuna brigada". Para que no hubiese duda insiste en que debían "reunir toda la artillería cubano-angolana al lado *oeste* del río" y "reducir la línea al *este*".

Otros más. El 6 de marzo, el 22, un salto hasta el 7 de junio: "Noticia sobre posible golpe aéreo sorpresivo sud-africano no debe ser subestimada... tener listo contragolpe con todos los medios aéreos posibles para la destrucción total de tanques de agua y transformadores de Ruacana".

Era, repetimos, comprensible que Ochoa desestimara muchas de estas instrucciones y otras sobre las que Castro guarda absoluto silencio en su monólogo ante el Consejo de Estado.

El 22 de marzo el dictador cubano pone presión para convertir la pista de Cahama en una pista operativa para aviones de combate.

Los cubanos establecieron un nuevo Frente Sur bajo el comando del General Arnaldo Ochoa, que en mayo movió su cuartel general de Cuito Cuanavale a Lubango, la capital de la provincia Huila. Cuba envió en ese mes de mayo (1988) de 12,000 a 15,000 hombres para formar el nuevo Frente Sur de

Ochoa. El Brigadier General Patricio de la Guardia era el segundo comandante[284].

En la narración épica de Castro –con excepción a su breve mención a la pista de Cahama– se produce un salto desde los primeros días de marzo a junio. Nada menciona de lo que pasó a fines de marzo ni, por supuesto, en abril y mayo, ni en la primera quincena de junio cuando sólo se refiere, muy brevemente, al ataque sud-africano sobre Teshipa donde estaba concentrada la fuerza cubana. No habla, tampoco, de las negociaciones de paz.

El 26 de junio África del Sur lanza 26 proyectiles sobre Teshipa donde ya están las fuerzas cubanas. El 27 de ese mes se produce el ataque aéreo de fuerzas cubanas contra Calueque.

Efectuado el ataque Castro envía otra comunicación el día 27: "Hay que estar en máximo estado de alerta las próximas horas y días, esperando cualquier posible respuesta enemiga" pero con este cable termina la enumeración de las comunicaciones. En las ocho páginas completas publicadas por el Granma en su edición del 12 de julio de 1989 Castro no menciona ningún otro mensaje enviado a Ochoa, con excepción del fechado en octubre 10. ¿Por qué?.

Solución no militar. Conveniente alternativa

Ya Castro ha encontrado, como conveniente alternativa, una solución no militar.

Analizando su extensísima narración ante el Consejo de Estado podemos apreciar que la mitad de los cables que él, selectivamente, escogió fue enviada en enero y febrero.

Tal vez no coincidentalmente, Castro, desde mediados de marzo deja de irritar a Ochoa con sus planes estratégicos trazados desde la lejana Habana. Marzo. Precisamente el mes en

---

[284] Aumenta el refuerzo al Frente Sur con la adición de 2,000 tropas especiales con pilotos soviéticos y especialistas militares y técnicos en comunicación de la Alemania Oriental. The Maldon Institute,   Pág. 28.

que África del Sur acepta participar en las negociaciones de paz con la delegación cubana y con la angolana bajo la coordinación del Subsecretario de Estado norteamericano Chester Crocker. Más interés empezará a mostrar el dictador cubano en el diálogo pacificador que en las cruentas batallas. De éstas se ocupará ahora, como antes, Ochoa. De abril a septiembre Castro, en su larga perorata, apenas si hace mención a 2 otros cables dirigidos a Ochoa; y uno en octubre. Era comprensible; su atención, repetimos, se ha volcado hacia las negociaciones que se están efectuando en Londres, El Cairo, Nueva York, Cabo Verde, Ginebra, Brazzaville.

Que es crítica la situación que enfrenta Ochoa, avanzadas ya las negociaciones de paz, lo podemos apreciar en ese cable que Castro le envía el 10 de octubre de 1988: "Las represas de Calueque y Ruacana deben estar preparadas para ser voladas totalmente si el enemigo ataca nuestros destacamentos avanzados".

Es él, Castro, quien ordena una retirada. "El grueso de las tropas debe replegarse a la línea Cahama-Xangongo".

En la misma comunicación le ordena a Ochoa la retirada de varias brigadas: "Debe retirarse la brigada avanzada de Donguena, y la brigada situada entre Teshipa y Ruacana".

Cuba en la mesa de negociaciones

Estamos en 1988. Aún no ha comenzado la "gran batalla de Cuito Cuanavale" cuando ya Castro ha logrado que las delegaciones cubanas participen en las conversaciones de paz.

El 29 de enero Jorge Risquet lleva a la mesa de negociaciones la aceptación de Castro de retirar la *totalidad* de las fuerzas cubanas que se encuentran en Angola. Ya no se quedarían en Angola 10 mil o 15 mil soldados cubanos. Todos saldrían. El alto precio que Castro, conciente de la imposibilidad de una victoria militar, está dispuesto a pagar.

Es Castro, nadie más, quien en ese momento abrió la posibilidad de una "solución negociada".

Expliquemos esta situación con más claridad.

Durante las primeras semanas de noviembre, en la celebración del 70 Aniversario de la Revolución Bolchevique[285], Castro y Dos Santos se reunieron en Moscú con dirigentes soviéticos. Pesaba duramente en el ánimo del mandatario angolano y de los militares soviéticos la aplastante derrota sufrida en las márgenes del Río Lomba.

Cuba se comprometía a enviar 15,000 soldados adicionales a Angola si asumía la responsabilidad de dirigir las operaciones. Al aceptársele esta condición Castro envió al militar de más experiencia y prestigio de las fuerzas armadas cubanas: El General Arnaldo Ochoa quien ya, 10 años antes, había estado en aquella región organizando el suministro de equipos militares. Como su segundo, iría el también General Patricio de la Guardia.

Será Patricio, y no Leopoldo Cintra, quien comandará las tropas del Frente Sur durante las recias batallas de mayo y junio. Encabezará una columna motorizada reforzándola por un regimiento que avanzará desde Cubango hasta Xangongo, con su cercano aeropuerto, y Ngiva.

El lento avance se alcanza con fuertes pérdidas de vidas. Tantas, y en medio de una decreciente ayuda militar soviética, que Castro se esfuerza en propiciar una salida diplomática a este desgastador conflicto que se ha extendido por más de una década.

Fidel recorría, al mismo tiempo, dos caminos distintos. El camino de la negociación para la retirada de las tropas cubanas, con Jorge

Risquet[286] y Carlos Aldana Escalante[287]; y el camino militar haciéndose fuerte, como una posible pieza de negociación, en

---

[285] En la celebración del 70 Aniversario de la Revolución de 1917 se produjo un enfrentamiento entre Boris Yeltsin, Secretario General del Partido Comunista de Moscú, y Michael Gorbachev, Secretario General del Partido Comunista de la Unión Soviética. Duramente criticado por el partido moscovita, Yeltsin parecía liquidado políticamente. Dos años después, Yeltsin recibía más del 85% del voto para mantener su posición. Comenzaba a desintegrarse la Unión Soviética.

[286] Jorge Risquet Valdés fue, antes de la toma del poder por Fidel Castro, miembro de la Juventud Socialista Popular y militante del Partido Socialista Popular pasando, luego, a participar en actividades del Movimiento 26 de Julio

el área de Cuito Cuanavale. Hablará Castro, una y otra vez, de la presencia militar cubana en Angola pero silenciará sus muchos intentos de sentarse –como finalmente lo logró– en la mesa de negociaciones.

Castro, algo que jamás ha aparecido en la prensa oficial cubana, insistió repetidamente en participar en las conversaciones que se estaban desarrollando entre los delegados de Angola, Estados Unidos y, posteriormente, África del Sur para ponerle fin a la presencia de fuerzas extranjeras en aquella región. Una lectura a la prensa cubana de aquellos meses sólo muestra elogiosas menciones a accciones militares por insignificantes que éstas pudieran haber sido.

El peso de la actividad militar recaerá sobre Arnaldo Ochoa y Patricio de la Guardia, el primero de los cuales morirá fusilado dos años después. La gloria "de la acción heroica de Cuito Cuanavale" la autorecibirá Fidel Castro quien la compartirá –con la intención de restarle mérito a Ochoa– con el General Leopoldo Cintra.

Resulta conveniente decir unas palabras sobre el militar que dirigió la campaña de Cuito Cuanavale.

General Arnaldo Ochoa: "Héroe de la República de Cuba"

1984 comienza con la condecoración "Héroe de la República de Cuba" y la "Orden Máximo Gómez de Primer Grado" otorgada al General de División Arnaldo Ochoa Sánchez. Con-

---

en cuya condición se encontraba en la Sierra Maestra. Miembro del Comité Central y del Secretariado del Partido Comunista Cubano y de su Buró Político.

[287] Carlos Aldana Escalante provenía, como otros, del Movimiento 26 de Julio y se incorporó al Ejército Rebelde cuando apenas tenía 16 años. En 1963 formó parte de la Unión de Jóvenes Comunistas, ingresando en el PCC dos años después. Antiguo jefe de despacho de Raúl Castro, había estado al frente del Departamento Ideológico. En 1980 ya Aldana era miembro del Comité Central y cuando interviene en las negociaciones de paz en la guerra de Angola formaba parte del Secretariado del Comité Central a cargo del Departamento de Orientación Revolucionaria. En pocos años perdió la confianza del régimen y fue destituido de sus distintas posiciones en 1992.

decoraciones las recibirá también el General de División Abelardo Colomé Ibarra.

Será el propio Fidel Castro quien concede ambos títulos a los dos altos oficiales al conmemorarse el 25 Aniversario del Triunfo de la Revolución[288]. El Acuerdo Número Doscientos Cincuenta y Uno por el que se le otorga estos títulos a Ochoa hace constar que "en adversas y difíciles condiciones el compañero Arnaldo Ochoa Sánchez ha cumplido con singular espíritu de sacrificio varias misiones internacionalistas, dando muestras de su firmeza ideológica, valentía y talento a causa de la liberación nacional y el socialismo".

Es interesante observar que mientras a Ochoa se le reconoce "su brillante actuación como jefe de las tropas cubanas en Etiopía que secundaron la resistencia y el heroico combate de las fuerzas armadas y las masas *etíopes* contra la intervención extranjera" sin mención alguna de Angola, a Abelardo Colomé Ibarra se le honra por su "ejemplar abnegación, tenacidad y firmeza... y su brillante conducción de la agrupación de tropas internacionalistas cubanas que respondiendo a la solicitud del gobierno de la República de Angola colaboraron con las fuerzas armadas y el pueblo de aquel hermano país".

Algo es evidente. Desde 1984 se le niega a Arnaldo Ochoa reconocimiento de triunfos militares en Angola. Se pondrá de manifiesto, aún más, en el juicio que habrán de celebrarle 5 años después.

Arnaldo Ochoa, electo al Comité Central del Partido Comunista de Cuba al constituirse éste el 3 de octubre de 1965, partiría, junto con el Comandante Orestes Guerra y los capitanes Mario Bouza Lastra y Angel Fría, nueve meses más tarde, en julio de 1966, hacia las costas de Falcón, en Venezuela, para unirse a los grupos guerrilleros que, dirigidos por Douglas Bravo,

---

[288] Es por el Acuerdo 251 del Consejo de Estado, del Primero de Enero de 1984, que se le otorga "el título honorífico de Héroe de la República de Cuba y la Orden Máximo Gómez de Primer Grado al General de División Arnaldo Ochoa Sánchez, en reconocimiento a sus extraordinarios méritos en la lucha insurreccional contra la tiranía y el dominio neocolonial del imperialismo, por la consolidación y defensa del Estado Socialista y en cumplimiento de heroicas misiones internacionales". Fuente: Periódico Granma, enero 3, 1984.

se encontraban alzados en aquella región[289]. Será corta su estadía en las montañas venezolanas y regresa a La Habana a las pocas semanas. Era su primera "misión internacionalista".

En 1972 entrenaba tropas en Sierra Leone.

En 1975 dirigía 37,000 soldados cubanos en Zayre (Congo).

Ese mismo año, en diciembre, el General Julio Casas Regueiro, Viceministro de Defensa estaba en Angola organizando el suministro de equipos militares. Responsabilidad que pronto pasará a Ochoa[290].

Se le asigna a Ochoa la coordinación del arribo, en 1976, de las tropas cubanas en Angola. Para 1976 Ochoa comandaba las fuerzas cubanas en aquel país y organizaba las milicias populares en Addis Abeba. En diciembre de 1977 era Ochoa un General de División de las fuerzas etíopes, cubanas, soviéticas, polacas, húngaras y de la Alemania Oriental asentadas en Angola.

En 1978 le confieren la responsabilidad de la jefatura de las tropas cubanas en el Cuerno de África, y se enfrenta a las tropas somalíes que habían penetrado en Ogadén.

En Addis Abeba, Ochoa compartía su cuartel general con el General Soviético Vjasily Ivanovich Petrov que había comandado las fuerzas del Lejano Oriente durante los conflictos fronterizos con China (1969) y, posteriormente, ocupó una posición en el Comité Central del Partido Comunista de la Unión Soviética[291]. Marcó el inicio de una fuerte amistad.

Tres años después, de regreso en Cuba, era designado, en 1981, Viceministro de las Fuerzas Armadas Revolucionarias (FAR), cargo que ocupó hasta 1983 cuando se convirtió en el asesor militar del ejército sandinista hasta marzo 9 de 1986. En noviembre de 1987 estará al frente de la misión militar cubana en Angola.

---

[289] Ver Cubanos Combatientes: peleando en distintos frentes, de Enrique Ros.

[290] U.S. News Report, Diciembre 8, 1975.

[291] Kim Ka Wellgneson, Newsweek, marzo 13, 1978.

Pero el gobernante cubano se esforzará en negarle crédito por sus acciones en aquel país al "Héroe de la República de Cuba". Ningún escenario mejor que el que le ofrece el juicio a que lo ha sometido.

La versión de Raul Castro. La segunda etapa

Al regresar los últimos "internacionalistas", se celebró, en el Cacahual, un desfile militar para dar por terminada la lucha en Angola. En palabras que hacían recordar al Coronel Tortoló, declamaba Raúl Castro al cerrar el acto al que asistieron los más altos oficiales que habían participado en la sangrienta guerra: "A nuestro pueblo y usted, Comandante en Jefe, informo: ¡La Operación Carlota ha concluido!".

Ésta es la versión "oficial", expresada por Raúl:
"Hacia fines de 1987, miles de efectivos sud-africanos salieron al encuentro de una agrupación de la FAPLA que dentro del territorio angolano realizaba una importante operación en la dirección al sureste. En el desarrollo de los desiguales combates, una parte de la agrupación angolana llegó a estar amenazada con el cerco y el aniquilamiento en Cuito Cuanavale".

No. La "agrupación angolana" no "llegó a estar amenazada de cerco".

No. La agrupación angolana fue aniquilada por las fuerzas de África del Sur.

"Frente a esto, tras consultas de rigor con el gobierno angolano y un meticuloso planeamiento de Estado Mayor General de las FAR dirigido por el Comandante en Jefe, se adoptó el 15 de noviembre de 1987 la histórica decisión de reforzar nuestra agrupación de tropas en la RPA con la misión de derrotar a las tropas invasoras sud-africanas".

¿Cómo "el Estado Mayor General de las FAR dirigido por el Comandante en Jefe" refuerza a la agrupación de tropas en la República de Angola?. Enviando al más sobresaliente militar de las Fuerzas Armadas Cubanas: el Gral. Arnaldo Ochoa.

"En 70 días construimos el aeropuerto de Cahama, que puso a nuestro alcance objetivos vitales del enemigo. En ese frente desplegamos, además, una fuerza de golpe que contaba, entre otros medios con 998 tanques, más de 600 transportadores blindados y 1,600 piezas de artillería, morteros y medios de defensa antiaéreos".

¿Quién está al frente de esta febril actividad?. El General Arnaldo Ochoa.

Afirma Castro que

"los choques con los destacamentos de exploración en Donguena y Teshipa y el ataque aéreo contra sus posiciones en Calueque (Junio 27, 1988), persuadieron a los sud-africanos de que era imposible una victoria militar a expensas de la soberanía angolana y contra las fuerzas combinadas de Angola y Cuba".

No. No fueron los sudafricanos los que se persuadieron de la imposibilidad de una victoria militar. Fue Castro quien optó por la solución negociada.

"Así, ya desde antes, se abrió paso la posibilidad de una solución negociada" continúa diciendo como si no hubiese sido él quien, "desde antes", buscaba la "solución negociada" como una decorosa oportunidad de abandonar Angola. La solución incluiría el uno y otra vez postergado cumplimiento de la Resolución 435-78 del Consejo Nacional de Seguridad de la ONU para la independencia de Namibia. (Granma, Mayo 28, 1991).

CAPÍTULO X

Negociaciones a espaldas de los combatientes

Cuba acepta retirar las tropas

Las conversaciones continuaban. Será el 29 de enero de 1988 (cinco meses antes de las acciones de Teshipa y Calueque) que la delegación norteamericana, formada por Hank Cohen y Chester Crocker, aceptó que una representación cubana (Jorge Risquet Valdés) participase en las conversaciones de paz. Tres otros cubanos se sentaban junto a Risquet.

Hasta ese momento Angola hablaba por los cubanos. ¿Por qué se incluye ahora a la delegación de Castro?. Porque los angolanos informan que los cubanos vendrán a la mesa ofreciendo una notable concesión. Admitirán la total retirada de las tropas cubanas. No sólo el 75% de las mismas.

Saldrían de Angola los 50 mil soldados cubanos. Una derrota para Castro que había aspirado, desde antes de 1984, a que, al menos, permanecieran allí 10 mil soldados.

Horas después, el 30 de enero, volaban las delegaciones a Zayre para entrevistarse con Savimbi.

Castro tiene gran interés en levantar la imagen internacional de su representante en las negociaciones de paz. Por eso, cuando el 29 de marzo recibe al Vice-canciller soviético Anatoly Adamishin integrante de la delegación de la Unión Soviética que había tomado parte en la reciente ronda de negociaciones soviético-norteamericanas en Washington, hace que participe en el encuentro Jorge Risquet, Miembro del Buró Político. También estaría el Embajador de la Unión Soviética en Cuba, Alexander Kapto[292].

Mientras, Castro cultivaba a mandatarios africanos. El día 30 recibía a Jameson Kalaluka, Ministro de la República de Zambia y, en horas de la tarde al Presidente de la República Popular de Mozambique, y presidente del Partido FRELIMO, Joaquín Alberto Chissano. Dos semanas después correspondía la visita al Primer Ministro de la República Popular del Congo, Angel Eduardo Poungui.

Las conversaciones entre Estados Unidos, Cuba y Angola eran ya de conocimiento público. El 14 de marzo se daba a conocer en un cable de la AFP que "delegaciones de Angola, Cuba y Estados Unidos se reunieron del 9 al 11 de marzo en Luanda para reanudar las negociaciones tripartitas, iniciadas a fines de enero, en busca de un acuerdo para la situación del África Austral"[293]. Acuerdo que incluía, como primer punto, el retiro de las tropas cubanas.

En marzo 18 (1988) *antes* de que que llegasen las tropas de refuerzo, *antes* de que se intensificara la lucha y *antes* de que Castro proclamara al mundo que él había impuesto su posición, los cubanos dieron a conocer que ya habían empezado a preparar sus planes para retirarse de Angola[294].

Es Castro quien –a través de Risquet y Aldana– ha dirigido las negociaciones para terminar el conflicto militar. Es Castro quien ha accedido al gradual retiro de las tropas cubanas. Pero en el juicio a que somete al Gral. Ochoa culpa a éste.

"El 12 de enero (1988) la situación de Cuito sigue complicada... en ese momento empieza a desarrollarse la teoría –esta teoría es de Ochoa– de que los sud-africanos se están retirando y que ya no hay una situación de crisis allá por lo que podemos mover las tropas en otra dirección", expone Castro en el juicio

---

[292] El Embajador Kapto regresaría definitivamente a la Unión Soviética el 20 de abril luego de que el propio Castro le impusiera la "Orden de la Solidaridad".

[293] Diario Las Américas. Marzo 15, 1988.

[294] Chester Crocker. Obra citada.

que se le está celebrando al General Ochoa (Bohemia, julio 21, 1989).

En los primeros días de marzo se reunían en Luanda las delegaciones de Angola y Cuba con la norteamericana. Por Cuba asistían dos nuevos funcionarios; Rodolfo Puente Ferro y José Arbesú Fraga, este último era quien estaba al frente del departamento sobre política norteamericana del Partido Comunista Cubano.

Todavía la delegación de Sur África, presidida por el Subsecretario de Estado Neil Van Heerden, impugnaba la presencia de la delegación cubana en las discusiones de paz. No obstante, aceptaron reunirse con ella en la próxima conferencia a mediados de abril.

Comienzan las negociaciones tripartitas

Las conversaciones de paz entre los Estados Unidos, Cuba, Angola y África del Sur comenzaban el lunes 3 de mayo. No tomarían parte de esas negociaciones ni UNITA ni SWAPO, el grupo extremista namibio que luchaba por independizar aquel territorio de África del Sur. Era la primera reunión de los representantes de las cuatro naciones.

El retiro de las tropas cubanas de Angola era la demanda, no negociable, del gobierno de Reagan en ésa y en anteriores conversaciones con algunas de las partes que se reunían esa mañana en la capital británica. Castro exigía como precio para retirar sus tropas que permaneciesen no menos de 15 mil soldados cubanos en Angola.

Será el 3 de mayo de 1988, que, en Londres, participa, también, la delegación de África del Sur. Se inician las conversaciones tripartitas por los temas castrenses.

Es en esa ocasión, en Londres, que se reúne el personal de los jefes militares de África del Sur, Angola, Cuba y los Estados Unidos así como altos funcionarios de esos países. Discuten la retirada de las fuerzas cubanas y el compromiso, que Cuba no aceptó, de que las tropas cubanas no invadirían Namibia.

Los militares cubanos, siguiendo instrucciones de Castro, quieren hablar con los sudafricanos. La delegación norteamericana facilitó una reunión privada entre el general cubano Ulises Rosales del Toro y el Jefe del Estado Mayor de las Fuerzas Armadas de África del Sur Gral. Jacobo Geldenhuys. Lo que no se ganaba en el campo de batalla Rosales del Toro lo buscaba en la mesa de negociaciones. En las conversaciones de Londres Carlos Aldana Escalante sustituía a Jorge Risquet como jefe de la delegación cubana.

Otros factores se movían en la misma dirección. El 12 de mayo Dante Fascell, Presidente del Comité de Relaciones Internacionales de la Cámara y el Republicano William Broomfield y otros 10 miembros de dicho comité, pidieron al Presidente Reagan, antes de su reunión en Moscú[295], que Gorbachev presionara al régimen marxista de Angola a aceptar un cese al fuego y convocar a elecciones libres y justas. Petición similar vino del Senador Dennis DeConcini y 37 otros senadores.

Para la entrevista de Gorbachev y Reagan que comenzaría el 29 de mayo en Moscú (1988) celebran distintas conversaciones los jefes de las diplomacias soviética y norteamericana Eduard Shevardnaze y George Shultz. Por supuesto, uno de los temas abordados "fue la situación prevaleciente en la porción meridional de África,y el Cuerno Africano" mencionaba el periódico Granma en su edición del 23 de abril.

La Unión Soviética comprendía que era muy improbable una victoria militar en Angola y presionaba para una solución política.

Contrario a lo que le sucedía con Castro, la perestroika y el glasnost acercaban cada vez más al dirigente soviético y al mandatario norteamericano. Ambos propusieron la fecha tope de septiembre 29 para un arreglo final en la guerra de Angola.

---

[295] En mayo de 1988 se realiza la conferencia cumbre entre el Presidente Reagan y Gorbachev. En diciembre de aquel año (1988) se produjo otra importante reunión entre el dirigente soviético y el norteamericano; esta vez, en su visita a las Naciones Unidas la reunión incluyó al entonces presidente electo George Bush. Gorbachev anunció la reducción unilateral de medio millón de tropas de sus fuerzas armadas y la retirada de Europa del Este de más de 5 mil tanques. La ayuda soviética a Cuba continuaba reduciéndose.

Castro buscaba un triunfo militar relampagueante antes de esa fecha para fortalecer la posición de su delegación en la mesa de negociaciones.

Un mes después, en el Cairo, Sur África demandó que las tropas cubanas, en aquel momento más de 45,000 soldados, salieran de Angola en 7 meses que era el plazo en que las fuerzas de África del Sur tendrían que salir de Namibia en cumplimiento de la Resolución 435[296].

A los pocos días, el lunes 27, las tropas de África del Sur, como antes expresamos, atacaron una unidad cubana cerca de la represa de Calueque produciéndole más de 150 bajas. En represalia, la fuerza aérea cubana utilizó MIGS para bombardear las represas y el puente de Calueque, acueductos que servían el norte de Namibia. Eran los meses en que se están celebrando las elecciones primarias para la elección presidencial de noviembre de 1988 en las que se enfrentarán Michael Dukakis y George Bush.

En tres semanas se produce una nueva reunión. Esta vez en Nueva York, ya con Aldana presidiendo la delegación cubana. Hasta ese momento Cuba pedía la retirada unilateral de Sur África del sur de Angola. En ese encuentro Aldana aceptó que hubiese una solución simultánea para la cuestión de Namibia y de Angola buscando un acuerdo donde ninguna de las partes apareciese como perdedora. Fue, para el conflicto de Angola y Namibia, una fecha trascendente. Era el 11 de julio de 1988. Se cumplían los puntos establecidos por la Resolución 435 de las Naciones Unidas.

Varias conversaciones se han venido celebrando entre la representación conjunta de Cuba y Angola con la de Sur África facilitadas por la mediación oficial de los Estados Unidos.

Poco se avanza en la reunión de octubre que se celebra en Nueva York porque la delegación cubana dilataba los debates esperando los resultados de las elecciones presidenciales de los Estados Unidos. Confiaban los cubanos en el triunfo de Michael Dukakis. Habiendo obtenido George Bush un resonado triunfo se convoca para Ginebra la próxima ronda.

---

[296] Rodman. Obra citada.

Negociaciones a espaldas de los combatientes

Los cubanos que luchan en Angola –desde los simples soldados a los más altos oficiales– continúan arriesgando sus vidas ignorantes de las conversaciones de un arreglo político. Para fortalecer su posición en la mesa de negociaciones Castro envía aún más tropas al país africano. En febrero, 3500 soldados cubanos penetran en la provincia de Cunene. En mayo establecen el Frente Sur utilizando MIGS 23, helicópteros, 200 tanques y diferentes sistemas de cohetes SAM (superficie al aire). Castro publica gráficas y fotos, alardeando de la superioridad aérea. Habla de batallas. Calla las negociaciones.

Para mediados de julio ya se conocían los acuerdos a que habían llegado. Las tropas cubanas saldrían de Angola y, posteriormente, Namibia –tras 73 años de dominio por África del Sur–, obtendría su independencia. El 13 de julio de 1988 ya Castro había aceptado la retirada de las fuerzas cubanas. Pero, aunque esporádicamente, se continuaba combatiendo.

En julio 26, unidades de artillería atacaron columnas de Cuba y FAPLA cerca de Teshipa produciéndoles más de 200 bajas.

Otras conversaciones

Va terminando noviembre y siguen las gestiones de algunos congresistas y senadores norteamericanos para normalizar las relaciones con Cuba. Uno de los más entusiastas era el Senador Claiborne Pell, Demócrata de Rhode Island, quien, nada menos, presidía el Comité de Relaciones Exteriores del Senado.

Luego de un viaje de 5 días a la isla en que se reunió con Fidel Castro, Pell, convertido en el vocero de los elementos liberales norteamericanos, insistía en persuadir a la Administración del presidente electo George Bush a modificar su política hacia Cuba normalizando las relaciones comerciales y diplomáticas.

Semanas antes de la programada visita de Mijail Gorbachev, en un extenso discurso de más de cuatro horas pronunciado ante medio millón de personas reunidas en la Plaza de la Revolución de La Habana, Castro advirtió que las dificultades políticas y económicas podrían aumentar en el futuro próximo en Cuba a consecuencia de "los nuevos ensayos y reformas que están teniendo lugar en países amigos" refiriéndose, por supuesto, a las reformas que estaba impulsando el dirigente soviético.

Castro, sintiéndose aislado, hizo un llamado a defender la ideología marxista-leninista advirtiendo que la distensión que se estaba produciendo en esos momentos entre la Unión Soviética y los Estados Unidos "no significaba necesariamente que hubiese paz o seguridad para nosotros u otros países independientes del Tercer Mundo". Sabía que Gorbachev venía a La Habana a reducir, aún más, la ya declinante asistencia soviética.

El 10 de noviembre se celebra en Ginebra el décimo de los encuentros que buscan llegar a un acuerdo definitivo.

La delegación cubana, en esta décima reunión, la componen Carlos Aldana, Miembro del Secretariado del Comité Central del Partido Comunista de Cuba, Ulises Rosales del Toro, Jefe del Estado Mayor de las Fuerzas Armadas Revolucionarias; el Viceministros de Relaciones Exteriores Ricardo Alarcón y otros. La de Estados Unidos está encabezada, nada menos, que por el Subsecretario del Departamento de Estado Chester Crocker. En Ginebra, Crocker aprovecha su presencia para un intercambio con el Viceministro de Relaciones Exteriores de la Unión Soviética, Anatoli Adamishin.

Continúan con prisa las reuniones de alto nivel. El onceno encuentro se realizó temprano en diciembre en Brazzaville donde, finalmente, se firmó el día 13 el Protocolo de Brazzaville que fijaba la fecha (diciembre 22) para la firma e implementación de los acuerdos alcanzados en abril primero y creaba una comisión conjunta para supervisar el proceso. Sólo faltaba viajar a Nueva York para la firma de los acuerdos bilaterales y tripartitos.

El documento señala en su primer párrafo resolutivo la recomendación al Secretario General de la ONU de que el próximo primero de abril se pusiese en ejecución la Resolución Cuatrocientos Treinta y Cinco de 1978, aprobada por el Consejo de Seguridad que establecía la completa independencia de Namibia. Los acuerdos finales se firmarán en Nueva York el 22 del propio mes de diciembre.

Serán dos los convenios que la delegación cubana tendrá que firmar ese 22 de diciembre: el bilateral con la República Popular de Angola y el tripartito con las repúblicas de Angola y de África del Sur. Para muchos este último era un acuerdo cuatripartito por la presencia, en todas las negociaciones, de la delegación norteamericana.

Ya están en Nueva York las delegaciones que habrán de formalizar el acuerdo tripartito.

Preside la delegación cubana Jorge Risquet y la integran los generales de División Abelardo Colomé Ibarra y Ulises Rosales del Toro; Carlos Aldana Escalante, Secretario del Comité Central del Partido Comunista de Cuba; Isidoro Malmierca, Ministro de Relaciones Exteriores[297]; Ricardo Alarcón, Viceministro; y los Generales de División Leopoldo Cintra Frías, Pascual Martínez Gil, Ramón Espinosa Martín; los Generales de Brigada Jesús Bermúdez Cutiño y Rubén Martínez Puente. Además, Rodolfo Puente Ferro y José Arbesú Fraga, del Departamento del Comité Central y el Embajador de Cuba en Angola, Martín Mora. Se incorporan los Generales de Brigada Víctor Schueg Colás y Rafael Moracén Limonta. Hay un gran ausente: el Gral. Arnaldo Ochoa. El jueves 22, ante el genuflexo Javier Pérez de Cuéllar, se firman los documentos.

Pérez de Cuéllar expresa "su gratitud y reconocimiento a Cuba por la ayuda prestada en el proceso negociador"[298]. Sin sonrojo alguno la prensa oficial cubana admite que más de

---

[297] Isidoro Malmierca Peoli, antiguo militante del Partido Socialista Popular, formó parte, desde su constitución en 1965, del Comité Central del Partido Comunista Cubano. Era, desde 1972, Miembro del Secretariado del Comité Central.

[298] Se firman dos documentos. El Acuerdo Tripartito (Angola, Cuba y África del Sur) reconociendo la independencia de Namibia, y el Acuerdo Bipartito, entre Angola y Cuba, que establece el retiro de las tropas cubanas hacia los paralelos 15 y 13 y la retirada gradual y total de los aproximadamente 50,000 hombres que constituyen, oficialmente, las tropas cubanas en Angola.

300,000 cubanos han participado en la lucha armada en aquel lejano país. "Más distante de Cuba que Moscú"[299].

Mucho han cedido Sud África y los Estados Unidos en la firma de aquel protocolo. Entre ellas, la más lamentable, la no participación de Sud África en supervisar, en forma alguna, el proceso de verificación de la retirada cubana de Angola. Además de tales concesiones África del Sur y los Estados Unidos se comprometían a ofrecer el apoyo económico y financiero admitiendo, como expresaba el portavoz de la delegación cubana "las dificultades que para las economías de Angola y Cuba representaban los ritmos acordados para la retirada de las tropas cubanas en Angola"[300].

---

[299] Declaraciones de Fidel Castro ante el Consejo de Estado en julio de 1989.

[300] El gobierno angolano había recibido $8.1 billón de dólares en armamento soviético desde 1980, de acuerdo a datos de la OTAN.

CAPÍTULO XI

Fracaso de Castro en Angola

Angola representó, desde el ángulo militar o político, una derrota para el régimen de Castro.

Las pretensiones expansionistas del dictador cubano fueron detenidas en Cuito Cuanavale, territorio controlado por las fuerzas amigas del MPLA antes de que llegasen en forma masiva las tropas cubanas, al frente de las cuales estaba Arnaldo Ochoa, y desde donde no pudieron avanzar un solo kilómetro aún luego de la "gran victoria de Cuito Cuanavale".

Durante la década que transcurre de 1978 a 1988 las fuerzas de Savimbi controlaban tres cuartas partes del territorio angolano. Toneladas de armamento soviético caían en manos de las fuerzas irregulares de Savimbi. Miles de jóvenes cubanos perdieron su vida en la absurda pretensión imperialista del dictador cubano. Militarmente Angola fue un fracaso.

En el campo diplomático, tan estrechamente unido a la actividad militar, Castro fue, también, un perdedor.

Así lo vemos cuando, tras muchas gestiones de su parte, pudo sentar a la delegación cubana en la mesa de negociaciones para la implementación de la Resolución 435 del Consejo Nacional de Seguridad de las Naciones Unidas. En aquel momento exigía, como condición previa, la independencia de Namibia antes de que un solo cubano saliera del territorio angolano. Derrotada aquella proposición, y retirada la delegación cubana junto con el MPLA de la mesa de negociaciones, regresó demandando que permaneciesen en Angola 15 mil soldados cubanos mientras que en un plazo de cuatro años se retirase el resto de los combatientes cubanos. Fue éste el planteamiento presentado en Londres en la reunión del mes de mayo. Ya para septiembre, en la sexta reunión de Brazzaville, ofrecía reducir a tres años la fecha tope de la retirada de las tropas.

En esa sexta conferencia, Alcibíades Hidalgo, vocero de la delegación cubana, informó a la prensa que era "francamente inmoral establecer una relación entre la independencia de Namibia y la retirada de las tropas cubanas de Angola, porque éstas están en Angola legalmente"[301].

Que la casi precipitada salida de las tropas cubanas era una derrota para Castro lo admite en su lenguaje rebuscado, el propio Ricardo Alarcón, entonces Vice-Ministro de Asuntos Exteriores:

"Nuestro plan original era de 48 meses... y el acuerdo es el resultado de nuestro esfuerzo –de Angola y Cuba– para encontrar el menor período de tiempo posible para retirar todas las fuerzas".

Alarcón quiere vestir con los mejores colores la acelerada salida del país africano:

"El calendario no es un problema de huir de Angola o de vernos forzados a a salir por consideraciones morales, políticas o legales. No es nada de eso. Es nuestra contribución para aceptar la retirada de fuerzas cubanas de Angola dentro del contexto y un arreglo comprehensivo de todo el conflicto"[302]

Al mes siguiente, en la reunión de octubre en Nueva York, Castro aceptaba reducir aún más, a sólo 27 meses, la retirada gradual y *total* de las tropas. No quedarían en Angola, al menos oficialmente, tropas cubanas.

---

[301] Alcibíades Hidalgo, Granma, diciembre 14, 1988.

[302] Entrevista de Ricardo Alarcón a Margaret A. Novicki, Africa Report, Noviembre-Diciembre 1988.

El acuerdo bipartito

El acuerdo bilateral –para el que con intención de darle más realce, a mediados de diciembre volaba a La Habana en visita oficial José Eduardo Dos Santos[303], Presidente de la República de Angola y del MPLA–, establecía un espacio de 27 meses para la retirada gradual y el regreso a Cuba de la totalidad de las tropas internacionalistas integradas en esa fecha por 50,000 efectivos. El regreso de aquellos "internacionalistas" se cumpliría el 25 de mayo de 1992[304].

La segunda etapa, prevista para concluir el 30 de marzo de 1990, incluyó a 33,048 soldados, que representaban un 66% del total de las fuerzas. En septiembre del propio año de 1990 ya habían regresado 38,000. A mediados de mayo de 1991 ya estaban de regreso 47,090 combatientes.

El 14 de enero, en vuelos especiales arriban a La Habana procedentes de Luanda unos 450 combatientes, integrantes del primer contingente de 3,000 hombres que regresarán a Cuba antes del 1o. de Abril.

Los que regresaban de Angola se encontraban con un serio problema: su desubicación laboral. Se les ofrecían cursos de capacitación y de especialización técnica, pero más de la mitad de los jóvenes que regresaban quedaba sin empleo.

Este acuerdo sobre la salida de las tropas cubanas de Angola contenía una cláusula que demostraba la poca confianza que los mediadores tenían en el acatamiento del Acuerdo por parte de Castro.

---

[303] Dos Santos había ingresado en el MPLA desde 1961, viajando a la Unión Soviética en 1963 en extenso viaje. Cuando Angola en 1975 fue reconocida como nación independiente es nombrado Ministro de Relaciones Exteriores. Tras la muerte de Agostino Neto fue designado presidente en septiembre de 1979. Viajó repetidamente a Cuba: en marzo de 1980, en marzo de 1984, en octubre de 1985 y julio de 1987. Era ésta, la de 1988, su quinta visita a la isla de la que tanto dependía.

[304] Entre enero y abril de 1989 regresaron 3,000 combatientes. De abril a octubre de 1989 había retornado la mitad de las tropas 25,181 a un ritmo superior a 3,600 mensuales.

FIRMAN EN LUANDA EL ACUERDO BIPARTITO
Cuba y Angola, ante la supervisión de oficiales de las Naciones Unidas y de los Estados Unidos, firman en Luanda el acuerdo bilateral que luego será suscrito oficialmente en Nueva York.

SAVIMBI EN LA CASA BLANCA
Recibido por mandatarios internacionales, Jonás Savimbi mantiene su vigencia política después de los acuerdos de paz. Nueva derrota para Castro. En octubre de 1989 el dirigente de UNITA es recibido en la Casa Blanca por el presidente George Bush.

La cláusula exigía que en ese momento las tropas cubanas debían salir del Sur de Angola y moverse hacia la parte norte. Los firmantes temían una nueva y peligrosa incursión en el país limítrofe. Pero ya, para Castro, todo era aceptable. Su deuda con la Unión Soviética excedía los $20 billones de dólares. Gorbachev se negaba a seguir financiándole su aventura africana, y había perdido la confianza en, y de, los más altos oficiales cubanos que se encontraban en Angola.

El acuerdo tripartito

Firman el Acuerdo Tripartito los ministros de Relaciones Exteriores de los respectivos países: Alfonso Van Dunem (M'binda) angolano; Isidoro Malmierca, cubano, y Roeloff Botha, sudafricano. Los tres países acordaban solicitar del Secretario General de la ONU iniciar a partir del primero de abril próximo la aplicación de la Resolución 435/78 del Consejo de Seguridad.

UNITA no estaba forzada en forma alguna por la Resolución 435 y la retirada de los cubanos, porque no había un "cese al fuego". Esto vendría cuando UNITA y el MPLA se pusiesen de acuerdo entre ellos.

El General Arnaldo Ochoa regresa a La Habana

Castro, desde La Habana, sin riesgo personal alguno, participó y dirigió a través de Risquet y Aldana, las negociaciones de paz. En el frente de batalla de Angola donde han muerto miles de jóvenes cubanos, es Ochoa quien dirige y participa en los cruentos combates. Batallas que continúan hasta que la delegación cubana, teledirigida por Castro, acepta las condiciones de paz. Ya Ochoa no es necesario. No es útil. Es posible, tal vez conveniente, prescindir de este carismático general. Lo hacen regresar a La Habana.

Veamos como Castro menciona el retorno de Ochoa:

"Tan pronto se concertó el acuerdo de paz se le retornó a Cuba dejándose en manos del General de División Leopoldo Cintra la compleja y ardua tarea del cumplimiento de los acuerdos de paz por parte de Cuba y la salida progresiva y gradual de nuestras tropas". (Informe de Castro, Granma, junio 19, 1989.)

La guerra –cruenta, traumática, que costó miles de vidas cubanas– la dirigió Ochoa. La "ardua tarea" del cumplimiento de los acuerdos de paz estará a cargo de Leopoldo Cintra. "Polo", "como todos lo llamamos", dice afectuosamente Raúl Castro en su informe ante el tribunal que juzga al Gral. Ochoa.

Porque lo han traído a La Habana para eso. Para juzgarlo. Y condenarlo. De nuevo, la ley de Saturno.

Todavía lo mencionarán, las pocas veces que lo hacen, con respeto. Anota Granma, en su Resumen Semanal del 15 de enero de 1989 que, "la representación oficial en las actividades de homenaje al contingente militar internacionalista cubano estuvo encabezada por el General del Cuerpo del Ejército Abelardo Colomé Guevara, quien viajó a Luanda en unión de altos oficiales de las Fuerzas Armadas Revolucionarias, y completaron la comitiva los Generales de División Arnaldo Ochoa y Leopoldo Cintra Frías, Jefe de la Misión Militar Cubana en Angola y de la Agrupación de Tropas del Sur respectivamente".

Como vemos, Arnaldo Ochoa regresaba a Cuba como "Jefe de la Misión Militar Cubana en Angola". Colomé Ibarra sencillamente había viajado a Luanda para acompañar a las tropas que regresaban.

En enero (1989) Ochoa era sustituido por Leopoldo Cintra. Lo conoció a través de la comunicación que le entregaba Colomé Ibarra, firmada por Raúl Castro. En junio iba a ser designado Jefe de las Fuerzas Armadas de Occidente. No ocuparía jamás esa posición. En mayo se daría a conocer.

Demorará sólo pocos meses en hacerse público el "caso del General Arnaldo Ochoa"; la más seria crisis militar enfrentada por el régimen.

Regresan las tropas cubanas

Comienzan, pronto, a regresar los combatientes. Quien estará a cargo de la planificación y traslado de las tropas será el General Orlando Almaguel. Operación que requirió el mayor nivel de organización y dirección según sus propias palabras.

Veamos como la describe:

"Podemos decir que fue necesario emplear 34 buques de carga, de ellos 3 de tipo RO GRANDE-RO, 9 buques de pasajes y 454 aviones, transportándose 2,698 toneladas de carga general, más de 700 contenedores y 6,255 medios técnicos.

El total de personal transportado fue de 80,592. De ellos, 52,000 eran de cumplimiento de misión y el resto relevos, vacaciones.

Los puertos empleados en Angola fueron Luanda, Lobito, Namibe y Cabinda, y en Cuba los de Mariel, La Habana, Matanzas, Cienfuegos, Cadúpano y Santiago de Cuba"[305].

Para enero de 1989 regresaban, con prisa, los "internacionalistas cubanos" que eran recibidos en una cada vez más breve ceremonia en el aeropuerto o en el Cacahual.

El primer contingente arribaba al aeropuerto José Martí el martes 10. Les dio la bienvenida a los "450 ejemplares soldados de la solidaridad, el General del Ejército Raúl Castro, Segundo Secretario del Partido y Ministro de las FAR"[306]. Arribaban en tres vuelos llegados en las últimas horas de la noche.

Se prodigaron discursos, elogios, aplausos, vítores en el recibimiento de los "victoriosos, invictos combatientes internacionalistas". El acto oficial de bienvenida tendría lugar el siguiente día en horas de la tarde, en el Cacahual.

Se anunció que sería el propio Raúl Castro quien hablaría en la ceremonia de recibimiento a estos primeros combatientes que regresaban después de firmados los acuerdos de paz. Pero quien presidió la ceremonia fue Fidel Castro aunque el discurso central estuvo a cargo, como se había anunciado, del Segundo Secretario del Partido que le extendía a los recién llegados un abrazo "en representación de los más de trescientos mil compatriotas que en total han ayudado a defender... la independencia de aquel hermano país".

---

[305] General de Brigada Orlando Almaguel Vidal. Secretos de Generales.

[306] Granma, 11 de enero 1989.

Aprovecha el Ministro de las Fuerzas Armadas su discurso para comenzar a torcer la historia del conflicto de Angola afirmando que "sólo las derrotas de África del Sur en el terreno militar... obligaron a los representantes de Pretoria a sentarse a la mesa de negociaciones"; como si no hubiese sido su hermano quien, al igual que África del Sur, reconociendo la imposibilidad de una victoria militar hubiese realizado innumerables gestiones para sentarse en la mesa de negociaciones en busca de un acuerdo que salvara, al menos en apariencia, su prestigio.

Cuatro días después llega un nuevo contingente de internacionalistas. Será nuevamente Raúl Castro quien los reciba "en unión de otros miembros del Buró Político, Secretariado y Comité Central del Partido, de Generales, Jefes y Oficiales de las FAR y de dirigentes de las organizaciones políticas y de masas de la ciudad de La Habana". ¿Quiénes vienen, también, en este vuelo?.

Llegan también el General de Cuerpo del Ejército Abelardo Colomé Ibarra, quien presidió la delegación de Cuba que asistió a los actos de despedida en Luanda, y el General de División Arnaldo Ochoa, Jefe de la Misión Militar Cubana en la República Popular de Angola. Será una de las últimas veces que el nombre de Ochoa aparecerá positivamente mencionado entre "los combatientes internacionalistas".

El 15 de enero zarpaba de Luanda el buque soviético Leonid Sobinov con los soldados que completarían la cifra de 3 mil que Cuba se había comprometido a trasladar antes del mes de marzo. El barco arribaba al puerto de La Habana el sábado 4 de febrero.

Ya antes habían llegado distintos grupos; 156 el domingo 15; 975, días después. El pronto regreso de las tropas cubanas perseguía acallar el creciente malestar de los soldados que permanecían en el lejano país para defender instalaciones petroleras de corporaciones norteamericanas.

Situación exacerbada con el ya público conocimiento de que el más respetado oficial de las fuerzas armadas, que todos habían esperado que sería designado jefe de ese Ejército Occidental, era sometido a público escarnio.

CAPÍTULO XII

Arrestos y juicios

Arrestado el General Arnaldo Ochoa

El miércoles 14 de junio la población cubana fue sacudida con la noticia –desplegada en un cuadro de la primera plana de Granma, y difundida por las estaciones de radio– de que "el General de División Arnaldo Ochoa Sánchez había sido arrestado y sometido a investigación por graves hechos de corrupción y manejo deshonesto de recursos económicos".

El régimen, Castro, actuará con celeridad. La información la han ofrecido el mismo día en que se celebra el vigésimo octavo aniversario de la fundación del Ejército Occidental para cuya conmemoración estaban señalados distintos actos. Uno de ellos, el de mayor significación, la alocución que dirigiría a ese cuerpo militar el Jefe de las Fuerzas Armadas. Lo aprovecharía Raúl Castro para comenzar a desacreditar, ya públicamente, al "Héroe de la República de Cuba".

Raúl Castro al dirigirse al Ejército Occidental se refirió "a la amarga y dolorosa situación que nos obligó a prescindir del compañero General de División Arnaldo Ochoa Sánchez, quien estaba propuesto y llevaba preparándose varios meses para asumir el cargo".

Preocupado por las severas críticas por él formuladas en 1986 al Ejército Occidental[307], Raúl exageraba ahora los hala-

---

[307] En 1986 el Ejército de Occidente fue criticado por el propio Raúl Castro por su bajo nivel de preparación combativa y el resultado insatisfactorio en los controles realizados.

gos a este cuerpo del ejército al que le correspondía "la alta responsabilidad de salvaguardar la región de una patria donde radican la capital de la nación e importantes centros de la vida política, económica y social del país". Y para empequeñecer la figura de Ochoa, dedica los primeros párrafos de su discurso a ensalzar la figura de quien, por una decisión repentina, lo está sustituyendo.

Afirma que las cualidades y virtudes que observan en todos los miembros de aquel ejército "sólo pueden promoverlas jefes con talentos educadores, y la autoridad que dimana de un prestigio auténtico, legítimamente adquirido y de modo ininterrumpido acrecentado, como es el caso del General de División Leopoldo Cintra Frías[308], cuya breve, pero no por eso menos fecunda labor al frente del Ejército, significó ante todo el aporte de un ejemplo de consagración y de eficiencia".

Pero la intención era, también, informar que no sería "Polito" sino "Pardito" quien ocuparía ahora la jefatura del Ejército Occidental. Comienza a hablar del General Pardo Guerra, "Pardito, como lo conocemos todos, un jefe militar revolucionario, un comunista con las responsabilidades y deberes de un General de nuestras Fuerzas Armadas Revolucionarias".

Como el propósito era tranquilizar el creciente malestar de los miles de cubanos que aún permanecían en Angola, y de sus familiares, se apresuraba Raúl a informar que "en los meses venideros, como consecuencia de los acuerdos tripartitos, continuarán retornando victoriosos de Angola un gran número de combatientes internacionalistas".

El día anterior al arresto de Ochoa había sido destituido otro alto funcionario.

---

[308] Leopoldo Cintra Frías, también del Movimiento 26 de Julio y combatiente del Ejército Rebelde, fue designado en 1975 Jefe del Frente Sur de la Misión Militar de Angola, pasando luego a Etiopía como Jefe del Frente de Ogadén. De regreso a Angola ocupó en la década de los 80 distintas posiciones: 1983, Jefe de la Agrupación de Tropas Cubanas en el sur; en 1984, Jefe de la Misión Militar en aquel país; en 1986, Jefe del Ejército Occidental en Cuba; al año siguiente, en 1987, vuelve a ser designado Jefe de la Agrupación de Tropas Cubanas en el Sur de Angola y, finalmente, nuevamente Jefe de la Misión Militar en aquel país en 1989. Leopoldo Cintra respondía directamente a Fidel y Raúl Castro.

GENERAL DE DIVISIÓN ARNALDO OCHOA SÁNCHEZ

Unas horas separan la destitución como Vicepresidente del Comité Ejecutivo del Consejo de Ministros y Ministro de Transporte Diocles Torralba del anuncio de que había sido "arrestado y sometido a investigación el General de División Arnaldo Ochoa Sánchez"[309].

Más que en cuestiones relacionadas con su trabajo como ministro la decisión de destituir de sus cargos a Diocles Torralba se basaba, afirmaban las fuentes oficiales "en su conducta personal sobre la que se llamó reiteradamente la atención, sin que fuera capaz de rectificar su comportamiento".

En los primeros días el régimen ponía cuidado especial en distinguir y separar el caso de Torralba del de Ochoa, aclarando que ambos casos no estaban directamente vinculados entre sí.

Los cargos imputados a Torralba se asociaban "a una conducta personal inmoral, disipada y corrupta" y deja, para una investigación más minuciosa si "esta conducta puede haber influido en el uso de los recursos financieros y materiales que, dado su alto cargo, manejaba".

El caso de Ochoa era mucho más grave y complejo. De inmediato lo acusan de haber ejercido fuerte influencia en corromper a oficiales que trabajaban directamente con él, "a los cuales utilizó en sus actividades ilícitas". Pero, no conociendo aún cual sería la reacción de los miles de soldados que sirvieron bajo sus órdenes en Etiopía y Angola, se aclara que en ningún instante "se ha recibido el menor indicio de que Arnaldo Ochoa y el pequeño grupo de personas del MINFAR y el MININT que han sido sus cómplices, hayan estado implicados en actividades políticas o actos de traición contra la Revolución. Su traición ha sido de otro tipo y muy grave: contra la moral, los principios, las leyes y el prestigio de nuestra Revolución". Le imputan graves faltas de carácter moral, disipación y corrupción.

Arrestan a Ochoa no por tráfico de drogas sino por su "desenfrenado populismo... repartiendo regalos y objetos de valor a

---

[309] El martes 13 de junio (1989) se informa la destitución de Diocles Torralba; el miércoles 14, el arresto de Arnaldo Ochoa.

oficiales, por encima de todas las normas establecidas"[310]. En su informe ante el Tribunal de Honor, Raúl Castro "al analizar la conducta del General de División Arnaldo Ochoa Sánchez" admite que "es muy importante señalar que cuando Ochoa, Martínez y los hermanos la Guardia son arrestados el lunes 12 de junio, no existía información alguna sobre las actividades relacionadas con el narcotráfico".

Primero juzgarán a Ochoa; luego a Torralba. Junto a Ochoa son detenidos varios oficiales del MINFAR y del MININT. A Diocles Torralba lo juzgará un Tribunal Provincial.

Diocles Torralba: un tropiezo y vertiginoso ascenso

Torralba, veterano de la Sierra Maestra, se había visto afectado por la crisis del sectarismo[311] que llevó a un largo exilio a Aníbal Escalante y al ostracismo a "los quinientos Aníbales que andan sueltos".

Luego de la crisis, Torralba había asistido a una academia militar en la Unión Soviética y, posteriormente, designado Secretario del Partido en la Provincia de Pinar del Río.

En 1971 Diocles Torralba era Jefe del Estado Mayor del Ejército.

El 22 de noviembre (1972) cuando Castro le dio una nueva estructura a los ministerios que tenían a cargo la atención de la economía creando el Comité Ejecutivo del Consejo de Ministros que estaría integrado por el Primer Ministro y varios Vice-Primeros Ministros[312], Torralba, hábil, de agradable personali-

---

[310] Las palabras entrecomilladas fueron expresadas por el ministro de las Fuerzas Armadas ante el Tribunal de Honor que juzgaba a Ochoa.

[311] El 13 de marzo de 1962 después de creada, por Aníbal Escalante, la Junta Directiva Nacional de las ORI Castro acusó públicamente a Escalante de sectarista forzando su salida al extranjero. (Ver detalles de esta crisis en "De Girón a la Crisis de los Cohetes: la segunda derrota" del autor.

[312] Siguiendo orientaciones del Buró Político del Comité Central del Partido Comunista de Cuba, el Consejo de Ministros determinó el 24 de noviembre de 1972 crear ese Comité Ejecutivo del Consejo de Ministros.

250

dad, sería uno de los seis comandantes designados a esas altas posiciones. Fue nombrado Vice-Primer Ministro del Azúcar y Derivados que tendría la responsabilidad de atender el Sector Azucarero que comprendía el Ministerio de la Industria Azucarera y todos los aspectos relacionados con la organización, coordinación y ejecución de las zafras azucareras. La posición lo identificaba aún más con Fidel Castro.

Ya antes, al constituirse en octubre de 1965 el Partido Comunista Cubano Diocles era designado miembro de su Comité Central. Por un tiempo desempeñó la jefatura del MINFAR. Su hija estaba casada con el Coronel Tony de la Guardia.

Diez años después de aquella dolorosa crisis del sectarismo, Torralba disfruta de la plena confianza de Castro. Tanto, que cuando llega a La Habana una delegación ejecutiva del Consejo de Ayuda Mutua Económica (CAME) es Diocles uno de los pocos privilegiados invitados a la recepción ofrecida a los visitantes.

Vuelve el cordial Torralba a formar parte de los íntimos invitados a participar en el recibimiento al Presidente Salvador Allende[313].

Pronto le dan otras responsabilidades que compartirá con su posición de Vice-Presidente del Consejo de Ministros. La penúltima, Ministro de Transporte.

Es estrecha, realmente íntima, su asociación con Arnaldo Ochoa facilitada por su yerno Tony de la Guardia. Es, precisamente, en la fastuosa mansión de Diocles donde, en mayo, se reúnen el anfitrión, el Comandante Amado Padrón del Departamento MC, Arnaldo Ochoa y los gemelos Tony y Patricio de la Guardia, para cenar y conversar y, en la privacidad del hogar, criticar a la más alta dirigencia del gobierno. La conversación quedó grabada y las grabaciones pasarían a manos de quien las había ordenado: Raúl Castro[314].

Se eclipsaba la estrella de Torralba.

---

[313] Llega Salvador Allende a La Habana el domingo 10 de diciembre de 1972. Permanecerá en la capital cubana durante tres días.

[314] La reunión en casa de Diocles Torralba se había producido el domingo 28 de mayo de 1989.

GENERAL DE DIVISIÓN
ULISES ROSALES DEL TORO

GENERAL DE DIVISIÓN ULISES ROSALES DEL TORO
En octubre de 1963 interviene en la guerra entre Argelia y Marruecos como Jefe de Estado Mayor del Grupo Táctico de Combate, la primera intervención de Castro en el continente africano. Participó en 1976 en la guerra de Angola como jefe de la Agrupación de Tropas del Sur. Presidió el Tribunal de Honor que juzgó al General Arnaldo Ochoa.

GENERAL DE DIVISIÓN
RAMÓN PARDO GUERRA

GENERAL DE DIVISIÓN RAMÓN PARDO GUERRA
Participó en la captura del Capitán Manuel Beaton (que se había fugado de la cárcel donde estaba arrestado por la muerte del Comandante Cristino Naranjo). Fue luego segundo Jefe de la Sección Militar en Angola. En 1989 al iniciarse la causa contra Ochoa es designado Jefe del Ejército Occidental.

La causa contra Diocles Torralba

Los días 20 y 21 de julio se celebraba el juicio oral de la Causa #2651, radicada contra el ya ex-vicepresidente del Consejo de Ministros Diocles Torralba. Estaba condenado de antemano.

En su editorial del día 16 del mes anterior, cuando Torralba era destituido, el Granma (es decir, Castro) había editorializado:

> *"Una verdadera Revolución no admitirá jamás impunidad. Nadie absolutamente, por grandes que sean sus méritos, por alta que sea su jerarquía podrá violar impunemente los principios y las leyes de la Revolución".*

El editorial iba dirigido, fundamentalmente, a tres funcionarios: Arnaldo Ochoa, José Abrantes y Diocles Torralba. Junto a ellos caerán más, muchos más.

La causa contra Torralba celebrada ante el Tribunal Popular Provincial había sido radicada por los delitos de malversación, abuso de autoridad, uso indebido de recursos financieros y materiales, ocupación y disposición ilícita de edificios y locales y falsificación de documentos públicos.

Juzgaba a Torralba el Tribunal Popular Provincial, presidido por Danilo Rivero García e integrado por los jueces Roberto Morales San Sebastián, Margarita Feria Avilés, Marisol Montato Bertot y Rita Morgan Fento. Como fiscal actuó Jorge Bodes Torres, y como defensor Mario Ceballos.

El tribunal dictó fallo de 20 años de prisión contra el ex-Ministro de Transporte, así como una sanción accesoria de confiscación de bienes mal habidos.

Los arrestados

Los miembros del MINFAR arrestados junto al General Arnaldo Ochoa eran el Coronel Antonio Rodríguez Estupiñán[315] y el Capitán Jorge Martínez Valdés, ambos ayudantes del alto oficial detenido. El General Patricio de la Guardia Font[316]; el Coronel Antonio de la Guardia Font; el Teniente Coronel Alexis Lego Arocha[317] y el Comandante Amado Padrón Trujillo eran los implicados del Ministerio del Interior (MININT).

Patricio de la Guardia había regresado a La Habana en los primeros días de aquel junio después de tres años como jefe de la misión del Ministerio del Interior cubano en Angola.

La información del arresto de los altos oficiales se ofrecerá, una y otra vez, en un amplio editorial del periódico Granma antes de que se inicien los juicios a que serán sometidos. El editorial exponía repetidamente que "tanto Ochoa como Tony de la Guardia, los dos principales responsables de los hechos que se analizan, han colaborado poco con el esclarecimiento de los mismos... Sólo a regañadientes y a medida que se enfrentan a testimonios, hechos y pruebas irrefutables Ochoa y Tony de la Guardia van admitiendo su responsabilidad...". Pero otros participantes cooperan más eficazmente "con declaraciones precisas y objetivas sobre todo lo ocurrido".

---

[315] El Coronel Antonio Rodríguez Estupiñán había sido enviado por el General Bruno, siguiendo indicaciones de Raúl Castro, para vigilar a Ochoa y mantenerlo informado, dicen algunos que conocieron estrechamente a ambos personajes.

A Rodíguez Estupiñán le imputan "el deterioro de sus condiciones revolucionarias" mientras califican más severamente "la actitud aventurera e irresponsable de Jorge Martínez Valdés por su vinculación con connotados personajes del narcotráfico". Ya al iniciarse el juicio, distancian las acciones de Ochoa y Martínez Valdés de las de Rodríguez Estupiñán; los tres, miembros de las FAR.

[316] Patricio de la Guardia había sido jefe del Estado Mayor Central del Ministerio del Interior y, posteriormente, Jefe de la Misión Militar en Angola. Patricio de la Guardia se encontraba en Chile al frente de un grupo de tropas especiales cuando el golpe de estado que depuso a Salvador Allende.

[317] El Teniente Coronel Alexis Lego Arocha (Elmer) había estado al frente del Buró de México en el Departamento Dos que tenía a su cargo las actividades relacionadas con todo extranjero que permaneciese en Cuba, incluyendo embajadas y agencias de prensa. Trabajaba directamente a las órdenes de José Abrantes.

En horas ya estarán convocados el Tribunal de Honor y el Tribunal Militar Especial que habrán de juzgar –con gran celeridad– al "Héroe de la República de Cuba".

Ochoa: el Tribunal de Honor

En el juicio que en junio de 1989 se le sigue al General Arnaldo Ochoa, los 47 generales que forman el Tribunal de Honor se sienten ofuscados –afirma Jean Francois Fogel– porque saben lo que Cuba ha tenido que callar: "En Angola, Ochoa heredó una situación aterradora. Justamente antes de su llegada, la 47 brigada angolana-cubana fue exterminada por las tropas sud-africanas; y durante una batalla, cerca de Lomba, los cubanos perdieron un escuadrón completo de tanques y una batería de misiles SAM-8, primera de este tipo que cayó, intacta, en manos occidentales". Fuente: The Maldon Institute.

El 25 y 26 de junio se celebraron las dos sesiones del Tribunal de Honor que juzgaba al General Arnaldo Ochoa[318]. Presidía el tribunal el General de División Ulises Rosales del Toro, actuando como secretarios los también generales Jesús Bermúdez Cutiño[319] y Ramón Pardo Guerra, a quien, afectuosamente, Raúl Castro llamaba "Pardito". El tribunal estará compuesto por los siguientes 47 oficiales:

---

[318] En el Tribunal de Honor el único acusado que concurrió, físicamente, fue Arnaldo Ochoa. Los demás no fueron citados personalmente sino que, sencillamente, prestaron declaraciones.

[319] Jesús Bermúdez Cutiño provenía del Movimiento 26 de Julio y formó parte del Ejército Rebelde; Miembro del Comité Central desde 1980 había ocupado la jefatura de la Dirección de Inteligencia de las Fuerzas Armadas desde 1979 y en el momento en que se inicia el proceso contra Ochoa funcionaba como Jefe de Inteligencia en el Ministerio del Interior. Bermúdez Cutiño, junto con Colomé Ibarra y Fernández Gondín, representan las tres figuras más importantes a cargo del control represivo en Cuba.

Generales de División:

Senén Casas Regueiro[320]
Rogelio Acevedo González
Julio Casas Regueiro
Ramón Espinosa Martín
Carlos Fernández Gondín[321]
Rigoberto García Fernández

Pedro M. García Peláez
Raúl Menéndez Tomassevich
Joaquín Quintas Solá
Romárico Sotomayor García
Sergio del Valle Jiménez

Vicealmirante:

Aldo Santamaría Cuadrado

Generales de Brigada:

Efigenio Ameijeiras Delgado
Leonardo Andollo Valdés
Ladislao Baranda Columbié
Lino Carreras Rodríguez
Enrique Carreras Rolas
José N. Causse Pérez
Gustavo Chuf Beltrán
Raúl Fernández Marrero
Julio Fernández Pérez
Arnoldo Ferrer Martínez
Samuel Rodiles Planas
Gustavo Fleita Ramírez
Juan de Dios García Arias
Rolando Kindelán Bles
Carlos M. Lamas Rodríguez

Manuel E. Lastre Pacheco
Carlos Lezcano Pérez
Néstor López Cuba
Miguel A. Lorente León
Antonio E. Lussón Batlle
José L. Mesa Delgado
José Millán Pino
Hiraldo Mora Orozco
Rafael Moracén Limonta
José Morfa González
Sergio Pérez Lezcano
Juan B. Pujols Sánchez
Guillermo Rodríguez del Pozo
Irving Ruiz Brito
Víctor Schueg Colás
Roberto Tomás Viera Estrada

Contralmirante:

Pedro M. Pérez Betancourt

---

[320] Senén Casas Regueiro, oriental como los Castro, provenía del Movimiento 26 de Julio y se incorporó pronto al Ejército Rebelde.
En 1975 era miembro del Comité Central y, 5 años después, Miembro del Buró Político. Designado Viceministro de las Fuerzas Armadas en 1971 fue ascendido en 1989 a Vicepresidente del Comité Ejecutivo del Consejo de Ministros y Ministro de Transportes sustituyendo al encarcelado Diocles Torralba.

[321] El General de División Carlos Fernández Gondín combatió en la Sierra Maestra habiendo formado parte del Movimiento 26 de Julio. En 1975 es designado como Jefe del Frente Este en Angola, pasando luego a ocupar la Dirección de Contrainteligencia Militar en Cuba en 1977, posición que desempeña en el momento en que está siendo juzgado Arnaldo Ochoa.

Aclara después el Ministerio de las Fuerzas Armadas Revolucionarias que Ramón Espinosa Martín y Julio Casas Regueiro, quienes originalmente figuraban en la composición del tribunal, no formarían parte de éste, porque integrarán más tarde el Tribunal Militar. En sustitución fueron nombrados el General de Brigada Filiberto Olivera Moya y el General de Brigada Rigoberto Sancho Valladares.

Ochoa se sabía perdido. Tal vez en busca de evitar la aplicación de la pena máxima afirmó al concluir el juicio ante el Tribunal de Honor Militar:

"La Revolución me tiene a su servicio, y si se me impone esta condena, que pudiera ser ...fusilamiento; en ese momento les prometo a todos que mi último pensamiento será para Fidel por la gran Revolución que le ha dado a este pueblo. Gracias".

El juicio sumarísimo

El juicio sumarísimo de la radicación del Tribunal Militar Especial comenzó el viernes 30 de junio. Acusaban a los ya "ex-oficiales de las FAR y 11 ex-miembros del MININT" de "graves delitos contra la patria, violaciones y transgresiones de nuestras leyes".

Se había iniciado a las ocho de la noche la vista oral de la Causa No. 1 de 1989 seguida a los acusados Arnaldo Ochoa Sánchez, Jorge Martínez Valdés y Arnoldo Rodríguez Estupiñán, todos integrantes de las FAR.

La vista incluía a los ex-oficiales del MININT Antonio de la Guardia Font, Amado Padrón Trujillo, Antonio Sánchez Lima, Eduardo Díaz Izquierdo, Alexis Lago Jarocha, Miguel Ruiz Poo, Rosa María Avierno Gobín, José Luis Piñera Bermúdez, Gabriel Prendes Gómez, Leonel Estévez Soto y Patricio de la Guardia Font.

El Tribunal Militar Especial presidido por el General de División Ramón Espinosa Martín, lo integraban como jueces los

Generales de División Julio Casas Regueiro[322] y Fabián Escalante Font[323].

El General De Brigada Juan Escalona Reguera[324] actuaba de fiscal y como secretario el Teniente Coronel Ernesto Vasallo Consuegra.

Como defensores, el Coronel Alberto Rubén D'Toste Rodríguez, en representación de Arnaldo Ochoa y Jorge Martínez Valdés; el mayor Julio A. González Guethon, en representación de Patricio de la Guardia; el Mayor Juan Aramís Villalón Oña, en representación de Antonio de la Guardia; Mayor Arístides Ruyseñor de la Peña, en representación de Amado Padrón Trujillo; mayor Ramón Aymeriche Sabas, en representación de Antonio Rodríguez Estupiñán; Mayor Manuela Nicolao Valdés, en representación de Alexis Lago Arocha y Gabriel Prendes Gómez; Mayor Luis Raúl Martínez Velez, en representación de Miguel Ruiz Poo y Rosa María Abierno; Capitán Roylán Hernández Concepción en representación de Antonio Sánchez Lime y Leonel Estevez Soto. Teniente Esther Rocío en representación de Luis Pineda y Eduardo Díaz Izquierdo.

---

[322] Julio Casas Regueiro procedía de las filas del Movimiento 26 de Julio y había combatido en el Ejército Rebelde. En 1975 aparecía como miembro suplente del Comité Central del Partido Comunista Cubano posición que ocupó en firme en 1980. Cuando se produce el proceso de Ochoa y los hermanos de la Guardia, Casas Regueiro ostentaba la posición de Viceministro de las Fuerzas Armadas a cargo del Control de Divisas.
Julio respondía a Raúl Castro y Ulises Rosales.

[323] Fabián Escalante Font, Miembro Suplente del Comité Central del PCC, pasó a ocupar una membresía en el organismo en 1986 cuando estaba a cargo de la Dirección Política del MININT. Luego de formar parte del tribunal que juzgó a Ochoa fue destituido a los pocos días por no haber informado a sus superiores de las actividades de los juzgados conocidos por él. Fabián Escalante provenía, como su padre y su hermano, del antiguo Partido Socialista Popular.

[324] Juan Escalona Reguera, aunque médico de profesión, se ha distinguido como fiscal en distintos juicios revolucionarios. Fue, en 1959 el primer jefe del Estado Mayor del recién creado Ejército Occidental, siendo designado Viceministro de las Fuerzas Armadas a cargo de la defensa civil en 1980. Cuatro años después era nombrado Ministro de Justicia.

Narración de los hechos, según el fiscal

Comienza el fiscal a describir, en la forma más conveniente para el régimen, como se fueron produciendo los hechos.

Afirma que las primeras ideas de Ochoa en relación con el narcotráfico surgen a mediados de 1986 cuando se ocupaba de la atención de la Décima Dirección del MINFAR, encargada de la colaboración militar con otros países.

Su ayudante, el Capitán Jorge Martínez Valdés, en viaje de trabajo a Panamá, recibe del norteamericano Frank Morfa, la sugerencia de participar en operaciones de lavado de dinero. Consultado Ochoa, éste acepta la idea e instruye a Martínez sobre formas de llevarla a cabo. Estos primeros contactos no conducen a nada, pero entre octubre y noviembre de 1986, para establecer contacto con el conocido jefe del cartel de Medellín Pablo Escobar, se le confecciona a Martínez un pasaporte colombiano que le facilitará viajar a ese país.

No será hasta octubre o noviembre de 1987 (un año después!!)que le hacen entrega a Martínez del pasaporte colombiano a nombre de Fidel Buitrago Martínez. Ya para esa fecha Ochoa conoce que Tony de la Guardia, del Departamento de Moneda Convertible (DMC) del Ministerio del Interior, tiene también contacto con la gente de Escobar. En los primeros días de noviembre de 1987 Ochoa recibe la orden de trasladarse a la República Popular de Angola. Poco más tarde, Martínez, como ayudante suyo, debe también trasladarse a ese país.

En la segunda quincena de abril de 1988, Ochoa envía a Martínez a Cuba –sigue relatando el fiscal– para que participe en una reunión en La Habana con Tony de la Guardia y representantes de Pablo Escobar, que han viajado a la isla como turistas. Al salir de Angola, lleva un mensaje de Patricio de La Guardia, que cumplía allí misión, para Tony de la Guardia, requiriéndole el máximo de cooperación con Martínez. Se reúnen los visitantes extranjeros (no se mencionan sus nombres) con Amado Padrón, Leonel Estévez Soto y Eduardo Díaz Izquierdo, del grupo de Tony de la Guardia, y también Martínez. Se abordan "fantasiosas ideas de una fábrica de cocaína en África" y se acuerda el viaje de Martínez a Colombia para tratar directamente con Escobar.

GENERAL DE BRIGADA
JUAN ESCALONA REGUERA

GENERAL DE BRIGADA JUAN ESCALONA REGUERA
En los primeros años era el enlace entre Raúl Castro y Ernesto Guevara.
Como Fidel, dirigió desde La Habana la guerra que se libraba en Angola.
"Toda la operación la dirigió Fidel minuto a minuto. En el Puesto de Mando
teníamos desplegados los mapas..." En esos momentos era Ministro de
Justicia. Más tarde, presidente de la Asamblea Nacional del Poder Popular.

GENERAL DE DIVISIÓN
RAÚL MENÉNDEZ TOMASSEVICH

GENERAL DE DIVISIÓN RAÚL MENÉNDEZ TOMASSEVICH
En 1961 fue designado jefe de Lucha Contra Bandidos (LCB) combatiendo a
los alzados del Escambray. En julio de 1966 entrena guerrillas en Guinea
Bissau pasando al siguiente año a Venezuela con Tony Briones, Ulises
Rosales y otros. Fracasado el intento guerrillero es designado Jefe de la
Misión Militar Cubana en Angola.

A principios de mayo, Martínez viaja a Medellín y se entrevista con Pablo Escobar. Llegan a un entendimiento para el tráfico de cocaína a través de Cuba pagando Escobar $1,200 dólares por kilogramo.

La primera operación se realizaría dos meses después. Un barco de bandera panameña con el nombre de "Jennipher" recogería en altamar 2 mil kilos de cocaína y navegaría hasta un punto preciso en las proximidades de Cienfuegos. Eduardo Díaz Izquierdo y Martínez abordarían la embarcación, mientras Amado Padrón coordinaría con guardafronteras a los que Tony de la Guardia informaría que se trabaja de una operación del Departamento MC bajo su responsabilidad. Martínez y Eduardo Díaz se irían a bordo de la "Jenipher", bordeando la isla hasta el puerto de Mariel donde depositarían una carga inocente de mercancías normales como cobertura de la operación. Una vez despachada la nave, a pocas millas del puerto de Mariel, 4 lanchas rápidas procedentes de Miami recogerían 500 kilogramos de droga cada una.

Luego de describir la complicada operación el reporte oficial dice que ésta no llegó a realizarse. El capitán del "Jenipher" había sido asesinado.

Le proponen a Martínez entonces hacer la operación por aire, lo que Tony de la Guardia acepta, indicando utilizar como cobertura al aterrizar la venta de tabaco.

En septiembre vuelve Martínez al exterior, se reúne con un intermediario y dos pilotos a fin de analizar los detalles de la vía aérea. En octubre viaja por segunda vez a Colombia para entrevistarse con el hermano de Escobar.

Martínez le informa a Ochoa por teléfono, Cuba-Luanda, en lenguaje más o menos figurado. Ochoa expresa su conformidad. Pero de nuevo surgen obstáculos; una lancha es capturada en Oriente por guardafronteras.

En diciembre de 1988, Ochoa, próximo a regresar ya de Angola, es informado por Martínez de todos estos inconvenientes.

El narcotráfico autorizado "al más alto nivel"

Se afirma en la corte que el primer contacto de Tony de la Guardia con los traficantes de droga se hizo a través de Miguel Ruiz Poo, funcionario del Departamento MC en Panamá.

El Capitán Ruiz Poo, antiguo funcionario del Ministerio del Interior que estaba acusado del contrabando de cocaína a través de una compañía en Panamá, formuló declaraciones comprometedoras al afirmar que él estaba convencido de que las actividades de contrabando de cocaína estaban autorizadas al más alto nivel del gobierno cubano.

Afirmó Ruiz Poo en esa sesión que un ayudante del General Arnaldo Ochoa le había dicho textualmente: "Mi jefe ha discutido al más alto nivel todo lo que yo hago".

La declaración se había producido en el momento en que se transmitían, en vivo por televisión, dos horas del juicio sumarísimo.

Ruiz Poo describía como, siendo gerente de la empresa cubana Interconsult en Panamá, él participó en varios de los envíos de cocaína dejando caer bultos desde el aire al mar donde eran recogidos por miembros de un grupo dirigido por su primo Reynaldo Ruiz[325]. Ante la sorpresa de muchos Ruiz Poo declaró que el Capitán Jorge Martínez, principal ayudante de Ochoa, le había afirmado que "Ochoa ha discutido todo al más alto nivel".

Tanto Martínez como Ochoa fueron llamados inmediatamente a comparecer para impugnar el testimonio de Ruiz Poo. Martínez declaró que él nunca había hecho esa declaración a Ruiz Poo, mientras que Ochoa afirmaba que "nunca le dio a entender a Martínez que la operación estaba autorizada al más alto nivel, y que Martínez sabía que no estaba autorizada".

Pero el locuaz Ruiz Poo siguió describiendo sus relaciones con otros oficiales refiriéndose a la reunión celebrada a princi-

---

[325] Reynaldo Ruiz había sido arrestado en Panamá en 1988 y extraditado a los Estados Unidos donde en ese momento se encontraba en prisión esperando su sentencia.

pios de ese año (1989) en Varadero donde los conspiradores tenían su base. En aquella ocasión Ruiz Poo expresó a varios de sus asociados su preocupación porque el contraespionaje cubano había detectado las actividades de él con traficantes colombianos, pero que de la Guardia lo había calmado informándole que había tenido una conversación con el General Abelardo Colomé Ibarra. "No hay crisis" afirmaba en el juicio Ruiz Poo que Tony de la Guardia le había dicho[326].

La prensa oficial afirmaba al terminar la farsa judicial que "a ninguno de los acusados les faltó defensa. Las garantías procesales les aseguraron un representante legal".

El interrogatorio a que es sometido Miguel Ruiz Poo es típico. El fiscal le formula tantas preguntas y cargos que su narración cubre más de cuatro páginas, a tres columnas, de la Revista Bohemia. Son más de 80 intervenciones del fiscal que el acusado Miguel Ruiz se ve obligado a responder. Al terminar su largo interrogatorio, el presidente del tribunal le concede la palabra al abogado defensor. Estas son, textualmente, las únicas palabras expresadas por quien tenía a su cargo la defensa del encausado:

> "Señor Presidente, mi representado ha sido bastante amplio, bastante explícito, así que no tengo ninguna cuestión más que esclarecer con él".

Esa fue, vergonzosamente, lo expuesto por aquel abogado en defensa del procesado.

Por televisión se transmitieron las declaraciones del comandante del MININT Amado Padrón, quien afirmó que había organizado en enero de 1987 la primera operación de narcotráfico con 300 kilogramos de cocaína, cuya operación no pudo cobrarse porque los lancheros fueron capturados por guardacostas estadounidenses a pocas millas del litoral.

Las actividades de los acusados abarcaban, según los testimonios expresados en el juicio y recogidos por la prensa, desde el narcotráfico hasta el tráfico de armas, afectando a Angola, Colombia, Estados Unidos, Nicaragua y Panamá. En los testi-

---

[326] The Miami Herald, julio 5, 1989.

monios aparecía que Tony de la Guardia había permitido el contrabando de 6 toneladas de cocaína en los Estados Unidos a través de 19 operaciones, 15 de ellas exitosas, realizadas durante los 3 últimos años.

¿Por qué actuó en este momento el gobierno de Castro? ¿Por qué ahora y no antes?.

Fiscales norteamericanos complican a Cuba con el narcotráfico

Para algunos altos funcionarios de la administración del Presidente Bush, Castro pudo haber iniciado el proceso contra Ochoa después que los Estados Unidos expresaron públicamente su preocupación, ese mismo mes de junio, sobre el aumento del tráfico de drogas a través de Cuba[327].

Otro funcionario norteamericano consideraba que Castro pudo haberse decidido a actuar después que autoridades británicas entregaron ese mes a funcionarios de los Estados Unidos copia de documentos financieros que mostraban alegadas transacciones relacionadas con drogas que envolvían al General Manuel Antonio Noriega, acusado en 1988 por un Gran Jurado Federal en Miami y por otro en Tampa por cargos de tráfico de drogas. En ambos jurados aparecía Castro implicado desde 1984 en actividades relacionadas con drogas.

Era innegable que el 11 de junio, un día antes del arresto de Arnaldo Ochoa, la prensa americana (Associated Press) había distribuido un artículo en el que funcionarios de la Administración del Presidente Bush mostraban su preocupación sobre el reciente aumento del tráfico de drogas con una aceptación o participación directa de las actividades cubanas. El artículo de la A.P. describía el procedimiento utilizado en el tráfico; precisamente, el mismo que luego aparecería detallado en las sesiones de juicio.

La participación de altos militares cubanos envueltos en tráfico de cocaína se había descubierto por primera vez dos

---

[327] Alfonso Chardy, The Miami Herald, junio 24, 1989.

años antes en la investigación que entonces se condujo en Miami[328].

Ya antes, el martes 30 de julio de 1985, el gobierno federal comenzó a presentar pruebas sobre el más importante caso de contrabando de drogas que se hubiera juzgado en Miami. Millares de libras de cocaína eran transportadas desde Nicaragua a Estados Unidos en una operación en que aparecían complicados, entre otros, Pablo Escobar Gaviria, Carlos Lehder y Federico Vaughan, ayudante del Ministro del Interior de Nicaragua, Tomás Borge.

La fiscalía norteamericana afirmaba que el contrabando de cocaína contaba con el apoyo del gobierno sandinista y se realizaba en un avión militar de transporte. Eran los años en los que el Ministro Tomás Borge y el General Arnaldo Ochoa, Jefe de la División Militar Cubana en Nicaragua, colaboraban estrechamente con el Ministro de Defensa Humberto Ortega en planes militares. Seguramente una pura coincidencia.

El Granma admite preocupación por la investigación norteamericana

El jueves 22 de junio (1989) el Granma informaba que Castro había ordenado en el mes de abril una investigación sobre el papel de Cuba *después que los Estados Unidos habían formulado acusaciones de un aumento de actividad de tráfico de drogas a través de Cuba.*

Se refería, por supuesto, a los testimonios expresados en la corte en la que aparecía que los hermanos Reynaldo y Rubén Ruiz habían transportado 2 veces cocaína por vía aérea en 1987 desde Colombia a un aeropuerto cubano y de allí a la Florida en lanchas rápidas. Los hermanos Ruiz habían informado a un juez federal en Miami que en marzo habían transportado cocaína de Colombia a Cuba y Haití y que oficiales en ambos países se ocuparían de enviar los narcóticos a los Estados Unidos.

---

[328] Jeff Leen, The Miami Herald, junio 24, 1989.

Granma sugería que Castro había tomado la idea de investigar las conexiones de Ochoa por los testimonios que habían aparecido en Miami: "La coincidencia de estas aseveraciones en los últimos meses captó la atención del Primer Secretario de nuestro Partido".

Además de los militares procesados, otros altos funcionarios y militares cubanos habían aparecido vinculados al tráfico de drogas, algunos de ellos desde 1982.

Fernando Ravelo Renedo, embajador en Nicaragua y antes embajador en Colombia, era uno de los cuatro oficiales cubanos acusados por un Gran Jurado Federal en Miami en noviembre de 1982 de participar en planes de usar Cuba como sitio seguro en la ruta de contrabando de Colombia a Miami de qualudes y marihuana.

Otro de los encausados era Gonzalo Bussols-Suárez, segundo en jerarquía en la embajada cubana en Colombia y miembro del Partido Comunista Cubano. El tercero era René Rodríguez Cruz considerado como oficial de inteligencia y quien había participado en la organización del éxodo del Mariel y presidía el Instituto Cubano de Amistad con los Pueblos.

Los cargos presentados en el encausamiento de los cuatro funcionarios del gobierno de Castro mostraban que el cuarto procesado, Aldo Santamaría Cuadrado —en ese momento Jefe de la Marina Cubana— cuando ocupaba el cargo de Vicealmirante había aprovisionado y protegido barcos que llevaban las drogas de Cuba a los Estados Unidos[329]. Las drogas, de acuerdo al Fiscal Federal Stanley Marcus, eran llevadas de Colombia hacia Estados Unidos y enviadas desde allá a Estados Unidos.

El mismo Gran Jurado acusó al Vicealmirante Santamaría por iguales causas. Su muy posible complicidad no le impidió a Aldo ser designado, en octubre de 1986 uno de los 12 Viceministros de las Fuerzas Armadas Cubanas ni, mucho menos, de participar, como juez, en el Tribunal de Honor que juzgaba a Arnaldo Ochoa.

---

[329] Cable UPI, Diario Las Américas, noviembre 7, 1982.

Continúa el juicio

Mucha prisa tenía Castro en terminar, cuanto antes, con este proceso que galvanizaba la atención pública; por eso la segunda sesión del juicio sumarísimo se celebró, de inmediato, el sábado 1o. de julio y la tercera el lunes 3.

El gobierno se autoelogiaba en la radio y la prensa oficial: "El mundo observa con asombro esta prueba extraordinaria de valentía política y moral. No está acostumbrado a ello. Sólo una Revolución verdadera, fuerte, inconmovible y profunda, es capaz de esto".

Era, para Castro, "el proceso político y judicial más limpio que se pueda concebir".

El martes 4 se efectuó la última sesión. El fiscal solicitaba pena de muerte para siete de los acusados; 30 años para dos, 25 años para cuatro y 15 años para uno. El fiscal, Juan Escalona Reguera, le impedía a Ochoa responder a los cargos que, a través de los fiscales, le eran imputados por el Comandante en Jefe: "Al desmentir a Fidel, Ochoa desmentía a Cuba". Si desmentía a Fidel "dejaba a Cuba a merced de los ataques de los enemigos, debilitando dramáticamente la defensa de la Revolución". Fidel era la verdad. Fidel era Cuba. Si respondía las acusaciones de Fidel desmentiría a Cuba.

El jueves 6 dicta sentencia el Tribunal Militar Especial y serán 4 los sancionados a la pena capital: Ochoa, Jorge Martínez, Antonio de la Guardia y Amado Padrón. Al día siguiente la Sala de lo Militar del Tribunal Supremo se reunía para resolver sobre el recurso de apelación que, de oficio, se interpuso contra la sentencia. Fueron ratificadas las condenas.

Ya Castro ha responsabilizado a la totalidad de los generales que componen las fuerzas armadas en el proceso y en la condena al General Ochoa y demás implicados. Exigirá, ahora, el apoyo a la sentencia de todos los demás oficiales y funcionarios.

Complicidad con la sentencia

Todos respaldarán la sentencia impuesta por el Tribunal Militar Especial. Castro quería comprometerlos a todos, civiles y militares, con las condenas dictadas.

Responsabilizará en este juicio, de veras sumarísimo, a los veintinueve integrantes del Consejo de Estado a los que convocó el domingo 9 de julio con un solo tema en la agenda: Considerar si procedía ejercer la facultad de conmutar la sentencia a la pena capital dictada por el Tribunal Militar Especial en la Causa No. 1 de 1989 a Arnaldo Ochoa Sánchez, Jorge Martínez Valdés, Antonio La Guardia Font y Amado Padrón Trujillo.

El Consejo de Estado

El lunes 10 de julio se celebra la reunión del Consejo de Estado en relación con la Causa No. 1 de 1989 y, a petición del Comandante en Jefe Fidel Castro, presentes los 29 miembros integrantes del Consejo, se declara abierta la sesión.

Castro exigía la presencia de la totalidad de los 29 miembros del Consejo. De Corea del Norte donde se encontraban participando del Festival Mundial de la Juventud regresaban precipitadamente Juan Almeida y Roberto Robaina, Primer Secretario de la Unión de Jóvenes Comunistas.

El Consejo de Estado lo integraban cuatro hombres que desempeñaban posiciones de ministro: Raúl Castro, Ministro de las Fuerzas Armadas; Armando Hart, Ministro de Cultura, Abelardo Colomé, Ministro del Interior y José R. Ferrán, de Educación. Cuatro miembros del Buró Político: José Ramírez Cruz, José R. Machado Ventura, Juan Almeida y Roberto Vega. Dos integrantes del Comité Central del Partido Comunista: Guillermo García y Ramiro Valdés. También varios miembros del Consejo de Ministros: Carlos Lage, Miembro de la Secretaría del Comité Ejecutivo; José R. Balaguer, Osmany Cienfuegos, Secretario de dicho Comité Ejecutivo.

Armando Acosta es el Coordinador de los Comités de Defensa de la Revolución; Severo Aguirre quien temporalmente preside la Asamblea Nacional del Poder Popular. Pedro Chávez, Presidente de la Asamblea Provincial del Poder Popular, Ciudad de La Habana; Mercedes Díaz, enfermera; Vilma Espín, Presidenta de la Federación de Mujeres Cubanas; Orlando Lugo, Presidente de la Asociación Nacional de Agricultores Pequeños.

Estaban también, ninguno podía faltar, Pedro Saez, ingeniero; Zeida Suárez, dirigente juvenil, Lidia M. Tablada, científica; Félix Villar, obrero; José N. Millar que actúa como Secretario del Consejo de Estado y sus vice-presidentes Pedro Miret y Carlos Rafael Rodríguez. Con Fidel Castro, Presidente del organismo, se completan los 29 miembros que habrán de compartir la responsabilidad de aprobar la sentencia dictada.

Para que no haya duda alguna el propio Fidel Castro aclara que "el Consejo de Estado va a conocer de la sentencia dictada por el Tribunal Especial Militar, con fecha 7 de los corrientes, en la Causa No. 1 de 1989 por los delitos de actos hostiles contra un estado extranjero, tráfico de drogas tóxicas y abuso del cargo, en la que se sancionó a la pena de muerte por fusilamiento a los ciudadanos: Arnaldo Tomás Ochoa Sánchez, Jorge Martínez Valdés, Antonio de la Guardia Font y Amado Bruno Padrón Trujillo".

Y precisa aún más que "nos corresponde proceder a conocer la opinión de cada uno de los presentes, sobre si el Consejo de Estado acuerda disponer que se cumpla y ejecute la sentencia dictada por el Tribunal Especial Militar, o si se ejerce la facultad de conmutar la pena de muerte por fusilamiento, de todos o alguno de los sancionados por la inferior de treinta años de privación de libertad".

Pide "al compañero Secretario que vaya nombrando a cada uno de los miembros del Consejo de Estado para que emitan su opinión y voten".

Comienza el desfile Armando Acosta Curbelo, le siguen Senén Casas Regueiro, Abelardo Colomé Ibarra, Severo Aguirre del Castro, José Ramón Balaguer Cabrera, Pedro Chávez González, Mercedes Díaz Herrera, Vilma Espín Guilloys, José Ramón Fernández Álvarez, Guillermo García Frías, Armando Hart Dávalos, Carles Lae Dávila, Orlando Lugo Fonte, José Ramírez Cruz, Roberto Robaina González, Pedro Sáez Jova, Zeida Suárez Premier, Lidia Tablada Romero, Ramiro Valdés Menéndez, Roberto Vega Menéndez, Félix Villar Bencomo, José M. Barrueco, Juan Almeida Bosque, Osmany Cienfuegos Gorriarán, José Ramón Machado Ventura, Pedro Miret Prieto, Carlos Rafael Rodríguez y Raúl Castro.

De forma unánime, el Consejo de Estado decidió que no procedía conmutar dicha sentencia y, sin excepción, todos sus miembros coincidieron en apoyarla plenamente.

En el futuro, ninguno de los más altos militares de la nación ni las figuras que componían el Consejo de Estado podrían levantarle a Castro el dedo acusador por el fusilamiento del Héroe de la República de Cuba y los otros condenados.

Todos ellos, sin excepción, expresaron su pleno apoyo a la sentencia que ya había sido ratificada por la Sala de lo Militar del Tribunal Supremo Popular. Veamos algunos de los testimonios vertidos:

Carlos Lage Dávila afirmaba en largo discurso: "sin sombra de dudas doy mi voto a favor de la decisión del Tribunal Militar Especial, convencido plenamente de que la sentencia de pena de muerte debe ser cumplida. Ello es de absoluta justicia".

Roberto Robaina González: "No puede quedar sin castigo esta afrenta a la grandeza de un pueblo. La balanza se inclina con fuerza hacia la pena capital. Y esa es, por supuesto, la decisión que comparto".

Ramiro Valdés Menéndez: "El cumplimiento de las sanciones impuestas... se ha convertido en condición indispensable para que Cuba pueda recuperarse de sus daños. Los hechos cometidos solamente tienen un nombre: alta traición, y una sanción: la muerte".

Juan Almeida: "Todos ellos merecen una sanción ejemplarizante, sin hacer distinción, porque han manchado el honor y la dignidad de este pueblo. Aquí expreso mi conformidad con la sentencia dictada".

Senén Casas Regueiro: "Considero que las responsabilidades individuales fueron precisadas acertadamente por el tribunal, en el caso de las sanciones de muerte, plenamente justificadas por la alta traición que cometieron".

Osmany Cienfuegos Gorriarán: "los cuatro condenados a la pena máxima por el tribunal traicionaron a su pueblo, a nuestra Revolución, a nuestro partido, a sus hijos, a Fidel. ¿Puede concebirse, acaso, traición más espantosa a nuestro pueblo que la de Ochoa?".

José Ramón Machado Ventura: "los sancionados han pisoteado los principios que siempre han guiado a nuestra Revolución. Son en extremo condenables... abusaron de sus cargos... reitero que no estoy de acuerdo conque se deba conmutar la pena de muerte por fusilamiento impuesta".

Ni los que están distantes quedarán sin responsabilidad. Exige de los jefes de las misiones militares en África el público respaldo a la sentencia dictada. El General de División Leopoldo Cintra Frías, Jefe de la Misión Militar Cubana en Angola, hace llegar a Raúl Castro, Ministro de las Fuerzas Armadas Revolucionarias, su repudio al "inescrupuloso proceder del General de División Arnaldo Ochoa Sánchez y un reducido grupo de oficiales de las FAR y el MININT" afirmando que "por todo lo expuesto, debe recaer sobre Ochoa Sánchez el rigor de la ley revolucionaria" (Granma, junio 26, 1989).

Desde el Cuerno de África llega una comunicación similar. El General de Brigada Manuel Pérez Hernández, Jefe de la Misión Militar de Cuba en Etiopía, manifiesta por escrito que "condenamos enérgicamente las graves faltas al honor y la dignidad... cometidas por el General de División Arnaldo Ochoa Sánchez... considerando que estos hechos constituyen una traición a nuestro pueblo apoyamos irrestrictamente todas las medidas que por nuestro mando superior y partido se tomen" (Granma, julio 9, 1989).

Pero no puede haber ningún funcionario, por subalterno que sea, a quien no se le exija el irrestricto respaldo a las medidas tomadas. Así la Asamblea Municipal del Poder Popular de la Lisa, en la ciudad de La Habana, a la que pertenecía Ochoa como Diputado, aprueba revocarlo de su cargo como Diputado a la Asamblea Nacional.

En su intervención en la reunión del Consejo de Estado el 9 de julio en relación con la Causa Número Uno de 1989 Castro afirma, sin sonrojo, que consideraba que "este proceso se ha caracterizado por su excepcional limpieza... nunca hubo un proceso judicial con tanta claridad y con tanta equidad". Y, sin pausa alguna continúa con una descarnada contradicción:

"Yo tuve bastantes contactos con el Fiscal, también tuve contacto con el tribunal a lo largo del proceso. Pero no se

ejerció la más mínima influencia sobre la decisión que habría de tomar".

Admite sus frecuentes contactos con el tribunal y los fiscales, pero sin "ejercer la más mínima influencia".

"El enemigo imperialista está desconcertado... no puede comprender que nuestra Revolución se apoyó en el pasado, se apoya y se apoyará siempre en la honestidad y en la verdad". Y, por supuesto, la conclusión era obvia. Los cómplices del tráfico de drogas del que acusan a estos oficiales no eran otros que "los órganos de inteligencia de Estados Unidos que conocían desde el primer semestre de 1987 que aviones con drogas procedentes de Colombia estaban realizando aterrizajes en el aeropuerto de Varadero con la complicidad de oficiales cubanos".

Admirable conclusión del máximo dirigente de la Revolución "que se apoya siempre en la honestidad y en la verdad". Los agentes de la CIA lo sabían; Castro, el pobre, lo desconocía.

El 13 de julio (1989) la sentencia a una pena capital dictada por el Tribunal Militar Especial fue aplicada al amanecer. La prensa oficial, tan prolija en divulgar las sórdidas imputaciones expresadas en las sesiones del Tribunal Militar Especial, dió a conocer la noticia en una simple nota en página interior[330].

El proceso de Arnaldo Ochoa se convirtió en una obra teatral en la que entrelazaron operaciones reales con personajes que mucho, poco, o nada, tuvieron que ver con ellas.

Ni Ochoa ni Tony de la Guardia consideraron en momento alguno, cuando eran encausados, que el juicio terminaría con una petición de pena de muerte.   Recordaban el juicio de los aviadores[331], del Comandante Huber

---

[330] Luego del juicio de Ochoa se iniciaron más de un centenar de procesos judiciales en las unidades para juzgar a militares que habían mostrado su inconformidad por el proceso al que fue sometido el Gral. Ochoa. Por supuesto, ninguno de estos juicios apareció publicado en la prensa oficial.

[331] El 13 de febrero de 1959 pilotos del cuerpo de aviación que habían servido bajo el gobierno presidido por Fulgencio Batista fueron sometidos a juicio por un tribunal revolucionario compuesto de oficiales y presidido por el Coman-

Matos[332], del Comandante Rolando Cubelas[333] y tantos otros que concluían con una petición de años de cárcel.

La versión de Jorge Masetti

En 1988 Patricio de la Guardia era el Jefe de la Misión del Ministerio del Interior cubano en Angola, y Tony, Director del Departamento de Moneda Convertible (DMC). Llegaba a Luanda, por primera vez, Jorge Masetti, el esposo de Ileana de la Guardia, hija de Tony. Arnaldo Ochoa era el jefe de la misión militar cubana en aquel país.

Pocas semanas después Patricio, de vacaciones, pasaba por La Habana. Eran los primeros días de febrero de 1989. En los últimos días de ese mes Patricio regresaba a Luanda mientras Tony permanecía en La Habana.

---

dante Félix Pena y compuesto por el Comandante Antonio Michel Yabor, el Teniente Auditor Adalberto Parúas Toll y Nicolás Bello Chávez acusados de genocidio. El tribunal absolvió a todos y cada uno de los acusados. A pesar de la sentencia absolutoria fueron mantenidos en prisión y sometidos a un nuevo juicio ante otro tribunal presidido por el Ministro de Defensa Augusto Martínez Sánchez. El Comandante Félix Peña, humillado públicamente por Raúl Castro, se suicidó. El nuevo tribunal pidió pena de muerte para 22 de los acusados, sentencia que fue conumutada y sustituida por una de 30 años de prisión.

[332] Huber Matos, que estaba al frente de la jefatura militar de Camagüey, acusado falsamente de conspiración fue sometido a juicio ante un tribunal revolucionario presidido por Sergio del Valle y constituido por los comandantes Herminio Escalona, Universo Sánchez, Guillermo García y Orlando Rodríguez Puertas. Como fiscal actuó Jorge (Papito) Serguera.

Luego de las acusaciones formuladas por Fidel Castro, que había concurrido como testigo de la fiscalía, Huber Matos fue condenado a 20 años de prisión; Roberto Cruz Zamora y otros fueron sentenciados a penas de siete a dos años.

[333] En marzo de 1966 se inicia el juicio contra el Comandante Rolando Cubelas acusado de "un grave acto de traición a la Revolución Cubana, pactado con el enemigo, que entre otros compromisos alevosos incluía el asesinato del compañero Fidel Castro". Desestimando la pena de muerte solicitada por el fiscal Jorge Serguera, el tribunal impone a Cubelas y a Ramón Guin una condena de 25 años de privación de libertad. Información detallada sobre el juicio aparece en la obra "Cubanos Combatientes: peleando en distintos frentes" del autor.

Bien ubicado, Jorge Masetti, que volvía a Luanda esta vez acompañado de su esposa Ileana proyectaba, utilizando las relaciones con el Director del Puerto de Luanda, constituir una empresa de transporte marítimo, al tiempo de ocuparse de la representación de Merbar, empresa de importación y exportación de ropa, alcoholes, productos electrónicos y otros, entre Panamá y Angola[334].

Afirma Jorge Masetti[335] en larga entrevista con el autor en febrero de 1999, un mes antes de la publicación de su libro, que "lo que por años venía funcionando dentro del departamento de Moneda Convertible (MC), con el consentimiento y conocimiento de Fidel y Raúl Castro, se hizo aparecer en el proceso al que fue sometido Arnaldo Ochoa como actividades que él realizaba. Al caer las cabezas de Arnaldo Ochoa y Tony de la Guarcia como si fuesen los promotores y realizadores de los continuos contrabandos de drogas recién denunciados por los fiscales y la prensa norteamericanos, los hermanos Castro quedarían exonerados. Era Ochoa el más conveniente chivo expiatorio para salvar el prestigio de Fidel y Raúl".

Pregunta Ros: ¿Por qué Ochoa y Tony de la Guardia admiten en el juicio su culpabilidad?. Responde Masetti: "Hay dos elementos que menciona Patricio en su carta de octubre 5 de 1991, en que habla de la "tortura blanca" ¿cómo hacen eso?. Primero comienzan a negociar con la vida de esos oficiales y la de sus familias (no es que tienen que matar a las familias), pero tienen forma de hacer que las personas "dejen de existir"; que es reducirlos a nada.

Esto, apoyado con la "tortura blanca", logra sus objetivos. Un tipo de tortura mental que lleva al hombre casi a creer él mismo en su culpabilidad".

---

[334] Jorge Masetti. "El Furor y el Delirio".

[335] Jorge Masetti –hijo de Ricardo Masetti; revolucionario argentino, amigo de Ernesto Guevara que presidió en Cuba Prensa Latina y organizó el frustrado alzamiento en Salta, Argentina, en abril de 1964– se casó en La Habana en febrero de 1989 con Ileana de la Guardia, hija del Coronel Tony de la Guardia. Ver detalles sobre Ricardo Masetti y el alzamiento de Salta en "Cubanos Combatientes: Peleando en distintos frentes" del autor.

"Un análisis detallado del proceso muestra que éste no fue un caso de narcotráfico, sino un proceso claramente político utilizado para poder condenar a Ochoa, a Patricio y a Tony," afirma Masetti en su conversación con Ros.

Las afirmaciones del yerno de Tony de la Guardia no parecen ajustarse a la realidad. Todo hace indicar que Tony, desde La Habana, con el tácito consentimiento de las más altas figuras del régimen, es quien inicia las operaciones de tráfico de drogas. Ochoa, en esa primera etapa, no participa en el narcotráfico. No es, aún, para Tony, un cómplice necesario.

A la pregunta del fiscal[336]: "Patricio ¿cómo usted conoció que Tony tenía negocio de narcotráfico?", Patricio de la Guardia da una respuesta incriminativa para su hermano:

"Lo vine a conocer, más o menos, para septiembre u octubre del año 1988".

Cuando el fiscal le pregunta a Ochoa si, "tuvo conocimiento de que había un grupo bajo el mando del ex-coronel Tony de la Guardia realizando operaciones de narcotráfico en Cuba" el General Ochoa responde:

"Bueno, en realidad yo no tuve conocimiento. Tony nunca me dijo a mí que él estaba haciendo operaciones de narcotráfico. Él me habló a mí de las operaciones de tabaco, una operación de objetos de arte, otra, la última, hace mes y pico, dos meses, de gallos finos... pero, hablarme de que él estaba haciendo operaciones de narcotráfico aquí, no".

Más tarde vuelve a afirmar:

"Yo nunca supe, a ciencia cierta, que ellos (Tony de la Guardia y Martínez) estaban haciendo operaciones de narcotráfico".

Lo que admite Ochoa es su participación en el tráfico de marfil y de diamantes. Afirma que "lo del marfil no es una operación clandestina. En el Congo el marfil se compra igual que comprar un televisor... está autorizado a salir por donde usted

---

[336] General de Brigada Juan Escalona Reguera.

quiera. Por el aeropuerto la gente lo saca y se lo lleva para Francia. Es decir, no es una operación clandestina. Sencillamente, nosotros mandamos a buscar el marfil, pagamos en francos, se lo mandamos a Tony de la Guardia, y él nos lo pagó al mismo precio en dólares y se ingresó en Finanzas".

Volvamos a la versión de Masetti: Fidel estaba enfrentando dos problemas: un general que venía de Angola con demasiado prestigio, "en un estado de ánimo y no tengo pruebas, que si no estaba ya conspirando, estaba todo preparado para que comenzara a hacerlo", expresa Masetti a Ros. Y continúa:

> *"Yo no afirmo lo de la conspiración; incluso la teoría de lo del golpe de estado no hay ninguna prueba. Lo que sí se sabe, y esto lo pude ver yo mismo, es que sí había un descontento que de seguir por ese camino al menos iba a formar una corriente de opinión en las fuerzas armadas. Fidel está consciente de este problema y, además, enfrenta un segundo problema. El tema del narcotráfico, candente en Estados Unidos, y él sabe que los norteamericanos tienen pruebas".*

El departamento de moneda convertible (DMC)

Tony de la Guardia estuvo vinculado al Ministerio del Interior desde los primeros años de la Revolución. Era director del Departamento de Moneda Convertible (DMC) en 1987, en 1988 y en los primeros meses de 1989. Desde 1982 lo había sido del Departamento Z, nombre con el que antes era conocido el DMC.

Las funciones del departamento eran, afirma Jorge Masetti, en primer término, burlar el embargo americano, buscar vías ilegales para introducir mercancías cubanas en los Estados Unidos, como tabaco, obras de arte, etc. y sacar de los Estados Unidos determinados productos de los que no tenía acceso Cuba debido al embargo.

Se ajusta esta descripción a la expresada por el régimen.

Así describe el editorial del Granma las funciones del Departamento Zeta (luego DMC):

"Una tarea relacionada con la lucha del país contra el bloqueo económico de Estados Unidos: adquisición y transporte a Cuba de productos como equipos médicos y de laboratorios, medicamentos y material sanitario, medios de computación y otros equipos, piezas, componentes y accesorios de equipos de procedencia norteamericana, cualquier cosa que pudiera ser útil a nuestro país. Para realizar estas misiones, el Departamento MC tenía conexiones con ciudadanos norteamericanos o residentes en este país que disponían de medios navales y aéreos para transportar los productos a Cuba".

Durante todo ese período Tony de la Guardia, como Director del Departamento de Moneda Convertible (DMC) permanecía en La Habana mientras Ochoa, desde el último mes de 1987 y en todo el año de 1988 se encontraba en Angola. Junto a Ochoa estaba allá Patricio de la Guardia.

En 1982, cuando se da a conocer las investigaciones que está realizando el Gran Jurado de Miami sobre el trasiego de drogas, el Departamento de Moneda Convertible aún no existía bajo ese nombre; era conocido como el Departamento Z, adscrito al Ministerio del propio José Abrantes, y no pertenecía a Inteligencia sino a Tropas Especiales. Pero las operaciones denunciadas en el Gran Jurado de Miami no tienen relación con el Departamento Z, le expresa Masetti al autor.

Fernando Ravelo siendo embajador en Colombia es el que inicia las operaciones y los contactos, cuando era vice-jefe del Departamento de América del Comité Central del Partido y trabajaba para Manuel Piñeiro. Es decir, Z no tenía parte alguna en esas operaciones.

Tony de la Guardia era también, en ese momento, el Director del Departamento Z, pero nada tuvo que ver Tony con esas operaciones descritas en el Gran Jurado de Miami ya que existía un distanciamiento entre los funcionarios del Departamento América y los oficiales del MININT.

Lo que se puede confirmar —insiste Masetti en su conversación con el autor— es los viajes de Jorge Martínez a Panamá para hacer compras de armas para los sandinistas; de ahí la cuenta que tiene Ochoa en Panamá. Para Masetti el contacto con Pablo Escobar que se menciona en el juicio nunca sucedió.

Las operaciones del Vapor Jenipher que se describen en el juicio eran transacciones del Departamento MC que nada tuvieron que ver con Ochoa quien nunca tomó parte en operación alguna de narcotráfico.

En el proceso que se le sigue jamás pudieron probar que Ochoa hubiese participado en operaciones de contrabando de drogas. Ochoa y Tony tenían dos actividades completamente distintas. Ochoa era un General de las Fuerzas Armadas y los negocios que se hicieron se realizaron en Angola y no eran, repite Masetti, el yerno de Tony, de drogas sino de intercambio de mercancía para alimentar a las tropas.

"Jamás se le prueba a Ochoa una operación de narcotráfico, y él mismo, durante todo el proceso, a pesar de reconocer algunas cosas, niega haber estado envuelto en operaciones de narcotráfico", afirma Masetti.

"Ochoa participa en el trueque de armas en la candonga (mercado negro), es decir, cambiaba latas, harinas, arroz y otros artículos por kuanzas (moneda nacional), y con las kuanzas compraba en las candongas alimentación fresca para las tropas".

"Si se habla del comercio irregular en Angola éste es el único que se hizo".

El Capitán Miguel Ruiz Poo trabajaba para el Departamento MC que dirigía Tony. No tenía Ruiz Poo relación alguna con Arnaldo Ochoa ni, tampoco, había sido escogido o seleccionado por de la Guardia sino que era un oficial de la Inteligencia cubana y se lo asignan a Tony para que trabaje con él en el Departamento MC. El MC era una unidad de la Inteligencia, Tony no podía escoger su personal, se lo asignaban.

Hay una relación Abrantes-Tony; no la hay Abrantes-Ochoa. Había una relación personal de Ochoa con los gemelos de la Guardia. Pero, entre Abrantes y los hermanos de la Guardia no la había. Sólo existía una innegable relación jerárquica.

Apenas si había relaciones entre Abrantes y Ochoa.

Caen los contaminados con Ochoa

A mediados de julio (1989) continúan llegando los soldados cubanos. El viernes 13 de julio, el mismo día en que es ejecutado Ochoa, arribaban alrededor de 150 combatientes internacionalistas cubanos. Ya ni el Comandante en Jefe, ni el Jefe de las Fuerzas Armadas, ni funcionarios de alto rango reciben a estos infelices combatientes. En una pequeña nota aparece que: "Ellos fueron recibidos por Rosa Elena Simeón, Miembro Suplente del Buró Político del Partido; el General de Brigada Moisés Sió Wong; la Coronela Aida Serio Cabrera, del MININT, y por representaciones de las organizaciones políticas y de masas".

Días después, en la primera semana de agosto, eran detenidos José Abrantes y otros ex-funcionarios del MININT[337], y Colomé Ibarra era

designado como nuevo Ministro del Interior.

El proceso y destitución de Abrantes representaba la culminación de una vieja pugna entre el MINFAR (a cargo de Raúl Castro, Jefe de las Fuerzas Armadas) y el MININT, que controlaba todos los órganos de seguridad del estado[338] y le daba a

---

[337] Eran arrestados el General de Brigada Roberto González Caso, ex-jefe de Inmigración y Extranjería; el Teniente Coronel Rolando Castañeda Izquierdo, Oscar Carreño Gómez y Héctor Carbonell Méndez. Igualmente fueron degradados a Coronel y pasados a retiro los Generales de Brigada Arsenio Franco Villanueva, Amado Valdés González, Félix Hernández, Miguel Bermejo Labrada y Manuel Suárez Álvarez.

[338] La Seguridad del Estado está representada por los órganos de seguridad que son la suma de todas las unidades independientes: inmigración, tropas guardafronteras, contrainteligencia, operaciones especiales y otras.

La contrainteligencia fue dividida, posteriormente, en distintos departamentos:

Departamento 1 CIA (monitorear las actividades de la Agencia Central de Inteligencia norteamericana); Departamento 2 Agentes Legales (información sobre todo extranjero que esté en Cuba, incluyendo embajadas, agencias de prensa, etc.); Departamento 3 Lucha Ideológica (Intelectuales, todo tipo de religión y artistas); Departamento 4 Economía (todos los sectores económicos de Cuba, divididos por ministerios); Departamento 5 Técnica Operativa; Departamento 6 Chequeo Correspondencia; Departamento 7 Registro Secreto; Departamento 8, Chequeo.

Abrantes un poder que el Ministro de las Fuerzas Armadas resentía. Y temía.

Tres meses antes de estos acontecimientos, el 26 de marzo (1989) al conmemorarse el trigésimo aniversario de la creación de los órganos de la seguridad del estado[339], Raúl Castro le hacía llegar una carta de felicitación, destacada en la primera plana del periódico Granma, al General de División José Abrantes Fernández.

Los elogios no sólo los prodigaba Raúl, también los dispensaba con largueza Fidel Castro: "Cuando se le rinde homenaje a la seguridad del estado se le está rindiendo homenaje a todo el pueblo" manifestaba "el Comandante en Jefe Fidel Castro, Primer Secretario del Comité Central del Partido y Presidente de los Consejos de Estado y de Ministros" en el acto efectuado ese día en el teatro Carlos Marx de la capital.

Junto a Fidel se encontraban también en la presidencia, sigue expresándose en el periódico, el General del Ejército Raúl Castro, Segundo Secretario del Comité Central del Partido y Ministro de la FAR, así como otros miembros del Buró Político, del Secretariado y del Comité Central, el General de División José Abrantes, Ministro del Interior, otros generales y jefes del MININT y las FAR. Como vemos, José Abrantes estaba en la cúspide, en la cima[340]. Pronto habrá de caer.

El 6 de junio recibe Abrantes más honores. En un acto presidido por el Jefe de las Fuerzas Armadas, para celebrar el

---

[339] Con fecha 6 de junio de 1961 –el mismo día en que se aprueba la Ley de Nacionalización de la Enseñanza por la que se "adjudican en favor del Estado todos los centros de enseñanza operados por personas naturales o jurídicas privadas, así como sus bienes y patrimonios"–, se aprueba la Ley del Ministerio del Interior denominación que recibirá el antiguo Ministerio de Gobernación.

Se adscribían al Ministerio del Interior, como Direcciones Generales, el Departamento de Información (G-2) que se denominaría en adelante Departamento de Seguridad del Estado, el de la Policía Nacional Revolucionaria y el de la Policía Marítima. Cuba quedaba convertida en un estado policíaco.

[340] No escatima Abrantes esfuerzos para hacerse grato a las personas influyentes. El lunes 6 de ese mes de marzo, le impone a Vilma Espín el Sello Conmemorativo del XXX Aniversario de la Policía Nacional Revolucionaria.

aniversario 28 de la constitución del MININT correspondió al General de División José Abrantes el discurso central.

Abrantes quería ser útil a los que serían sus verdugos. Por eso el domingo 18 de junio, a los pocos días de haberse difundido la noticia del arresto de Ochoa, el diligente Ministro del Interior viajó secretamente a Panamá para trasladar a La Habana a 6 diplomáticos cubanos acusados de estar vinculados al tráfico de drogas.

Abrantes regresó a Cuba llevando a los 6 diplomáticos que pertenecían al aparato cubano de inteligencia, junto a otros 12 funcionarios cubanos de la zona de Colón. La noticia la transmitía la cadena nacional de televisión CNN. De nada le valió este postrer servicio.

Con un generalato ayuno de batallas, José Abrantes Fernández, General de División y Ministro del Interior, pasó, en menos de tres semanas, de la cima del poder al más profundo abismo.

El 27 de junio una breve nota, enmarcada en un cuadro en la primera plana de la prensa oficial, informaba la designación de un nuevo Ministro del Interior.

"Tomando en cuenta la gran deficiencia en que incurrió la Dirección del Ministerio del Interior, en relación con la conducta de un grupo de oficiales que durante dos años y medio estuvo realizando impunemente y sin ser descubierto operaciones de narcotráfico... el Buró Político del Comité Central acordó la designación del General de Cuerpo de Ejército y Héroe de la República de Cuba, Abelardo Colomé Ibarra[341], como nuevo Ministro del Interior".

Sólo unas líneas suavizan el inesperado despido: "Esta decisión se hace imprescindible, independientemente de los servicios prestados a la Revolución y de la confianza y la estima de que ha gozado y goza en la Dirección de nuestro Partido el

---

[341] Abelardo Colomé Ibarra llegó a ser en 1989 el tercer hombre en la jerarquía cubana, luego de Fidel y Raúl Castro, al sustituir, como Ministro del Interior, a José Abrantes.

compañero General de División José Abrantes Fernández". El comunicado lo firma el propio Fidel Castro.

Decapitan al MININT

El gobierno desconfía de todos los altos oficiales del MININT que sirvieron bajo la dirección de Abrantes. Dos semanas después los han sustituido a todos.

El 13 de julio presenta su dimisión el General de División Pascual Martínez Gil, que actuaba como Viceministro, "tomando en cuenta las deficiencias cometidas por la Dirección de esta institución, y que dieron lugar a la actuación impune durante más de dos años de un grupo de oficiales del Departamento MC (Moneda Convertible)".

En su lugar se designa como Viceministro del MININT al General de División Romárico Sotomayor[342], que ocupaba el cargo de Jefe del Estado Mayor del Ejército Oriental. Romárico, a fines de 1975, había participado en la primera etapa de la guerra de Angola.

También le aceptan la renuncia, por razones similares, al General de División Germán Barreiro Caramés[343], Jefe de la Dirección General de Inteligencia del MININT, designándose en su lugar al General de División Jesús Bermúdez Cutiño, Miembro del Comité

---

[342] General de División Romárico Sotomayor García participó en 1975 en la misión militar en Angola y, tres años después, en la de Etiopía. En 1980 realizó estudios en la Unión Soviética volviendo, nuevamente, a prestar servicios en Angola en 1983. Luego fue designado como Jefe de Estado Mayor del Ejército Oriental en 1985 y, a raíz del proceso a que es sometido Abrantes, es designado Viceministro del Ministerio del Interior.

[343] El General Germán Barreiro Caramés provenía del Movimiento 26 de Julio donde era conocido por el nombre de guerra de Luis. Junto con Fabián Escalante, Rosaura Roque y Jamel fue fundador de la Seguridad. Perteneció a lo que se conocía como Sección Q en los primeros años de la década del 60. Muy unido a Ramiro Valdés, cuando éste pasa al frente del Desarrollo de Obra de Retaguardia es nombrado director de la Flota de Pesca, que es el organismo utilizado por el régimen para infiltrar agentes en otros países. Tres años después ocupaba, además de su posición de viceministro, la de Jefe de la Dirección General de Inteligencia del MININT.

Central, quien formó parte de los cubanos que pelearon en el Congo en 1965 cuando allí se encontraba Ernesto Ché Guevara.

No queda en pie un solo general del MININT. Se le acepta la renuncia al General de Brigada Amado Valdés, Jefe de la Dirección General de Tropas Guardafronteras; al General de Brigada Miguel Bermejo Labrada[344], y a los Generales de Brigada Manuel Suárez Álvarez[345] y Félix Hernández[346] que funcionaban en la Dirección Política Central del MININT. Por último, queda eliminado el General Roberto González Caso.

Poco puede ocultar ya el régimen. Los rumores de hoy se convierten en noticias mañana. Así el viernes 23 de junio la cadena nacional de televisión CNN indicaba que estaba preso en Cuba el Gral. de División Germán Barreiro Caramés, Jefe de la Dirección General de Inteligencia del Ministerio del Interior. La prensa cubana guardó total silencio sobre la situación del General Barreiro. Será el 4 de julio, prácticamente dos semanas después, que al mencionar los "nuevos cambios en la Dirección del Ministerio del Interior" el Granma informa que "ha sido aceptada la renuncia del General de División Germán Barreiro Caramés...".

Ahora todo se precipita para el Ministro del Interior en desgracia.

El proceso de José Abrantes

Se procesa a José Abrantes bajo la Causa No. 2 de 1989 del Tribunal Militar Especial; junto a él serán juzgados los gene-

---

[344] El General de Brigada Miguel Bermejo Labrada era fundador de los guardafronteras, luego fue Jefe de Incendio sustituyendo a Carlos A. Figueredo González (el Chino Figueredo) que pasa a Panamá para constituir la red de corporaciones fantasmas a traves de las cuales el régimen adquirirá equipos de alta tecnología, computación, medidas de chequeo electrónico y, también, equipamiento médico para el Cimex.

[345] El Gral. Manuel Suárez Álvarez (Chonón) fue fundador de Tropas Especiales.

[346] El General Félix Hernández, como miembro de Tropas Especiales había prestado servicio en el Líbano, en Irak, en Siria y en Yemén.

rales Pascual Martínez Gil, Roberto González Caso[347] y Héctor Carbonell Méndez, todos del MININT, y los teniente-coroneles Oscar Carreño Gómez[348], Manuel Gil

Castellanos[349] y Rolando Castañeda Izquierdo[350].

El Tribunal Militar Especial lo preside Ulises Rosales del Toro y lo integran, como jueces, el General Jesús Bermúdez Cutiño (recién designado Director de Inteligencia del MININT) y el Contralmirante Pedro Pérez Betancourt.

Actúa como fiscal el Teniente Coronel Felipe Alemán Cruz y, como Secretario, el Teniente Coronel Ernesto Vasallo Consuegra.

Como hay que cumplir con todas las apariencias legales, se les asignan abogados defensores. Actuará Mario Ceballos Arrieta en representación de Abrantes; Juan Mendoza Díaz defenderá a Martínez Gil; Tomás de Aquino Oquendo a Carreño Gómez; Juvencio Urbay Cancio a Gil Castellanos; Mario Tagle Babé a Rolando Castañeda Izquierdo; Clemente Gómez Rodrí-

---

[347] El General Roberto González Caso, conocido por sus amigos como Papo, había sido Jefe de Correo Diplomático, es decir, la persona encargada de transportar *todo* lo que el gobierno colocaba en el correo diplomático. Posteriormente fue designado Jefe de Inmigración cuando Abrantes ocupó el cargo de Ministro del Interior.

[348] El Teniente Coronel Oscar Carreño Gómez era ayudante del General de Brigada Enio Leiva. Tenía una muy antigua vinculación con Fidel Castro ya que formó parte del grupo expedicionario que saldría desde México en el Granma pero no pudo participar en aquella expedición por haber caído preso horas antes junto a otros.

[349] Manuel Gil Castellanos era de los fundadores de las Tropas Especiales. Estuvo en el desembarco de Machurucuto, en el que participaron, también, los Generales Ulises Rosales del Toro y Raúl Menéndez Tomassevich, y en cuya acción pierde la vida Tony Briones. En las operaciones que se producen Gil Castellanos quedó detenido. Ver detalles de esta operación en "Cubanos Combatientes: peleando en distintos frentes" del autor.

[350] El Teniente Coronel Rolando Castañeda Izquierdo, más conocido como Roly Izquierdo, formaba parte en las Tropas Especiales del grupo llamado "killers" que participaban en misiones secretas realizadas en distintos países. Quienes lo conocieron afirman que Roly Izquierdo fue detenido en Miami tratando de llevar una antena parabólica a Panamá (con destino final Cuba) pero no fue identificado como cubano por portar un pasaporte de otra nacionalidad.

guez a González Caso, y Jorge Lorenzo Méndez, defenderá a Carbonell Méndez.

Se les imputan a unos o a otros negligencia en el servicio, abuso en el cargo, delito de cohecho, apropiación indebida y, en algunos casos portación y tenencia ilegal de armas de fuego.

Para sorpresa de nadie todos manifestaron sentirse avergonzados, arrepentidos y "dispuestos a cumplir las sanciones que determine el tribunal y a ganarse de nuevo la confianza y el respeto del Comandante en Jefe, del Ministro de las FAR, del Partido y del Pueblo". La misma letanía de todos los juicios revolucionarios.

La más benigna sanción le fue impuesta al Teniente Coronel Manuel Gil Castellanos a quien el Ministerio Fiscal interesó una sanción de sólo 8 años de prisión.

En el juicio es condenado Abrantes a 20 años de privación de libertad. Apenas cumplirá uno. El 22 de enero de 1991, en una simple nota en páginas interiores, se da a conocer que "falleció José A. Abrantes Fernández, quien extinguía una condena de 20 años". Ni una mención a su generalato, ni mucho menos a su antigua posición en el Ministerio del Interior.

CAPÍTULO XIII

Castro pierde en dos frentes

La nueva política de Gorbachev golpea a Castro

Han sido liquidados altos militares y funcionarios entrenados en academias de la Unión Soviética. Algunos con lazos afectivos (Ochoa/Petrov) o ideológicos con los voceros de la nueva política de apertura de Michael Gorbachev. Tales relaciones pudieran no haber influido en el trágico final de esos oficiales, ni afectado la política soviética hacia Cuba.

Lo que sí influyó, negativamente para Castro, fueron las profundas reformas económicas que el presidente soviético se vió obligado a implementar para resolver la seria crisis que atravesaba aquella nación.

En su política de reajuste económico, Castro sería una de las primeras bajas.

En marzo de 1989 suscriben Cuba y la URSS protocolo de intercambio comercial.

1990 será un año crítico en las relaciones cubano-soviéticas.

El Vicepresidente del Consejo de Ministros de la URSS, Leonid Abalkin llegaba a La Habana el miércoles 11 de abril al frente de la delegación de su país a la XX Sesión Intergubernamental que se iniciaba al siguiente día.

Recibido por Carlos Rafael Rodríguez, Abalkin se refirió a las tres décadas de colaboración entre sus respectivos gobierno y expresaba "estoy seguro que estas relaciones se fortalecerán y se harán cada vez más recíprocas". Llegaba junto con los demás integrantes de la delegación de alto nivel que comenzarían a trabajar ese mismo día en la comisión mixta. Se analizaría el estado del transporte de mercancía en una y otra dirección y "se estudiarán planes perspectivos a más largo plazo".

Dos días después estaba Abalkin y la delegación soviética visitando Cienfuegos recorriendo "la terminal de azúcar a granel tricontinental, la refinería de petróleo y la Central Electronuclear de Juraguá, éstas dos últimas edificadas con la colaboración de la URSS"[351]. Se esperaba procesar ese año 750 mil toneladas de crudo en la refinería de petróleo.

El gobierno cubano se esforzaba en aparentar optimismo ante el quebranto económico que se avecinaba. Carlos Rafael quería destacar la significación que tenía que la URSS hubiese designado como Jefe de la Delegación "a una figura tan destacada en los círculos políticos y científicos de la Unión Soviética como el compañero Abalkin".

Para el vicepresidente cubano, eso "expresaba la importancia que la URSS le concede a las relaciones con Cuba". Pronto su optimismo desaparecerá.

Apenas dos meses después llegaba a La Habana Konstantin Katuchev, Ministro Soviético de Relaciones Económicas Exteriores, quien presidiría por la URSS la Comisión Conjunta que analizaría los aspectos relacionados con el comercio y la colaboración entre ambos estados. La delegación cubana era presidida por Ricardo Cabrisas, Ministro del Comercio Exterior.

Katushev quiso envolver con cierto optimismo las preocupaciones que lo embargaban al afirmar: "Creo que aquellos problemas que se presentaron o puedan presentarse en la colaboración económica entre nuestros países serán resueltos con éxito". No se resolvieron.

A los seis meses se daba a conocer, con todos los paliativos posibles para amortiguar el golpe, los nuevos "acuerdos comerciales y de colaboración entre la Unión Soviética y Cuba para 1991". Críticos eran los términos de los convenios.

---

[351] Granma, abril 14, 1990.

Los acuerdos comerciales y de colaboración económica sólo se referían a las entregas mutuas para el próximo año. Ya no eran planes quinquenales o de larga duración. Sólo para el próximo año. Se haría aún más severo para el pueblo cubano el período especial a que estaba sometido.

Se hacía ya evidente, inocultable, la tensa situación, provocada por la política de reforma y de apertura del dirigente soviético y la línea política stalinista, cerrada, del premier cubano.

En abril del año anterior (1989), en el breve viaje de Gorbachev a La Habana se produjo un aparente acuerdo entre ambos dirigentes sobre la política de los Estados Unidos hacia el régimen sandinista. Castro, en su discurso, pedía al premier soviético criticar a los Estados Unidos por ayudar a los contras en Nicaragua, por negarse a mejorar sus relaciones con Cuba y por negarse a condonar la deuda externa de países latinoamericanos.

Pero el premier soviético en su repuesta ignoró dos de sus puntos. Sólo se refirió a la situación en Nicaragua para insinuar la posibilidad de reducir la ayuda militar soviética a los sandinistas afirmando que "la dirigencia sandinista ha anunciado elecciones bajo control internacional, ha abierto un diálogo con la oposición interna, ha asegurado los derechos políticos de los ciudadanos y están contemplando una ley de amnistía así como la reducción de sus fuerzas armadas y de sus gastos militares"[352].

En pocos meses ya se hacían públicas en la prensa cubana las críticas a la política de Gorbachev.

Un cable de la Prensa Latina destacaba que "grupo interregional mantiene una oposición frontal a Gorbachev" y que "la postura asumida por cerca de un centenar de legisladores... parece liquidar los más recientes esfuerzos de Gorbachev por lograr la unidad de las fuerzas interesadas en las reformas".

Ya Castro admite que ha terminado el ciclo de los masivos subsidios soviéticos. Fondos que ha malgastado en absurdas aventuras expansionistas. Habla en tiempo pasado:

---

[352] Miami Herald, abril 6, 1989.

*"Los acontecimientos que han tenido lugar en la Unión So-
viética, país con el que manteníamos el mayor porcentaje
de las relaciones económicas, país de donde recibíamos
todo el combustible, de donde recibíamos una parte importante de los alimentos, materia prima y equipos esos
acontecimientos –repito– han tenido también un gran im-
pacto en nuestra economía".*

*"Hay fuerzas que quieren desintegrar la URSS, hacerla de-
saparecer del mapa. Hay fuerzas que juegan a la desinte-
gración, que juegan hasta con los peligros de la guerra civil".*

*"Estamos en un momento en que una parte importante de
aquellas fuerzas en que nos apoyábamos en nuestra lucha
no existe, en un momento en que nuestro principal aliado
atraviesa instantes muy difíciles"[353].*

Comenzaba el período especial.

Dilapidados aquellos vastísimos recursos nada ha cambia-
do. La misma represión. La misma miseria.

Y en Angola, donde insensatamente murieron miles de jóvenes cubanos, continúa la guerra civil.

Angola: continúa la guerra civil

Los combatientes cubanos habían regresado a la isla. La
prensa oficial celebraba la victoria alcanzada al vencer a UNITA
y consolidar la independencia de Angola. Todo era una ficción.
Los hechos confirmarían la afirmación expresada por Arnaldo
Ochoa: UNITA, que gozaba de tan amplio respaldo popular, no
podía ser derrotada por las armas.

En enero de 1989, cuando retornaban los primeros internacionalistas, el MPLA proponía la reintegración de UNITA al
gobierno de Luanda, sin la presencia de Savimbi. Se pedía la
decapitación de un hombre que no había sido derrotado en el
campo de batalla y que controlaba gran parte del territorio de
aquel país. La proposición no tuvo éxito.

---

[353] Discurso de Fidel Castro en la clausura del congreso de la FEU el dia 20 de
diciembre de 1990.

Si más de una docena de reuniones fueron necesarias para formalizar la retirada de tropas extranjeras en Angola serían también múltiples las conferencias entre el gobierno de esa nación y los rebeldes de UNITA, dirigidos por Jonas Savimbi, para concertar las bases que condujeran a la pacificación del país.

Poco después de firmados los acuerdos de paz entre Angola y África del Sur, el Presidente Eduardo Dos Santos comenzaba negociaciones con Jonas Savimbi para la formación de un gobierno de coalición. La paz había sido una ficción.

A fines de diciembre de 1989 –a los cinco meses del fusilamiento de Ochoa– FAPLA, las fuerzas armadas del MPLA, iniciaron lo que llamaron una "ofensiva final" contra Mavinga, la base de UNITA. La guerra continuó, pero ya las tropas cubanas habían salido de ese territorio. Con muchas penas y poca gloria, y la pérdida de vida de miles de inocentes jóvenes inmolados por la insensata ambición de gloria de Fidel Castro, regresaban a Cuba los combatientes internacionalistas.

En Washington, meses después, los elementos liberales del Congreso fracasaron[1] en un nuevo intento de terminar la ayuda a la organización de Savimbi. Por un voto se aprobó la Enmienda Solarz que estipulaba ponerle fin a la ayuda a UNITA si el MPLA aceptaba un compromiso. La enmienda no prosperó porque el proyecto al que la proposición estaba unida fue derrotado.

No fue hasta 1991 que se produjo un acuerdo de paz entre el gobierno de Angola (MPLA) y UNITA luego que el 28 de abril el Congreso del partido MPLA renunciase formalmente al marxismo-leninismo declarando a Angola como una nación "socialista-democrática" y aceptando un sistema multipartidista. En mayo 31 Savimbi y Dos Santos firmaron un documento que garantizaba la participación de UNITA en el proceso electoral.

Al siguiente año, en febrero, concluyeron esas conversaciones con el compromiso de realizar elecciones multipartidistas, a las que concurriría UNITA, en septiembre de 1992[354]. Savimbi

---

[354] Dieciocho partidos concurrieron a las elecciones que se celebraron en septiembre 29 y 30 con doce candidatos a la presidencia. En el Congreso, que

recorría Luanda y otras ciudades del país en campaña política para las elecciones convocadas.

Se celebraron las elecciones triunfando, por estrecho margen, el grupo de Dos Santos resultado que fue denunciado por Savimbi como producto de irregularidades. El dirigente de UNITA se negó a participar en el nuevo gobierno.

Una y otra vez fracasaban las múltiples gestiones realizadas para lograr un acuerdo. En marzo de 1994 tropas de UNITA avanzaban sobre las provincias de Benguela, Huila y Bango. En junio era Kuito el que era sometido al fuerte fuego de artillería de las tropas de Savimbi.

Cinco meses después se firma otro "acuerdo de paz". Éste se formalizó en Lusaka, Zambia, el 20 de noviembre[355]. Pero continuaban los choques entre ambos grupos. El Protocolo de Lusaka resultaba tan inefectivo como los "acuerdos de paz" que con tanta publicidad se habían firmado por la delegación cubana en diciembre de 1988.

Se volvieron a romper las hostilidades.

Más de 300 mil angolanos habían muerto en los combates librados entre las fuerzas de UNITA y el gobierno de Angola en sólo los años 1995 y 1996[356]. Clara demostración de la inefectividad de los ficticios "acuerdos de paz" que Castro, muy convenientemente, utilizó como excusa para abandonar un campo de batalla en el que no pudo vencer.

De acuerdo a algunos estimados, dos terceras partes del territorio rural de Angola se mantiene aún bajo el control de UNITA, aunque tres cuartas partes de la población vive en ciudades controladas por el MPLA.

---

contaría de 223 miembros, el MPLA obtuvo 128 asientos y UNITA 71. Savimbi calificó de fraudulentas aquellas elecciones y apeló nuevamente al enfrentamiento armado. Volvía la lucha armada en Angola que había costado más de 300 mil vidas humanas.

[355] En noviembre de 1994 se firmó el nuevo protocolo de Lusaka que facilitó un gobierno de unidad y reconciliación nacional en abril de 1997.

[356] De acuerdo a estadísticas mencionadas en el informe del Servicio de Investigación Congresional, publicado en octubre 31 de 1997.

Arnaldo Ochoa, cuando combatía en Angola, reconoció que UNITA no podía ser derrotada por las armas. Verdad que Castro, que permaneció en La Habana mientras sus tropas luchaban en África, se negaba a admitir públicamente aunque –a espaldas de sus soldados– se apresuraba a firmar una paz que nada cambiaría en el país angolano. Así fué.

Doce años después de rubricados "los Acuerdos de Paz", al terminar el siglo, UNITA controlaba gran parte del territorio de Angola y el 80% del mercado de diamantes, la segunda riqueza de la nación. Castro no había triunfado en Angola; sencillamente, derrotado, se había retirado de aquel país. Continuaba la guerra civil.

Los sacrificados "combatientes internacionalistas" habían luchado, y muchos perecido, en vano.

BIBLIOGRAFÍA

Phillip Abbott Luce. "The New Imperalism".

Jesús Arboleya Cervera. "La Contarrrevolución Cubana". Editorial de Ciencias Sociales, La Habana, 1997.

Luis Báez. "Secretos de Generales". Editorial Si-Mar, La Habana, 1996.

George Bush. "A World Transformed". Alfred A. Knopf. New York, 1998.

Zbigniew Brzezinski. "Power and Principle".

Jimmy Carter. "Keeping Faith". Bantam Books. Toronto, 1982.

Chester A. Crocker. "High Noon in Southern Africa". W. W. Norton Company, NY.

Rafael del Pino. "Proa a la Libertad". Editorial Planeta, México, 1991.

William J. Durch. "Revolution from a F.A.R.". Center for Naval Analysis, 1977.

Pamela F. Falk. "Cuban Foreign Policies, Caribbean Tempest". Lexington Books, Mass.

Gabriel García Márquez. "Operación Carlota". Mosca Azul & Horizonte.

Robert M. Gates. "From the Shadows". Simon & Schuster, New York, 1996.

David González López. "Etiopía. La Oposición Contarrrevolucionaria". Editorial de Ciencias Sociales, La Habana, 1987.

Alexander M. Haig, Jr. "Caveat". McMillan Publishing, New York.

_____ "Inner Circles". Warner Books, New York, 1994.

Henry Kissinger. "White House Years".Little Brown and Company, Boston, 1979.

_____ "Diplomacy". Simon & Schuster, New York, 1994.

David D. Latin. "Somalia. Nation in Search of a State". Westview Press, Boulder, Colorado.

William M. LeoGrande. "Cuba's Policy in Africa. 1959-1980". Institute of International Studies, University of California. Berkeley.

I. M. Lewis. "A Modern History of Somalia". Westview Press, Boulder, Colorado.

José Luis Llovio-Menéndez. "Insider".

John a. Marcum. "The Angolan Revolution". Volume I and II. The M.I.T. Press, Massachusetts.

Jorge Masetti. "El Furor y el Delirio". Tusquets Editores S.A., Barcelona.

Carmelo Mesa Lago. "Cuba in the World". University of Pittsburgh Press, 1979.

_____ "Cuba in Africa". University of Pittsburgh Press, 1982.

Carlos Moore. "Castro, los negros y el África". Universidad de California.

Ronald Reagan. "An American Life". Simon & Schuster, New York, 1990.

Sergio Roca. "Economic Aspects of Cuban Involment in Africa".

Petre J. Schraeder. "United States Foreign Policy Toward Africa". Cambridge University Press.

George P. Shultz. "Turmoil and triumph". Charles Scribner's Sons, New York.

John Stockwell. "In Search of Enenies".

Andargavech Tiruneh. "The Ethiopian Revolutin 1974-1987". Cambridge University Press.

Nelson P. Valdés. "Cuba's Involment in the Horn of Africa: The Ethiopian-Somali War and the Eritrean Conflict".

Raúl Valdés Vivó. "Etiopía: La Revolución Desconocida". Editorial Ciencias Sociales, La Habana.

Okbazghi Yohannes. "Eritre, a Pawn in World politics". University of Florida Press, Gainesville, 1991.

ÍNDICE ONOMÁSTICO

Fuerzas Armadas del Pueblo para
la Liberación de Angola
(FAPLA), *35-36, 54, 62, 86,
90-92, 202- 203, 213-215, 227,
234, 290*

G

García Aguero, Salvador, *20*
García Fernández, Rigoberto, *33,
256*
García Márquez, Gabriel, *18, 27,
43, 54-55, 57, 293*
Ghana, *19, 21, 27, 30*
Gobierno Revolucionario de
Angola en el Exilio (GRAE), *26*
González López, Francisco, *56*
Gorbachev, Michael, *17, 223, 286*
Granada, *178, 179, 181, 184, 186,
187, 188, 189, 190, 191, 192,
194, 195, 196*
Granma, *7, 24, 33, 39, 47, 82, 91,
92-93, 133-135, 143, 154-155,
160, 163-164, 182, 186, 189,
191, 194, 203, 214, 221, 225,
228, 232, 239, 242-244, 246,
253-254, 265-266, 271, 276,
280, 283-284, 287*
Gromyko, Andrei, *54, 119, 123*
Guevara, Ernesto (Ché), *23, 24,
27, 43, 218, 274, 283*
Guinea, *20, 21, 22, 24, 30, 32, 33,
81, 93, 128*
Guinea Bissau, *34, 81*
Gulf Oil, 15, *32, 58, 60-62, 95-97,*
100, 109, *175-177*

H

Haig, Alexander, *123, 127-128,
131, 293*
Hernández Rodríguez, Ernio, *86,
208*
Huambo, *48, 56, 63, 65, 213*

I

Ignatyev, Oleg, *55*

J

Jijiga, *86, 152, 153, 154, 155, 160*
Johnson, Lyndon B., *25,129*

K

Kamina, *108, 110*
Kassel, Carlos, *25, 107*
Katanga, *82, 104, 108*
Kennedy, Edward, *70*
Kennedy. John F., *120, 128-129*
Kenya, *37*
Kenyatta, Jomo, *37*
Kimongo, *29*
Kindelán Bles, Rolando, *27, 29,
31, 256*
Kinshasa, *Ver* Congo Leopoldville
Kissinger, Henry, *11-13, 44-45, 53,
65, 69, 74, 76, 80, 81, 108, 119,
139, 140, 293*
Kolwezi, *108-110*

L

Llovio-Menéndez, José Luis, *84,
114, 294*
López Mirra, Álvaro, *57, 86*
Luanda, *15, 39-40, 43-44, 52,
54-56, 61-62, 68, 77, 87-92, 96-
97, 167, 209, 212, 219, 230-
231, 240, 243-245, 261, 273-
274, 289, 291*
Lusson, Antonio Enrique, *86*

M

Madagascar, *29*
Malmierca, Isidoro, *93, 121, 166,
236, 242*

Mariel, *6, 124-127, 131, 244, 261, 266*

Marruecos, *19, 21, 47*

Martínez Valdés, Jorge, *250, 254, 257-259, 261-262, 267-269, 275, 277*

Masetti, Jorge, *8, 273-274, 276, 294*

Massemba-Debat, Alfonse, *13, 29, 105*

Mavinga, *7, 212, 213, 217, 290*

McGovern, George, *70, 113, 114*

Menéndez Tomassevich, Raúl, *33, 83, 86, 256, 260, 284*

Mengistu, Haile Marian, *6, 14, 137-150, 153, 156, 158-164*

MINFAR, *11, 40, 43, 62, 249, 250, 251, 253, 259, 279*

MININT, *11, 40, 43, 66, 82, 83, 249, 250, 254, 257, 258, 263, 271, 277, 279, 280, 281, 282, 283, 284*

Mobutu, Joseph, *23, 77, 104*

Moore, Carlos, *20, 29, 33, 134, 153, 154, 206, 294*

Moracén Limonta, Rafael, *29, 31, 86, 89, 90, 236, 256*

Moscú, *11, 18, 34-35, 45, 48, 61, 74-75, 80, 93, 122-123, 126, 128, 130, 134, 136, 142, 144, 146, 149, 150, 163-164, 168, 174, 179, 181-182, 184, 194, 209, 212, 214, 223, 232, 237*

Movimiento Popular de Liberación de Angola (MPLA), *15, 22-27, 29-30, 35, 36-37, 39-41, 43-44, 46, 48, 50-56, 63, 65, 67-68, 75, 77-79, 81, 87-88, 91-92, 95-97, 99, 104, 109, 172, 174-177, 204-205, 208, 212-213, 215, 238, 240, 242, 289-291*

N

Naciones Unidas (ONU), *20, 30, 33, 48, 60, 69, 77, 81-82, 94, 121-122, 128, 132, 142, 162-163, 166, 170, 174, 228, 235, 233, 238, 242*

Namibia, *30, 32, 41, 46, 51, 53, 65, 77, 82-83, 85, 111, 167, 170-171, 173-174, 197, 202, 204, 209, 213, 215, 228, 231, 233-234, 236, 238-239*

Neto, Agostino, *9, 11, 15, 23, 25-26, 35-37, 39-40, 43-44, 54-55, 61, 65, 67, 81, 84, 86-87, 90, 99, 168, 174, 212, 240*

Nicaragua, *6, 18, 66, 71, 120, 121, 123, 124, 131, 166, 172, 184, 263, 265, 266, 288*

Nixon, Richard, *12, 20, 36, 74, 108*

Nkrumah, Kwane, *19, 20*

Nueva Joya, Movimiento, *179, 181, 182, 184, 195, 196*

Nyerere, Julius, *21*

O

Ochoa Sánchez, Arnaldo, *10, 15-16, 33, 40, 66, 74-75, 83-84, 124, 140-141, 143, 147, 150, 159, 217-231, 236, 238, 242-247, 249-259, 261-262, 264-275, 277-279, 281, 286, 289, 290, 292*

Ogadén, *14, 132, 134-135, 137-138, 140, 142-144, 146-147, 149-151, 153, 155-156, 159, 161, 163, 226, 247*

Okello, John, *21*

Oliveira Salazar, Antonio de, *34*

Operación Carlota, *5, 18, 27, 43, 54-55, 57, 227, 293*

Oramas, Oscar, *33, 93*

Organización de la Unidad Africana (OAU), *21-22, 25-27, 30, 37, 45, 52-53, 63, 95, 107, 133, 164*

OSPAAL, *33*

P

Padrón, Amado, *115, 251, 254, 257-259, 261, 263, 267-268*

Pardo Guerra, Ramón, *247, 255*

Partido Africano de Independencia de Guinea y Cabo Verde (PAIGC), *22, 24*

Partido Socialista Popular (PSP), *20, 223, 236, 258*

Pérez de Cuéllar, Javier, *46, 60, 174, 236*

Perú, Embajada del, *125*

Petrov, Vasily Ivanovich, *150, 154, 226, 286*

Piñeiro Losada, Manuel, *33, 277*

Portugal, *5, 9, 10, 24, 25, 30, 34, 36, 37, 39*

Q

Quintas Solás, Joaquín, *61-63, 256*

R

Reagan, Ronald, *12, 18, 60, 93-94, 126-127, 131, 171-172, 176, 181, 187-191, 200-205, 231-232, 294*

Remos, Ariel, *200*

Resolución 435, *30, 170, 171, 174, 228, 233, 238, 242*

Rhodesia, *30, 67, 77, 78, 80, 81, 82, 111, 142, 170*

Risquet Valdés, Jorge, *27, 29, 222, 223, 229, 230, 232, 236, 242*

Roberto, Holden, *10, 22, 24-27, 30, 37, 44, 50, 51, 65, 77, 79, 82, 107*

Rodríguez, Carlos Rafael, *39, 127, 129, 131, 143, 152, 160, 269, 286, 287*

Rosa Coutinho, Antonio, *35, 36, 39*

Rosales del Toro, Ulises, *47, 232, 235-236, 255, 284*

Ruiz Poo, Miguel, *257, 258, 262, 263, 278*

Rusk, Dean, *25, 26, 119*

S

Santamaría, Aldo, *256, 266*

Savimbi, Jonás, *10-11, 18, 24-26, 35, 37, 44-45, 48, 50-51, 56, 63, 77, 83, 107, 109, 168, 173-175, 199, 201-204, 212, 229, 238, 289-291*

Schueg Colás, Víctor, *43, 79, 236, 256*

Selassie, Haile, *13-14, 132, 134, 135, 136, 137, 138, 141, 144, 155, 157, 162, 165*

Smith, Ian, *30, 81, 170*

Smith, Wayne, *130*

Soares, Mario, *36*

Solarz, Stephen, *96-97, 130, 290*

Somalia, *13, 17-18, 32, 84, 86, 92, 132-147, 150-153, 155, 156, 161-164, 294*

Sotomayor García, Romárico, *52, 58, 256, 282*

Sud-África, *Ver* África del Sur

SWAPO, *30, 32, 83, 171, 214, 231*

T

Tanganika, *20, 21*

Tanzania, *20, 21, 30, 60, 135*

Tarnoff, Peter, *116, 117, 130*

Teshipa, *221-222, 228-229, 234*

Torralba, Diocles, *249, 250-251, 253, 256*

Tortoló, Pedro, *184, 188-192, 194-195, 227*

Touré, Sekou, *20, 24, 93*

Tshombe, Moisé, *22, 104*

U

Unidad Nacional para la Liberación Total de Angola (UNITA), *24-25, 27, 35, 37, 40, 44, 46, 49-54, 56, 68, 77, 79, 97, 99, 107, 168, 172-174, 176-177, 198-199, 202-206, 208-209, 213-215, 217, 231, 242, 289-292*

COLECCIÓN CUBA Y SUS JUECES
(libros de historia y política publicados por EDICIONES UNIVERSAL):